일제의 한반도 측량침략사

조선말 ~ 일제강점기

남 영 우

法 文 社

머리말

일본의 국민작가로 정평이 나 있는 역사소설가 시바 료타로[司馬遼太郎]의 장편 소설인 『언덕 위의 구름』이 일본 공영방송사인 NHK에서 대하드라마로 기획하여 2009년 11월부터 12월까지 제1부(5회)가 방영되었고, 2010년과 2011년 12월에 제2부와 3부가 각각 방영될 예정이다. 이 작품은 일본의 근대화가 진행되었던 메이지시대 초기에 발발하였던 청일전쟁(1894년)과 러일전쟁(1904년)이 주요 배경으로 전개되면서 19세기 말부터 20세기 초엽에 걸쳐 급변하는 동아시아 국제정세 속에서의 한일 관계가 상세히 묘사되어 있다.

2010년 8월 24일은 국권침탈 100년을 맞이하는 날이었다. 한국인이라면 모두가 새로운 감회에 젖어 우리 자신을 다시 한 번 되돌아보는 기회를 가졌을 것이다. 나라를 다른 나라에 빼앗기는 것은 모두를 빼앗기는 일일 것이다. 일제는 한반도를 침략하여 주권을 빼앗고 국토를 빼앗고 언어를 빼앗고 이름도 빼앗고 민족문화와 한민족의 영혼마저 말살하려 들었다. 국내외의 학자들은 일제의 한반도 침략에 관하여 다양한 분야에서 많은 연구를 축적하였다.

저자가 일본의 이른바 외방도에 대하여 관심을 갖게 된 것은 1960년대 말로 거슬러 올라간다. 헌책방에서 우연히 발견한 지도를 보고 무심코 지나쳐 버렸다. 당시 저자는 고인이 되신 서울대학교 이지호 교수님의 강의 중에 일제강점기 조선총독부가 간행한 1 : 5만 축척의 지형도(본문 중의 제3차지형도)를 바탕으로 당시의 토지이용도를 제작하는 수업을 받고 있었다. 그럼에도 불구하고 그 지도와 좀 다르다는 것은 알았지만, 더 이상 그 지도의 정체에 대해 알려들지 않았다. 그것은 「약도」 또는 「조선약도」라 불리는 지형도였다.

그 후, 저자는 일본 쓰쿠바 대학에 외국인 교수로 초빙되어 1년간 일본 대학생들을 가르치며 틈틈이 도서관을 뒤져 그곳에 소장되어 있는 고지도를 발견하게 되었다. 그곳에서 저자는 채색판 「동여도」와 임진왜란 때 일본으로 건너간 「조선팔도지도」를 찾아냈다. 이들에 관해서는 신문지상에 보도되거나 연구논문으로 발표된 바 있다. 그뿐만 아니라 조선약도가 어딘가 실재한다는 사실도 알아냈다.

어느 날 미국을 다녀온 이의한(현 강원대학 교수) 박사로부터 매사추세츠 주에 있는 클라크 대학의 지도도서관에 한국관련 지도가 있다는 소식에 접하여 저자는 직접 그 지형도의 일부를 확인할 수 있었다. 지도도서관의 사서인 B. J. Presley씨로부터 이들 지도가 일본의 패전 후 연합군이 압수한 것들이라는 설명도 들을 수 있었다. 학구열보다는 호기심이 발동한 저자는 주쿄 대학 키타다[北田晃司] 박사의 도움으로 일본 국회도서관을 뒤져 문제의 조선약도를 찾아내는 데 성공하였다. 지금 생각해보아도 그때의 감동을 잊을 수 없다. 그 지도는 구한말 일제의 측량침략 사실을 밝히는 증거물이었다.

그때부터 저자는 지도의 분석에 돌입하여 1992년 대한지리학회의 구두발표와 한국문화역사지리학회지에 논문으로 게재하였다. 1994년 캐나다 브리티시 컬럼비아 대학의 허남린 교수의 도움으로 미국 하버드 대학의 M. Chamberlain 교수와 C. Eckert 교수로부터 하버드 대학 라이샤워 연구소에서 개최하는 국제학술대회에 저자의 연구결과를 발표해 달라는 초청을 받고 기존의 논문을 더 손질하여 구두발표하였다. 저자는 한반도에 대한 일본의 측량침략 사실을 세계에 알릴 수 있는 기회라고 생각하였다. 그 논문은 1997년 네덜란드의 Brill출판사에서 *New Directions in the Study of Meiji Japan*이란 단행본으로 출간되었고, 입수한 조선약도는 성지문화사에서 『구한말 한반도 지형도』란 제목으로 출간되었다.

저자의 연구결과에 대하여 일본은 비교적 뒤늦게 주목하기 시작하였다. 2002년에 결성된 일본의 '외방도 연구그룹'의 책임자인 일본 오사카 대학의 고바야시[小林茂] 교수로부터 2005년 12월 초청을 받아 조선약도에 관한 내용의 논문을 발표하였다. '외방도 연구 뉴스레터'에는 3편의 논문을 실었고, 저자의 논문은 일본인 학자들의 연구결과와 함께 『近代日本の地圖作製とアジア太平洋地域: 外邦図へのアプローチ』란 제목의 단행본으로 오사카 대학 출판부에서 발행되어 학술상을 수상한 바 있다.

일본 학자들과 교류하면서 또 다른 지도가 미국 워싱턴 의회도서관에서 발견되었으니 공동조사를 하기 위해 미국에 함께 가자는 제안을 받았지만 학기 중이어서 저자는 갈 수 없었다. 그 지도들을 입수한 일본학자들은 공동연구를 청하며 입수한 지도를 저자에게 제공해 주었다. 저자는 그 지도들이 조선왕조 말기에 측량된 지도라는 사실에 놀라움을 금할 수 없었다. 저자는 대한제국시대부터 일제의 측량침략이 시작된 것으로 알고 있었는데, 시기적으로 그보다 더 거슬러 올라간다는 사실은 일제가 얼마나 주도면밀하게 한반도에 간첩을 파견하여 군사작전에 필요한 지리정보를 탐색하고 지도제작을 위한 비밀측량을 자행하였는지 만시지탄을 금할 수 없었다. 저자는 이런 역사적 사실을 정리하여 세상에 알려야 하겠다고 생각하였다. 원래 저자의 주된 관심사는 도시 분야이지만, 지리학자의 지도에 대한 애정은 남다르다. 이것이 저자가 지리학자로서 본서를 저술하게 된 이유이기도 하다.

다시 시바 료타로의 이야기로 되돌아가 보자. 그는 근대 이후 일본 국민의 역사의식 형성에 지대한 영향을 끼친 작가이다. 그는 일본이 러시아의 남진을 막아내고 메이지유신이 성공한 것을 대단히 높게 평가하는 인물이다. 그러나 이미 많은 일본 학자가 러시아의 문서를 바탕으로 그의 주장이 허구라는 점을 밝혀냈지만, 국내에서 이런 연구는 이뤄지지 않고 있다. 애국심에 기대는 것은 국내를 벗어나면 아무런 설득력도 얻지 못한다. 한일 양국을 넘어 동아시아 전체를 아우르는 역사인식과 이를 뒷받침하는 연구가 필요하다. 2010년 성신여자대학교에서 그와 관련한 박사학위 논문이 양윤정 씨에 의해 제출된 것은 그런 의미에서 갈채를 보내고 싶다.

저자는 일본학자들과 교류하면서 놀라운 사실을 발견하였다. 정치인이라면 몰라도 양식 있는 학자라면 적어도 과거 이웃 나라에 대한 자국의 침략행위를 객관적으로 순순히 인정하고 반성하는 자세를 보일 것이라고 생각했었다. 총론에서는 일본의 침략을 인정하면서도 구체적인 각론으로 들어가면 이야기가 달라짐을 알고 저자는 적이 실망을 금치 못하였다. 일본학자 중 일부는 측량침략 사실 자체를 인정하려 들지 않는 모습마저 보였다.

저자는 본서를 집필함에 있어 조선말, 대한제국, 일제강점기와 같이 시대 순으로 고찰하였으며 독자의 이해를 돕기 위하여 본문에 언급된 지도와 관련 사진들을 가능한 많이 수록하려고 노력하였다. 이는 시각적 효과도 있겠지만 독자들이 상상력을 가지고 당시의 상황과 내용을 이해하는 데에도 도움이 될 것이라는 판단에서 생각해낸 것이었다.

본서가 세상에 나오기까지에는 여러분의 도움을 받았다. 이미 언급한 바 있는 분들은 물론 저자가 바쁠 때에는 일본 외방도 연구회에 참가하여 발표를 해주고 지도작업을 도와준 서울대 일본학연구소의 이호상 박사를 비롯하여 기꺼이 자문에 응해주신 고려대학교 역사교육과의 권내현 교수와 지리교육과의 김영호 교수, 자료를 정리해준 남서울대학의 김정희 박사와 고려대학교 대학원의 곽수정 · 나유진 양에게 심심한 사의를 표하고 싶다. 마지막으로 본서의 제작을 허락해 주신 법문사 배효선 사장님과 어려운 책을 정성들여 만들어주신 편집부 김제원 부장님께도 사의를 표하고 싶다.

2011년 6월

저자 씀

차 례

그림 목차

표 목차

제1장

서 론

김정호가 제작한 것으로 추정되는 수선전도

출처: 고려대학교 박물관.

1. 본서의 의의
2. 일제의 성립과 근대 초기의 지도제작

1. 본서의 의의

문자 기록의 시작을 일컬어 역사라 풀이한다면, 지도의 역사는 그것보다 더 오래되었고 지도는 문자보다 앞서 만들어졌다고 할 수 있다. 그러므로 문자를 가지지 못한 미개민족이라 할지라도 지도를 만들었을 것이라는 추론이 가능하다. 지리정보는 삶을 유지하기 위한 생존수단이었을 것이며 문사 내신 그림으로 표현한 것이 지도의 출발이었다. 대부분의 인간은 지리적 공간에 대한 이미지를 심상지도(mental map)로 자신의 머릿속에 기억해 두기도 한다(Gould and White, 1974).

지도의 영어 이름인 map의 어원은 라틴어 마파(mappa)에서 유래되었으며, 마파는 고대 카르타고에서 '신호용 천'이라는 뜻으로 사용되었다. 이 경우 천은 일종의 기호로서의 의미를 지닌다고 볼 수 있다. 따라서 지도는 자신의 주거지역과 그 주변지역에 대한 지리적 정보를 문자 대신 그림이나 기호로 표현한 문맹사회에서도 존재했던 것으로 이해해야 할 것이다.

이와 같이 지도의 역사는 인류의 가장 소중한 문화유산인 문자보다 오랜 것이다. 역사적으로 세계 여러 부족과 민족들은 필요에 따라 지도를 만들어 이용해 왔다. 그리하여 지도는 인류의 역사와 함께 중세의 암흑시대라 불리는 14~16세기를 제외하고는 지속적인 발달을 거듭해 왔다. 생존을 위해 만들어진 지도들은 조잡하거나 비과학적인 수준에 머물렀다. 그러나 지도의 가치는 반드시 정교함이나 정확도에 있는 것이 아닐 것이다. 비록 거리와 방위 · 축척 등이 부정확하고 왜곡되었다고 하더라도 지도제작의 목적에 따라서는 오히려 비과학적인 지도가 훌륭하고 값진 지도가 될 수 있다. 우리는 그러한 관점에서 고산자 김정호의 전근대적 지도를 높이 평가하고 있는 것이다. 이는 마치 일본에서 이노우[伊能忠敬, 1745~1818]가 일본 지도학 근대화의 선구자로 추앙받는 것과 같은 일이다. 저자는 일본학계에 한국에도 김정호와 같은 걸출한 지도학자가 있음을 알리고 관심을 끌기 위해

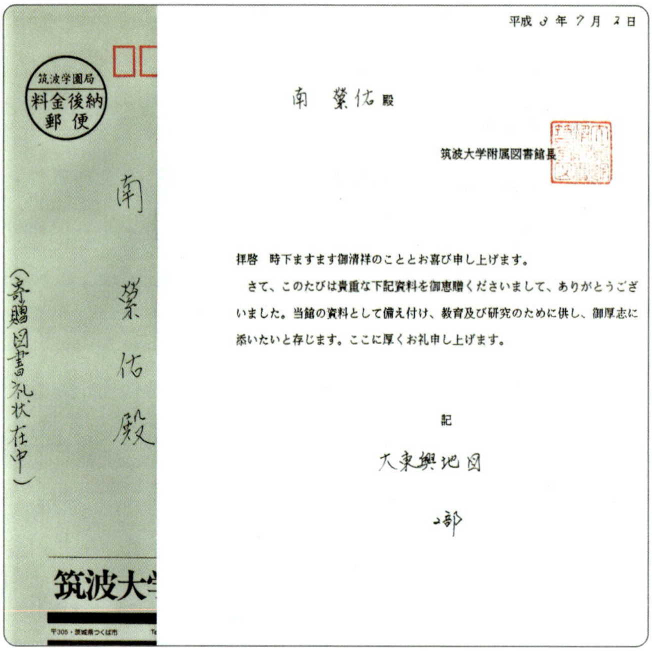
平成 3 年 7 月 2 日

南 榮佑 殿

筑波大学附属図書館長

拝啓　時下ますます御清祥のこととお喜び申し上げます。

さて、このたびは貴重な下記資料を御恵贈くださいまして、ありがとうございました。当館の資料として備え付け、教育及び研究のために供し、御厚志に添いたいと存じます。ここに厚くお礼申し上げます。

記

大東輿地図

2部

그림 1-1 쓰쿠바대학 도서관장이 저자에게 보낸 사례장

1991년 대동여지도를 일본의 쓰쿠바 대학에 기증하여 도서관장으로부터 그림 1-1의 사례장을 받은 바 있다.

오늘날 고지도 연구자와 현대지도 연구자 사이에는 많은 차이점 속에서 단 하나의 공통점을 찾을 수 있다. 그것은 고지도를 덜 발달되었거나 비과학적 지도로 평가하는 점에서 일치된 견해를 보인다는 것이다. 현대의 과학적인 지도를 유일한 기준으로 판단하면, 즉 과학성을 유일한 지도평가의 기준으로 삼는다면 분명히 현대지도가 월등하다. 그러나 이미 위에서 언급한 바와 같이 지도의 가치는 과학성만으로 매겨지는 것이 아니다. 사용목적에 따라서는 거리나 방위가 부정확하여 비과학적인 지도라 할지라도 그 목적에 따라서는 훌륭한 지도가 될 수 있는 것이다. 무미건조한 과학적인 현대지도보다 덜 과학적인 지도라

할지라도 풍요로운 꿈과 시를 담고 있는 고지도가 차라리 마음에 드는 경우도 있다. 시대에 따른 지도의 차이는 시대별 세계관의 차이로 나타나기 마련이다(堀, 1990). 배우성(1996)은 고지도가 근대지도의 외연을 앞당겨서는 이해되기 어려운 독자적 의의를 지닌다고 지적하면서 시대적 관념을 지도로부터 읽어내는 인문적 지도관(地圖觀)이 필요함을 역설하였다. 가령 조선시대의 지도에서는 그 시대에 광범위하게 받아들여진 풍수지리적 특징은 물론 성리학적 지도관과 지인상관론(地人相關論) 등을 포함하고 있다고 강조하였다.

비록 원시적이거나 전근대적 지도라 할지라도 그 지도 속에는 그 땅위에 살아온 사람들의 생활관이나 인생관, 나아가서는 세계관과 우주관이 담겨져 있을 것이므로, 지도는 민족국가의 정체성인 동시에 자존심이 걸린 존재일 수 있다. 오늘날에는 지도제작 능력이 미흡한 국가가 선진국에게 지도제작을 위탁하는 경우가 있으나, 한 나라의 지도는 해당국의 필요에 따라 제작되는 것이 정상이다. 특히 과거에는 더욱 그러했다. 만약 자국의 지도가 타국에 의해 측량되고 제작된다면 그 나라의 자존심은 여지없이 무너진다. 우리나라는 일찍부터 '문적(文籍)의 나라'라 할 만큼 지리지(地理誌)와 함께 지도가 많이 편찬되었다. 삼국 · 고려시대부터 제작된 지도는 조선시대 들어 국가적인 관심이 높아지면서 본격적으로 제작되었고, 그 형태도 다양하였다(김기혁, 2006). 우리나라의 근대지도가 타국에 의해 제작되었다면 그것은 지도의 주권을 침탈당한 것과 같을 것이다. 그것도 침략의 야욕에 불타던 일본제국에 의해 비밀리에 제작되었다는 사실은 일본의 측량침략사를 적시하는 것이며, 이는 주권국가에 대한 국제법위반에 해당하는 사건이다.

본서는 한반도를 둘러싼 동아시아의 격동기인 조선말로부터 대한제국을 거쳐 일제강점기에 이르는 시기에 한반도가 일제에 의해 몰래 측량되고 지도가 제작된 과정을 규명하는데 목적이 있다. 이를 위하여 본서에서는 19세기 일제의 첩보활동으로 제작된 우리나라 근대지도의 제작경위를 살펴보기 위하여 국내문헌은 물론 일본문헌과 국내외에 소장 중인 각종 지도 등을 이용하였다. 본서는 한국지도발달사 중 고지도와 현대지도의 고리를 잇는 근대지도의 규명작업의 일환으로 자리매김 될 수 있을 것으로 기대된다.

2. 일제의 성립과 근대 초기의 지도제작

(1) 일제의 성립

19세기 말경부터 구미 선진국에서는 자본주의경제에 기초한 공업생산의 발달로 거대한 기업의 출현을 보게 되었다. 이들 선진공업국은 원료와 제품의 시장을 찾아 해외로 눈을 돌렸다. 제국주의는 군사력을 배경으로 해외에 자본을 투자하고 현지주민의 값싼 노동력을 착취하여 철도 · 광산 · 공장 등을 경영하면서 등장하였다. 아프리카와 더불어 아시아에 대한 제국주의의 침략정책이 노골화되면서 한반도를 둘러싼 열강제국의 움직임도 긴박해졌다.

일본의 막부는 러시아의 남진정책이 행동으로 옮겨지자 홋카이도를 사수하기로 방침을 세우고 외국선타불령(外國船打拂令)까지 내리면서 쇄국정책을 고수하였다. 그러나 1853년과 1854년에 미국함대의 위력에 굴복한 막부는 미일화친조약(美日和親條約)을, 또 1858년에는 미일수호통상조약(美日修好通商條約)을 체결하기에 이르렀다. 이를 계기로 일본은 러시아 · 영국 · 프랑스 등과도 통상조약을 체결함으로써 200여 년간 지속되어 온 쇄국정책에 종지부를 찍었다.

개국 후 일본의 국내정세는 정치 · 경제적으로 혼란에 빠졌다. 막부의 개국정책에 반대하는 사람들은 외국인을 추방하자는 양이운동(攘夷運動)을 일으켰고, 그 운동은 이윽고 존왕양이운동(尊王攘夷運動)으로 발전하였다. 또한 그 운동은 봉건영주가 지배한 영역인 번(藩)들의 젊은 무사계급과 지방 유지들에게 확산되어 1863년에는 막부로부터 양이(외국인 추방)의 실행을 약속받았다. 그러나 미국 · 영국 · 프랑스 · 네덜란드 4개국 연합함대의 공격을 받은 일본은 무력으로 외세에 대항하는 것이 불가능하다고 판단하여 부국강병책의 기반 위에 근대화를 추진하기로 방침을 바꾸었다(歷史學研究會, 1991).

막부는 존왕양이운동의 중심이었던 조슈번[長州藩, 현재의 야마구치현]을 정벌하여 굴복시켰으나, 중하급의 무사들은 번의 실권을 장악하여 정치를 개혁하고 서양식 군비를 정비하여 막부를 타도할 계획을 세웠다. 그 무렵, 사쓰마번[薩摩藩, 현재의 규슈 남부]에서도 하급무사들이 실권을 장악하여 막부타도를 외치고 나섰다. 상기한 두 번은 1866년 연합을 이루는 한편 조정의 일파와 연대하여 막부를 타도하기 위한 도막운동(倒幕運動)의 공동전선을 구축하였다. 막부의 권위는 국내정세의 혼란으로 경제가 파탄지경에 이르러 더욱 실추되었다. 이러한 상황에 이르자 15대 장군 도쿠가와[德川慶喜]는 1867년 정권을 조정에 빈납하고, 조정은 260년간 지속되어온 에도[江戸]막부를 폐지하고 새로운 정부를 세웠다.

막부를 쓰러뜨린 신정부는 왕정복고(王政復古)를 각국에 통고하고 천황중심의 중앙정부 체제를 갖추었다. 일본정부는 1868년 에도를 도쿄[東京]라 개명하고 연호를 메이지[明治]라 고쳤으며, 다음해 1869년에는 수도를 교토로부터 도쿄로 천도하였다. 신정부는 각종 제도를 통합하여 중앙집권화를 추진하면서 낡은 사회조직을 개혁함으로써 근대국가로서의 발전을 도모하는 이른바 메이지유신[明治維新]을 단행하였다. 중앙정부는 1873년에 지방의 번병(藩兵)을 해산시키고 국민개병제(國民皆兵制)를 택하여 징병령(徵兵令)을 실시하는 등의 부국강병의 노선을 걷기 시작하였다.

서양인들이 동양, 특히 아시아에 대하여 갖고 있는 이미지는 일본을 제외하고는 문명과 거리가 먼 것이었다. 서양인들은 일본의 자연경관 · 생활경관의 아름다움에 감탄하여 일본을 '미(美)의 문명'이라 불렀다. 이에 대하여 일본인들은 서양을 열강(列强), 즉 '힘의 문명'으로 간주하였다(山折, 2005). 일본인들의 마음속에는 서양의 '힘의 문명'에 대하여 열등감을 가지게 되었고, 메이지유신을 계기로 서구열강을 모방한 부국강병의 노선으로 선회하기에 이르렀다.

일본은 1873년 정한론의 대두 이래 1889년의 대일본제국헌법 제정, 1890년의 제국의회 개원에 이르는 과정을 거치면서 군국주의와 제국주의의 기반을 다져 나아갔다. 도쿠가와 막부가 정권을 장악한 에도시대(1603~1867)까지만 하더라도 일본은 주자학자뿐만 아니라 국학자들도 조선에 대하여 높은 관심을 가지고 있었다. 그들은 고사기(古事記)와 일본서기(日本書紀)와 같은 일본고전을 통하여 조선에 대한 일본의 우월감을 과시하려고 시도하였다. 이와 같은 국수주의적 사고는 막부 말기의 정한론과 메이지시대의 한국침략으로 이어진 유력한 관념으로 뿌리를 내렸다(이만열, 1985).

(2) 근대 초기의 지도제작

일본의 근대적 지도제작은 메이지 초기, 즉 1860년대까지만 하더라도 괄목할 만한 진전이 없었다. 지도가 부국강병책을 위해서 필수불가결이란 사실은 당시 일본 위정자들도 인식하고 있었다. 그러나 구체적 방안으로 어느 나라의 측지법(測地法)을 도입하는 것이 좋

그림 1-2 이노우 타다타카[伊能忠敬]의 지도와 초상화
출처: 伊能忠敬記念館 소장(일본중요문화재).

으며, 기준척 · 도식 · 조판 · 인쇄 등의 기술적 해결과 측량사의 양성을 비롯하여 이를 위한 예산조달 등의 문제가 산적해 있었다(中野, 1967, pp.54–66).

처음에는 내무성을 위시하여 육군과 해군은 모두 대축척과 소축척 사이의 1 : 21만 6천 축척의 이른바 '이능중도(伊能中圖)'를 기본측량이 완료될 때까지의 잠정적인 기본도로 삼았다. 이노우의 지도는 중도 이외에도 1 : 36,000 축척의 대도(大圖)와 1 : 432,000 축척의 소도(小圖)가 있다. 그의 지도는 전술한 바와 같이 비교적 정확도가 높았지만 해안선을 주제로 한 것이어서 내륙부의 지형묘사가 결여되어 있었다. 이에 따라 내무성은 물론 육군 역시 작전용으로 사용할 지도로는 적합하지 않다는 판단을 내렸다.

여기서 잠시 이노우 지도에 관한 설명을 부연해 두고 넘어가기로 하겠다. 그는 반평생을

양정차

반원방위반

상한의(중)

상한의(소)

그림 1-3 당시에 사용된 측량기구
출처: 伊能忠敬記念館 千葉縣佐原市.

지도사업에 바친 일본 지도학 근대화의 선구자라고 할 수 있는 인물로 우리나라의 김정호에 비견되는 인물이다. 그의 측지법은 삼각법이라기보다는 도선법(導線法)에 가깝다고 할 수 있다(中野, 1966; 北田 · 남영우 · 이호상, 2009). 그의 측지법은 실제로 척수(尺數)를 재는 방법으로 거리와 방위의 측정이 기본을 이루었으나, 고도의 측정은 충분하지 못하다는 제한점이 있다. 거리측정에는 양정차(量程車)와 보측을 이용하고 굴곡 있는 도로와 해안에서는 방위반(方位盤)을 이용하여 자침방위를 측정하였으며, 경사진 도로에서는 상한의(象限儀) 등으로 경사각을 측정하였고(그림 1-3), 오차를 최소화하기 위해서는 교회법(交會法)을 이용하였다.

교회법이란 반원방위반을 이용하여 그림 1-4에서 보는 것과 같이 둘 이상의 방향선을 교차시켜 도면상의 위치를 구하는 방법으로, 전방 · 측방 · 후방교회법의 세 종류가 있다. 이 방법은 거리를 측정할 필요가 없기 때문에 자연적 장애물이 있거나 측량이 어려울 경우에 적용하기 편리한 측량법의 일종이다. 이노우의 지도가 한국의 김정호 지도에 비해 정확

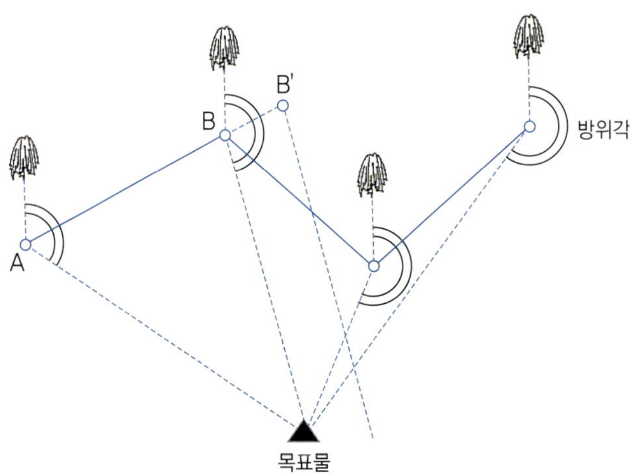

그림 1-4 교회법(交會法)
출처: 北田愰司 · 남영우 · 이호상(2009), p.27.

도가 높은 이유는 측량이 불가능한 곳에서 교회법을 적용하고 도면 간의 접합보정에서 창의성을 발휘한 때문이었다(北田 · 남영우 · 이호상, 2009).

일본에서 「대일본연해여지전도(大日本沿海輿地全圖)」가 제작된 직접적 동기는 러시아를 비롯한 외국선의 출몰이 빈번하였고 에조치[蝦夷地, 현재의 홋카이도와 쿠릴열도]와 그 주변의 섬들에서 일본인과 러시아인들 간의 소규모 충돌도 급증하였기 때문에 주로 군사적 차원에서 일본 국토를 정확하게 파악할 필요성에서 비롯되었다고 볼 수 있다. 이 지도가 제작된 것은 분명 이노우 개인의 노력이 크다고 할 수 있으나, 서양의 과학기술이나 국방 · 탐험에 대한 관심의 고조는 물론 지도의 중요성을 이해하고 인정할 수 있는 인재의 대두와 당시 일본의 시대적 흐름이 낳은 걸작이었다고 할 수 있을 것이다. 그리고 일본이 쇄국체제 하에 있었으므로 비록 제한적이긴 하였으나 근대적 과학기술을 접할 수 있었다는 것은 개항 전후의 혼란기에서도 일본이 구미열강의 식민지가 되지 않고 근대화에 안착할 수 있었던 큰 요인이었음을 간과할 수 없다.

그러나 그 후, 이노우의 지도가 주로 일본육군에 의해 이용되었던 사실에서도 알 수 있듯이 서양으로부터의 과학기술 도입과 부국강병정책을 통해서 국력을 증강한 일본은 이윽고 청일전쟁이나 러일전쟁을 거쳐 주변국가에 대한 침략을 감행한 것은 얄궂은 역사의 굴레라고 할 수 있을 것이다. 지도가 육군 · 해군 등의 군사조직에 의해서 많이 활용되었다는 것은 분명 일본뿐만 아니라 영국이나 미국 등 다른 많은 국가에서도 볼 수 있었던 상황이긴 하였다. 그러나 우리는 일본이 세계의 주요 국가들 중에서 유일하게 비구미제국이면서 근대 이후에 주변국들을 식민지로 삼았고 군사적 침략을 감행하였던 국가임을 잊어서는 안 될 것이다.

1866~1876년의 10년간은 군부보다 내무성이 지도제작을 주도하였다. 도쿄 도시계획과 그에 수반된 지적도의 작성 그리고 홋카이도 개척사업을 위한 삼각측량이 내무성이 남긴 업적이었다. 일본은 가장 먼저 영미식(英美式) 도식을 채택하였으나, 1875년경부터는 그보다 더 정교한 독일식으로 변경하였다. 그와 같은 상황 하에서 일본의 지도제작은 내무성이

군부의 지도제작까지 관장하여 통일된 지도제작에 착수할만한 단계에 이르렀다. 메이지 초기의 10년간은 번벌정부(藩閥政府) 내부의 저항이 계속되었고, 군부의 핵심부조차도 불안정했으므로 육군의 지도제작은 지연되었다. 또한 측지정도(測地精度)와 지도 상호간의 조직성이 결여된 도식을 채택한 것도 지도제작이 지체된 이유로 꼽을 수 있다.

여기서 우리는 우리나라와 유사한 상황 하에서 일본이 먼저 근대적 지도를 제작할 수 있는 능력을 갖추게 되었는지 고찰해볼 필요가 있다. 이 경우에 반드시 언급되어야 할 두 명의 인물이 있다. 고스게[小菅智判, 1832～1888] 소좌와 다사카[田坂虎之助] 대위가 바로 그들이다. 이들은 육군참모본부 육지측량부의 창설에 지대한 역할을 담당한 인물이다. 특히 고스게는 1880년 당시의 참모본부장에게 제출한 「전국측량 일반의견」에서 근대지도제작의 필요성을 수뇌부에 간청하였으나, 그의 주장은 예산사정으로 대폭 수정될 수밖에 없었다. 그러나 1882년에는 측량기술의 습득을 위해 다사카 대위를 독일에 유학시킨 것을 계기로 육군이 지도제작사업의 주도권을 장악하는 데 밑거름이 되었다(光岡, 1982). 이에 대하여 자세히 살펴보면 다음과 같다.

1869년 병부성이 폐지되고 육군성이 신설되면서 내무성 지리료(地理寮)의 전신이 된 민부관 서무사 호적지도괘(民部官 庶務司 戶籍地圖掛)라는 담당부서가 지적측량을 개시하였고 그 이듬해 민부성 지리사(地理司)가 설치되었다. 1871년에는 공부성(工部省)에 측량사(測量司)가 설치되고 측량과 지도제작을 담당하는 부서가 정비되었다. 특히 철도의 부설을 위해서 측량은 불가피한 과제였다. 육군성 휘하의 참모국에 간첩대가 조직되어 군용지도의 제작준비에 돌입하였다. 이와 동시에 대장성에는 조세료 지리과(租稅寮 地理課)가 설치되어 민부성의 지리사가 맡았던 업무를 이어받았다.

1872년에는 공부성의 측량사가 고용한 영국인의 지도를 받아 소규모의 삼각측량을 실시하고 도쿄에 13개의 삼각점을 설치하는 한편 네덜란드인의 도움을 받아 도네가와[利根川] 등지에 수준원점을 설치하였다. 1873년에는 제6국이라는 부서가 설치되었고, 개척사 자격으로 고용된 미국인 J. Watson 등의 지도를 받아 홋카이도에 대한 측량을 개시하였다. 또

일본 지리국 삼각점(1877년) 일본 지리료 측점(1895년) 한국 소감각점(구한말)

그림 1-5 삼각점

출처: 日本國土地理院, 저자 촬영.

한 공부성 측량사 역시 경위도를 도입한 측량을 시작하였다. 1874년 측량업무가 공부성으로부터 내무성 지리료로 이관되었다. 이에 따라 지리료가 간토지방[關東地方]을 중심으로 대삼각측량을 개시하게 되었고, 프랑스인의 지도 하에 프랑스식 측량법이 도입되었다. 지리료에서는 오사카와 교토에 삼각측량을 위한 표석을 매설하였다(그림 1-5).

1875년의 지리료에서는 삼각측량과 전국에 걸친 국경측량을 실시하였다. 그리고 후술하는 고스게 등은 서양식 기호를 표준화하고 채색지도를 출판하였다. 그 이듬해에는 내무성의 지시에 따라 지리료가 수준측량의 기호를 정하고 고베 · 나가사키의 삼각측량을 개시하였다. 1877년 내무성 지리료는 지리국으로, 양지과는 측량과로 개칭되었고, 참모본부는 지도과와 측량과를 설치하여 이노우 지도를 기초로 「규슈전도(九州全圖)」를 만들어 세이난전쟁[西南戰爭]에 사용하였다. 1878년 참모국이 참모본부로 확대 개편되면서 지도과와 측량과를 설치하여 삼각측량 대상을 간토지방으로부터 전국으로 확대해 나아갔다. 내무성 지리국은 이때부터 지도도식(圖式)을 제정하였다. 참모본부 측량과장이었던 고스게 소좌는 전국 측량계획을 책정하였고 도쿄지학협회를 창립하였다. 도쿄지학협회에 관한 사항은 후술하기로 하겠다.

1880년에 이르러서는 1 : 2만 축척의 신속측도가 작성되기 시작하였고 프랑스식 도식이

그림 1-6 도쿄에 설립된 1890년대 육군참모본부 청사
출처: 長崎大學 附屬圖書館 콜렉션.

채택되었다. 1881년에는 육군이 일본 최초로 도쿄만 부근에서 삼각측량을 실시하였고, 내무성 지리국은 오가사와라[小笠原]제도에 대한 측량을 개시하였다. 1884년 참모본부에 측량국이 발족됨에 따라 삼각측량과 · 지형측량과 · 지도과가 설치되었다. 내무성 지리국의 대삼각측량은 참모본부 측량국으로 흡수 통합되었다. 1886년 칙령에 따라 본초자오선과 표준시가 결정되고, 이듬해에는 측량국이 지도의 위탁판매를 개시함과 동시에 측량기술자를 양성하기 위한 수기소(修技所)가 설립되었다. 1888년 참모본부 육지측량부가 발족을 봄에 따라 기존의 측량국이 폐지되었고, 모든 측량업무는 육지측량부로 통합되었다.

육군참모본부는 중요한 군부 기관이었으므로 황실 가까운 위치에 설치되었다. 참모본부는 국방계획과 작전수립을 담당하는 천황 직속의 군령기관이었다. 참모본부 건물은 1883년 6월 지진에도 강한 대지 위의 일등지에 이탈리아인 G. V. Cappeletti의 설계로 준공되었다(그림 1-6). 이 건물은 1945년 미공군 도쿄대공습에도 남아 있을 정도로 튼튼하였다. 참모본부가 있던 장소는 에도시대 초기에 임진왜란 때 침략 선봉장이었던 가토[加藤清正]

일본 수준원점 건물

일본 수준원점 내부 뒷면

그림 1-7 일본의 수준원점
출처: 日本國土地理院.

의 주택이 있었던 곳이다. 그 집터가 한반도를 침략하는 풍수적 기운이 있는지 역사의 아이러니가 아닐 수 없다. 이 장소는 1891년 일본 수준원점이 설치되었고, 현재는 나가다쵸[永田町] 1정목 1번지의 일본국회의사당 앞 정원으로 바뀌었다(그림 1-7).

1879년 참모본부가 전국측량계획을 수립함에 따라 우선 실험적으로 도쿄만[東京灣]에서 삼각측량을 실시하였다. 이후부터는 참모본부와 내무성이 각각 삼각측량을 시도하였다. 참모조직이 강화되기 시작한 것은 1879년 고스게 소좌가 측량과장에 임명되면서부터의 일로 추정된다. 1882년부터 길이의 단위가 야드법에서 미터법으로 변경되었다. 1882년 측량기술의 습득을 위하여 독일 유학 중이던 다사카 대위가 귀국함에 따라 육군은 독일식 측량법을 보급하기 시작하였다. 그러나 내무성은 기존의 영국식 측량법을 고수하였다. 1883년 참모본부가 사가미노[相模野] 기선을 설정하였고 대삼각점이 100개를 돌파하였는데, 이때에 측량된 삼각점을 대삼각점이라 칭하였다. 1884년 측량업무가 내무성 지리국으로부터 참모본부로 이관됨에 따라 측량방법은 독일식으로 통일되었다.

1888년 육지측량부 조례가 공포됨에 따라 참모본부 육지측량부가 발족을 보게 되었고, 1889년에는 육지측량관 임용규칙이 제정되었다. 이 규칙 제1조는 육지측량사, 제2조는 육

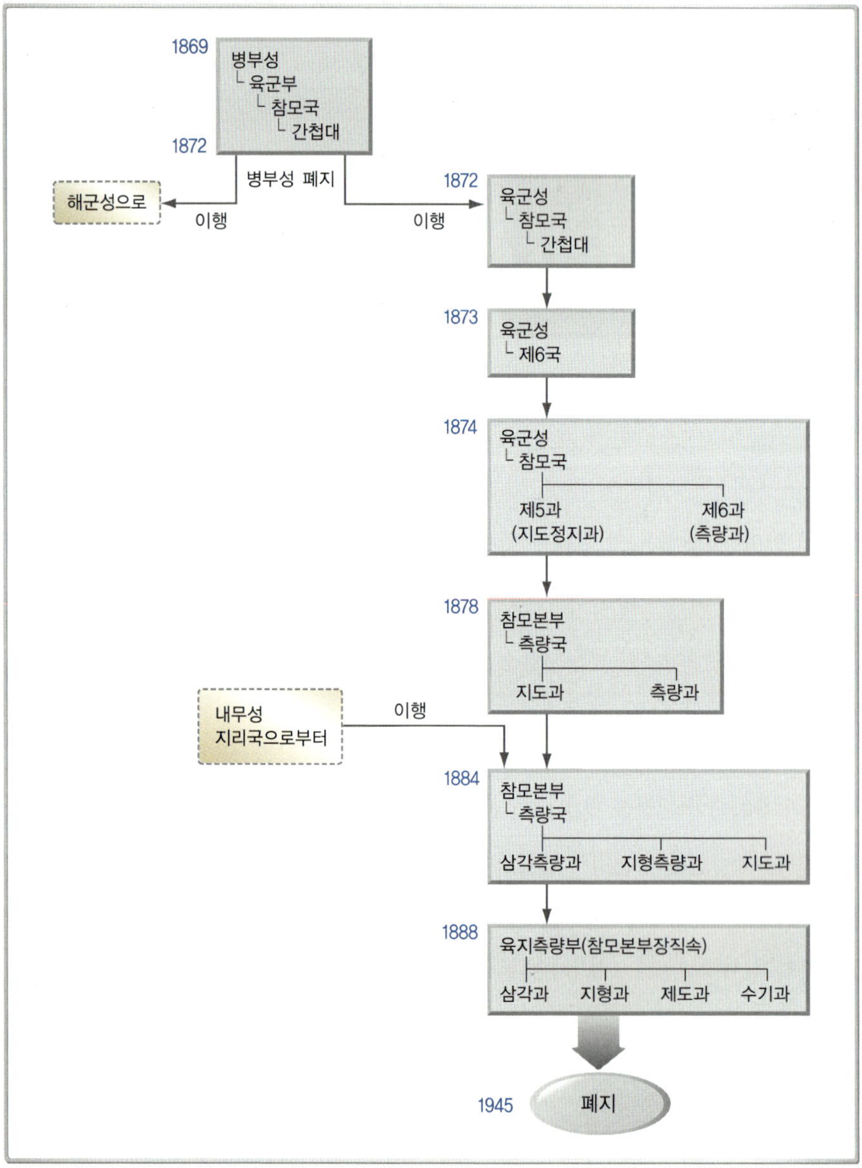

그림 1-8 일본 측량기관의 변천

출처: 高木菊三郎(1961) 및 谷屋鄕子(2004)를 저자 수정.

지측량수, 제3조는 육지측량관, 제4조는 기술관에 관한 규정이 담겨져 있다. 임용규정에는 육지측량부 수기소 출신을 발탁하는 것으로 자격을 제한하고 있어 수기소의 중요성을 엿볼 수 있다. 1891년 내무성 지리국은 폐지되었고, 기상업무는 중앙기상대(현재의 기상청)의 신설로 이관되었다.

고스게는 승진하여 1888년 5월까지 측량국장직을 맡았지만 주된 실무책임자는 육지측량부장이었다. 그들의 재임기간은 짧게는 반년 정도였고 길게는 후지이[藤井包聰] 중장과

표 1-1. 역대 참모본부 육지측량부장

No.	계급	성 명	재임 기간
1	대좌	고스게[小菅智淵]	1878. 5. 14.~1878. 12. 18.
2	〃	야마우치[山内通義]	1878. 12. 28.~1879. 6. 3.
3	중좌	후지이[藤井包聰]	1879. 6. 3.~1895. 6. 24.
4	대좌	후지이[藤井包聰]	1895. 6. 24.~1905. 2. 6.
5	중장	후지이[藤井包聰]	1905. 2. 6.~1906. 7. 6.
6	소장	오쿠보[大久保德明]	1906. 7. 6.~1926. 12. 26.
7	〃	마키노[牧野清人]	1926. 12. 26.~1928. 6. 2.
8	〃	이베[伊部直光]	1928. 6. 2.~1930. 1. 21.
9	〃	야노[矢野目孫一]	1930. 1. 21.~1933. 7. 25.
10	〃	마쓰무라[松村法吉]	1933. 7. 25.~1937. 8. 6.
11	〃	야마우치[山内静夫]	1937. 8. 6.~1938. 2. 4.
12	〃	오무라[大村齊]	1938. 2. 4.~1929. 8. 1.
13	〃	이시이[石井英橘]	1929. 8. 1.~1932. 12. 7.
14	〃	스즈키[鈴木元長]	1932. 12. 7.~1936. 4. 28.
15	〃	구와바라[桑原四郎]	1936. 4. 28.~1937. 8. 30.
16	〃	야노[野口正義]	1937. 11. 1.~1939. 3. 9.
17	〃	나가시마[中島三栖雄]	1939. 3. 9.~1940. 8. 1.
18	〃	시모다[下田宣力]	1940. 8. 1.~1942. 4. 15.
19	〃	고쿠라[小倉尚]	1942. 12. 2.~1943. 9. 10.
20	중장	오마에[大前憲三郎]	1943. 10. 15.~1945. 8. 31.

출처: ウィキペディア의 내용을 저자 수정.

오쿠보[大久保德明] 소장처럼 20년 이상 장수하는 경우도 있었다. 측량부장이 바뀌는 경우 15대 부장 구와바라[桑原四郎] 소좌로부터 16대 야노[野口正義] 소장으로 교대될 때에는 2개월간의 공백기가 있었고, 18대 시모다[下田宣力] 소장에서 19대 고쿠라[小倉尙] 소장으로 측량부장이 교대될 때에는 무려 7개월 이상의 공백기가 있었다. 고스게는 측량과장에 취임하기 1년 전에 초대 육지측량부장에 취임한 바 있다(표 1-1). 한반도 침략이 본격화되면서 육지측량부장은 참모본부의 중요성이 커짐에 따라 중장 또는 소장 계급의 장군이 맡게 되었다.

메이지 초기 일본의 측량 및 지도제작사업은 육군이 프랑스식, 내무성 지리국이 독일 · 오스트리아식, 공부성이 영국식, 홋카이도 개척사(北海道開拓使)가 미국식 기술을 사용하였으므로 부처에 따라 측량 및 지도제작 방법과 방식이 제각각이었다. 1882년이 되어 독일로 유학 갔던 다사카가 독일방식의 삼각측량법과 독일식 신속측도 기호인 '일색선호식(一色線號式)' 지도제작 기술을 습득하고 돌아왔다. 종전에는 색채표현을 주로 하는 화려한 프랑스식 도식을 사용해 왔다. 그리하여 육군에서는 1883년에 측량 · 지도제작 방식을 독일식으로 전환하게 되었다. 1884년에는 현재의 내각에 해당하는 태정관(太政官)이 측지에 관한 국가사업을 육군성 참모본부 측량국으로 일원화하게 된 것이다. 그리고 1888년부터 기

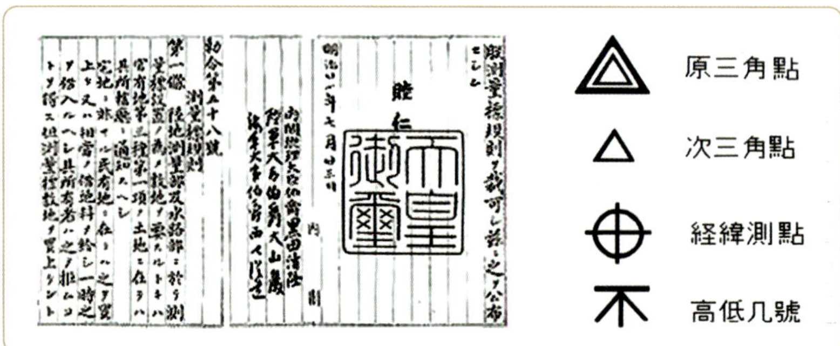

그림 1-9 측량표 규칙 공포문서(칙령 제58호)와 측회도보(測繪圖譜)
출처: ウィキペディア.

준측량, 일등 · 이등 · 삼등 삼각측량을 비롯한 일등수준측량 및 1 : 50,000 지형도의 작성이 전국적으로 전개되었다(橋本 · 川合 編, 1978, p.335).

1884년에는 내무성의 기술진을 흡수하여 육군 주도하에 지도제작의 통합체인 측량국이 참모본부의 하부조직으로 발족되었다. 그로부터 4년 후인 1888년에는 측량표규칙(測量標規則)이 칙령 제58호로 제정되었다(그림 1-9). 1889년 지도교육훈련기관인 수기소(修技所)를 개설하고 측량관제 · 측량표 규칙 등의 제정이 차질 없이 이뤄질 수 있었던 것은 전술한 고스게와 나사카의 주도면밀한 준비가 있었기 때문이었다.

일본의 측량전담부서가 군대조직인 참모본부로부터 시작되었음은 이미 전술한 바 있다. 참모조직은 1871년 7월에 이른바 「대정치개혁」의 일환으로서 출발하였다. 병무성 내에 설치된 육군참모국의 임무는 기밀탐지를 비롯한 첩보활동과 지도제작 및 지지서의 편찬에 있었다(稻葉, 1974). 간첩대로 불렸던 정보원들은 평상시에는 지리조사와 지도제작을 주된 임무로 삼았다.

1874년 독립기구인 참모국으로 개편된 조직은 1886년에 모든 군을 아우르는 참모본부

표 1-2. 일본 육군과 해군 참모조직의 변천

시 기	육 군	해 군	근 거 법 령
1871년 7월	병부성	육군참모국	병부성 직원령
1874년 6월	참모국		참모국 조례
1878년 12월	참모본부		구참모본부 조례
1884년 2월	참모본부	군사부	
1886년 3월	참모본부		메이지 19년 칙령
1888년 5월	육군참모본부	해군참모본부	메이지 21년 칙령 제25호
1889년 3월	참모본부	해군참모부	메이지 22년 칙령 제25호 · 동제30호
1893년 5월	참모본부	해군사령부	메이지 26년 칙령 제37호
1933년 10월	참모본부	군령부	쇼와 8년 군령해 제5호
1945년 10월	폐지		쇼와 20년 군령해 제8호 등

출처: 저자 작성.

로 확대되었다(표 1-2). 1889년 5월에 육지측량부가 발족됨에 따라 일본의 지도제작은 완전히 군부가 장악하게 되었다. 육지측량부는 참모총장의 예하부대로서 독립된 조직이었으며, 참모본부의 내국도 외국도 아니었기 때문에 참모총장 이외에는 그 누구의 지휘 감독도 받지 않았다. 평시에는 예산과 인원이 육군성의 규제를 받지만, 전시에는 임전요무(臨戰要務)라는 참모총장의 권한 내에서 비밀업무를 담당한 것이다. 그 예산은 천황의 통솔권에 근거한 칙령으로 보호를 받았다.

제2장

조선말 측량침략

조선총독부가 1926년 제작한 지형도

출처: お茶の水大學.

1. 조선말 일제 측량기관의 활약상
2. 외방도의 제작과 소장
3. 일본 참모본부 간첩대의 해외 파견과 측량배경
4. 간첩대의 측량과 정찰 루트
5. 지도의 내용과 도식
6. 도식(圖式)의 특징
7. 개항장 지도
8. 병요지지서 조선지지략의 간행

1. 조선말 일제 측량기관의 활약상

고산자 김정호가 1864년 전근대적 한반도 지도를 완성한 지 14년 후인 1878년부터 일제 참모본부 장교들로 구성된 간첩대에 의해 지도가 제작된 것은 이미 저자(남영우, 1992; 2001; 2007; 2009; Nam, 1997)의 일련의 연구에 의해 어느 정도 밝혀진 바 있다. 그러나 그들이 비밀리에 측량한 결과물인 지도의 소재와 내용에 관해서는 선행연구에서 밝혀진 바 없다(남영우, 2010).

과거 일본의 측량기술은 한반도로부터의 불교전파와 더불어 전해진 것으로 밝혀진 바 있다. 고지도 가운데 일본 최초의 지도로 여겨지는 행기도(行基圖)는 승려 행기(668~749년)가 나라시대에 일본열도를 돌며 작성한 지도였을 것으로 추정된다(久武 · 長谷川, 1989; 심정보, 2009). 그는 한반도로부터 일본열도로 건너간 도래인의 후손으로 추정되는 인물이다(金達壽, 1989, p.195). 이와 같은 측량술의 교류는 18세기 초기까지 지속되었다(李鎭昊 · 全炳德, 2007, p.435).

19세기 초에는 전술한 이노우라는 걸출한 지도학자가 배출되면서 당시로서는 일본 최고 수준의 지도로 평가받는 「대일본연해여지전도(大日本沿海輿地全圖)」가 1821년에 작성되기도 하였다. 이 지도는 그의 제자 다카하시[高橋景保, 1785~1829]가 이어받아 이노우의 사후 4년 뒤인 1821년에 완성되었다. 이 지도는 1828년 독일인 Siebold가 사본을 해외로 반출하려다 발각되어 다카하시의 아들이 처벌을 받은 이른바 '시볼트 사건'을 일으키기도 하였다(남영우 · 김부성, 2009). 그러나 일본의 근대적 지도제작은 1860년대까지만 하더라도 이노우의 지도 수준을 능가하는 괄목할 만한 진전이 없었다.

그림 2-1 도쿄 우에노[上野]에 안장된 다카하시[高橋景保]의 묘
출처: ウィキペディア.

일본은 세계 및 아시아 정세가 긴박하게 돌아가고 국내정세가 혼탁해지면서 주변국에 대하여 강경책을 취하기 시작하였다. 즉 메이지 정부는 정한론(征韓論)을 주장한 사이고[西鄕隆盛]의 퇴진으로 야기된 무사계급과 국민감정을 무마하고 그 관심을 해외로 돌리기 위하여 1874년의 타이완 침략에 이어 1875년 9월 20일에는 군함 운요호[雲揚號]를 동원하여 강화해협에서 무력시위를 단행하였다. 그때부터 육군성의 참모본부 전신인 '제6국'은 최초로 해외첩보활동을 개시하였다. 당시 사이고의 모습을 그림 2-2의 '우키요에[浮世繪]'를 통하여 엿볼 수 있다. '니시키에[錦繪]'라고도 불리는 우키요에는 일본 에도시대에 당대 사람들의 일상생활이나 풍경 등을 그린 풍속화를 말한다. 이 그림에서 사이고는 좌중을 둘

그림 2-2 우키요에: 정한의론도(征韓議論圖, 1877년)
중앙에 앉아 있는 사이고 다카모리[西鄕隆盛]가 정한론을 역설하고 있다.
출처: ウィキペディア.

러보면서 한국정벌의 필요성을 역설하고 있다.

본장에서는 조선왕조 말기에 일본 육군성 참모본부 소속의 첩보장교들이 한반도에서 비밀측량을 실시한 배경과 과정을 파악하고 그 실체를 규명하는 데 목적이 있다. 이에 저자는 일본군 장교들의 족적을 기록한 색인도와 측량지도를 미국의 의회도서관에서 그 소재를 확인하고 일본 학자들과 공동연구를 위해 지도를 입수하였다. 미국의회도서관에 구일본군이 제작한 지도와 항공사진이 소장되어 있다는 보고는 후술하는 바와 같이 이미 일본 학자들에 의해 행해진 바 있다(今里・久武, 2003; 2009).

본장에서 고찰한 지도는 주로 일본에 육지측량부가 만들어지기 전인 1883(明治 16년)~1887년(明治 20년)의 5년간에 걸쳐 측량된 간첩대의 지도들을 분석대상으로 삼았다. 이들 지도는 한국지도학사상 혼란기라 불리는 시기에 제작되어(이기석, 2009) 120~130여년 만에 한일양국에서 처음 햇빛을 보게 된 지도들로 도식이 확정되기 이전인 중세 말 또는 근대 초기의 지도를 파악할 수 있으므로 한국지도학사에 중요한 자료가 될 것이다.

2. 외방도의 제작과 소장

(1) 외방도의 제작

타국을 무력으로 침략하기 위해서는 군사작전이 수반될 수밖에 없다. 군사작전을 수행하기 위해서는 작전계획과 병참지원계획을 수립하고 군사행동에 돌입하기 위한 정교한 지도가 필요하다. 작전계획이란 군사작전의 체계적 계획을 뜻하며, 이것을 입안하는 일은 참모본부의 본래 업무이다. 지휘관은 참모에게 작전행동에 필요한 작전계획을 요구하고, 참모본부는 필요한 정보를 수집 분석하여 지휘부에게 조언하는 임무를 수행하게 된다. 참모본부의 조직은 원수(元帥)가 참모총장을 맡고 부장은 준장~중장이 임명되며, 과장은 대좌, 반장은 소좌 또는 중좌, 반원은 대위, 반부(班付)는 중위가 임명된다. 참모조직 중 정보과에는 분석반 · 북방반 · 동방반 · 서방반 · 남방반 · 식민지반 · 해외반 · 지도반이 있는데, 그 가운데 분석반은 외국의 병요지지를 파악하고 기밀사항을 정탐하며 정세분석을 담당한다. 또한 지도반은 군용지도의 정비와 보관 및 배포를 담당하는 부서이다. 그리고 특무과에는 첩보반 · 모략반 · 방첩반 · 과학첩보반 · 교육반이 속해 있다. 대륙침략의 야욕을 품은 일제는 일찍부터 참모본부를 중심으로 전쟁준비를 위한 지도제작의 필요성을 인식하고 있었다. 그리하여 참모본부는 서둘러 외방도 제작에 돌입하게 된 것이다.

일본에서는 과거 군사기관이 작성한 외국지도를 '외방도(外邦圖)'라 부르고, 그 지도를 제작하기 위한 측량을 '외방측량'이라 칭하고 있다(牛越, 2005; 小林, 2005a; 岡田 · 小林, 2006). 이러한 명칭은 과거 일제의 식민지배하에 두었던 나라의 국토를 측량한 것이므로 다분히 일본의 자국 중심적 명칭이라고 할 수 있다. 그리하여 저자는 일본학계에 명칭변경을 권유한 바 있으나 실현되지 않고 있다. 일본의 『측량 · 지도백년사(測量 · 地圖百年史)』에 의하면, 외방도의 기원을 메이지시대 초기로 추정하고 있다((測量 · 地圖百年史, 1970).

외방도란 일반적으로 제2차 세계대전 중 일본의 군부기관이 다른 나라의 지형도 종류를 복제한 지도를 가리키는 경우가 많았다. 그 지도들은 대부분 해당국가의 주권과 관련되므로 공식적으로 간행된 것은 없고 비밀리에 제작되어 소실된 것이 적지 않다. '외방도'란 명칭은 1884년 참모본부에 측량국이 성립될 때 만들어진 「측량국복무개칙」 제5조와 제6조, 제18조에서 유래되었다(清水, 2009). 이 명칭은 두말할 필요도 없이 '내국도(內國圖)' 혹은 '내방도(內邦圖)'에 대비되는 용어이다. 저자가 외방도란 명칭이 일본의 자국 중심적 명칭이라고 주장하는 이유가 바로 여기에 있다.

초기의 외방도는 1874년 「청국발해지방도(清國渤海地方圖)」를 비롯하여 1875년의 「조선국전도(朝鮮國全圖)」 및 「동해안조선도(東海岸朝鮮圖)」와 「청국북경전도(清國北京全圖)」 및 「아세아동부여지도(亞細亞東部輿地圖)」 1876년의 「조선강화도도(朝鮮江華島圖)」 및 「월미도해협약측도(月尾島海峽略測圖)」와 「거제도 및 한산도(巨濟島及閑山島)」, 그리고 1877년의 「조선국부산항(朝鮮國釜山港)」 등이었다(日本海軍水路局,1875; 1876a; 1876b; 1876c; 日本陸軍參謀局, 1875).

외방도에 대하여 공표된 최초의 문헌은 『측량 · 지도백년사』라고 간주된다(測量 · 地圖百年誌編集委員會, 1970). 일본에서는 외방도를 두 종류로 대별하여, 제1류는 제2차 세계대전 참전 이전에 제작된 지도, 제2류는 동남아시아와 남아시아에 걸친 광범위한 지역을 위시하여 태평양 제도와 북미대륙의 일부 등을 포함한 지도 종류를 말한다. 그러므로 한반도 지도는 제1류에 속하는 외방도이다.

외방도로서 최초로 제작된 지도는 메이지유신 이후 일본정부 내부에서 정한론을 둘러싸고 조성된 침략야욕으로 1875년 조선전도(朝鮮全圖)와 청국북경전도(清國北京全圖) 등의 육군문고로 간행된 지도였다. 그러나 이들 지도는 실측지도가 아닌 기존의 지도를 편집한 것이었다. 실측지도는 후술하는 것처럼 1875~1877년 해군 수로국에서 발간한 해안지도가 대부분이었고, 내륙지도는 1883년부터 발간되기 시작하였다. 청일전쟁의 발발과 더불어 1895년 임시측도부가 편성되어 한반도와 랴오둥반도 주변에 대한 신속측도(迅速測圖)가 간행되었다. 그 후에도 북청사변(1899~1901년)과 노일전쟁(1904~1905년)을 계기로 지도의 간행범위가 확대되어 갔다. 북청사변은 청대 말에 일어난 외세배척운동을 가리킨다.

외방도는 명치기(明治期) 이후 일본지도학사에서 중요한 역할을 하면서도 전후에는 거의 주목을 받지 못하였다. 그것은 메이지기 이래 지도제작의 주체였던 육지측량부와 참모본부가 패전으로 해체되고 외방도가 소각되거나 연합군에 압수됨에 따라 세상에 빛을 볼 수 없었기 때문이었다. 특히 19세기 말에 측량된 외방도는 저자의 연구가 학계의 주목을 받는 계기가 되었다. 이에 관한 상세한 내용은 후술하기로 하겠다.

(2) 외방도의 소장

일본의 패전으로 연합국에 압수된 외방도의 일부는 미국으로 유출되었다. 미국으로 건너간 외방도는 워싱턴 D.C.의 의회도서관(Library of Congress)과 위스콘신주 밀워키의 미국지리학회 지도실(American Geographical Society Library) 등지에 분산 보관되었다. 그 중 본서의 분석대상이 된 조선 말 참모본부 간첩대가 제작한 한반도 관련의 외방도는 의회도서관 매디슨관(James Madison Memorial Building)에 보관되어 있다. 그 위치는 매디슨관 지하 2층 LM-B01호실의 지리지도부(Geography and Map Division)에 소장되어 있다. 그 중 한반도 지도는 1 : 20만 지도, 1 : 5만 약도, 1 : 2.5만 지형도, 1 : 1만 지형도 등이 약 3,000매에 달하는 것으로 추정된다(그림 2-3 및 그림 2-4 참조). 미국 의회도서관에 한국지도가 소장되어 있다는 사실은 1982년 S. McCune에 의해 처음 소개되었고, 그 가운데 일부가 섀논 콜렉션(Shannon Collection)이라는 이름으로 소장되어 있다(양윤정, 2010).

미국 의회도서관은 지도의 성격에 따라 보관 장소를 달리하고 있다. 대부분의 지도는 열람실과 직접 연결되어 있는 지도보관실에 보관되어 있다. 이곳은 지도보관실인 동시에 분류작업이 진행되는 공간으로, 사서의 동의만 있으면 일반인의 출입이 가능하다. 현재 디지

털화되어 인터넷으로 검색 가능한 한국관련 지도의 대부분이 이곳에 보관되어 있으며, 아직 기본적인 서지사항의 파악이 완료되지 않아 지도번호가 부여되지 못한 한국 콜렉션(Collection of Korea) 역시 이곳에 보관되어 있다. 두 번째는 지형도를 구분하여 보관하는 곳이 있는데, 이곳에 한반도 지형도가 보관되어 있다. 마지막 보관 장소는 미국 의회도서관 지리지도실에서 특별 관리되고 있는 자료들을 소장하고 있는 곳이다. 이곳은 다른 보관실과 달리 보안설정이 되어 있는 관계로 담당사서들만이 출입이 가능하며 열람요청서를 작성해 제출해야 출입할 수 있다. 1880년대 참모본부 소속 장교들이 측량한 지도들이 이곳에 보관되어 있다.

현지조사를 실시한 양윤정 · 양보경(2009)에 의하면, 미국 의회도서관에 소장된 한국 관련 '볼트(Vault)'본 지도류는 지도번호가 G79-로 시작되므로 이들 번호로 제작시기와 지도의 성격을 파악할 수 있다. 예를 들면 본서에서 분석대상이 된 그림 2-31(1)의 색인도는 지도번호가 G7901.P2.1887.J2로 되어 있다. 지도번호 중 G7901과 1887을 통하여 이 지도가 1887년에 제작된 한국 관련 지도임을 알 수 있으며, 의회도서관 자료 분류 원칙에 따라 P2는 도로(road)와 관련되어 있음을 의미하는 기호이다. 그리고 J2는 해당 지도가 일본과 관련이 있음을 나타내 준다.

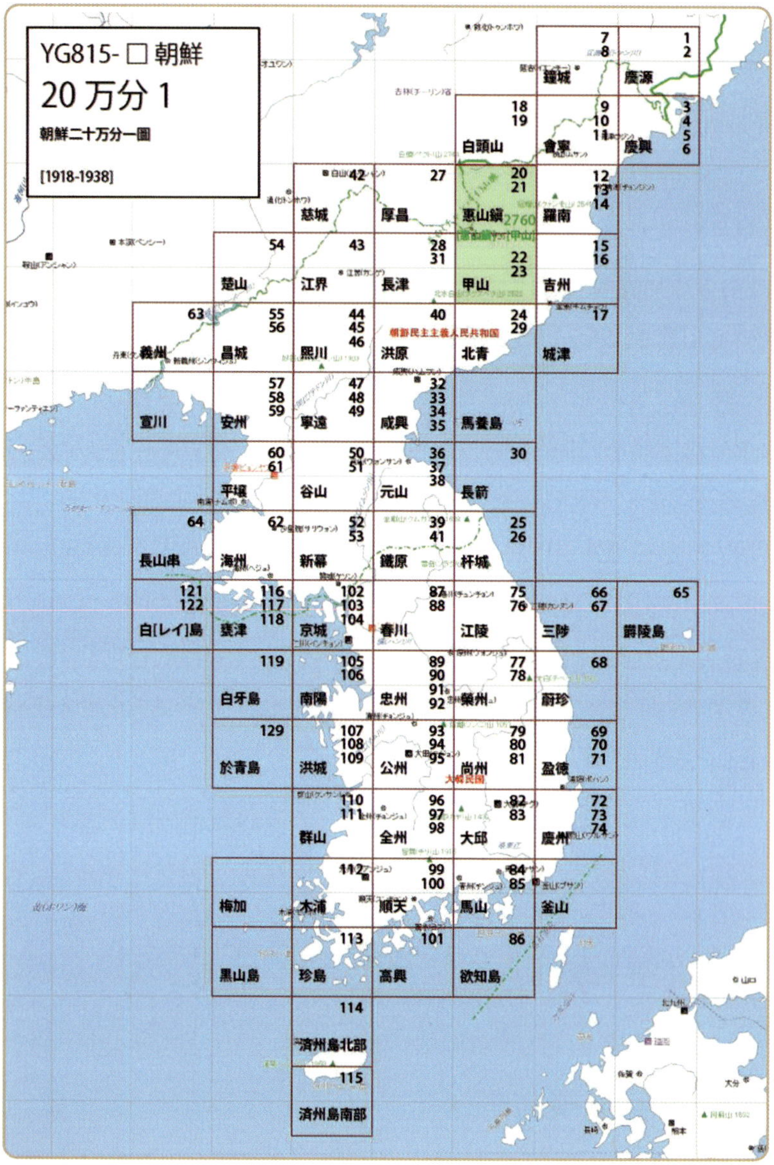

그림 2-3 조선 20만분1도(1918~1938년)

출처: 日本國會圖書館.

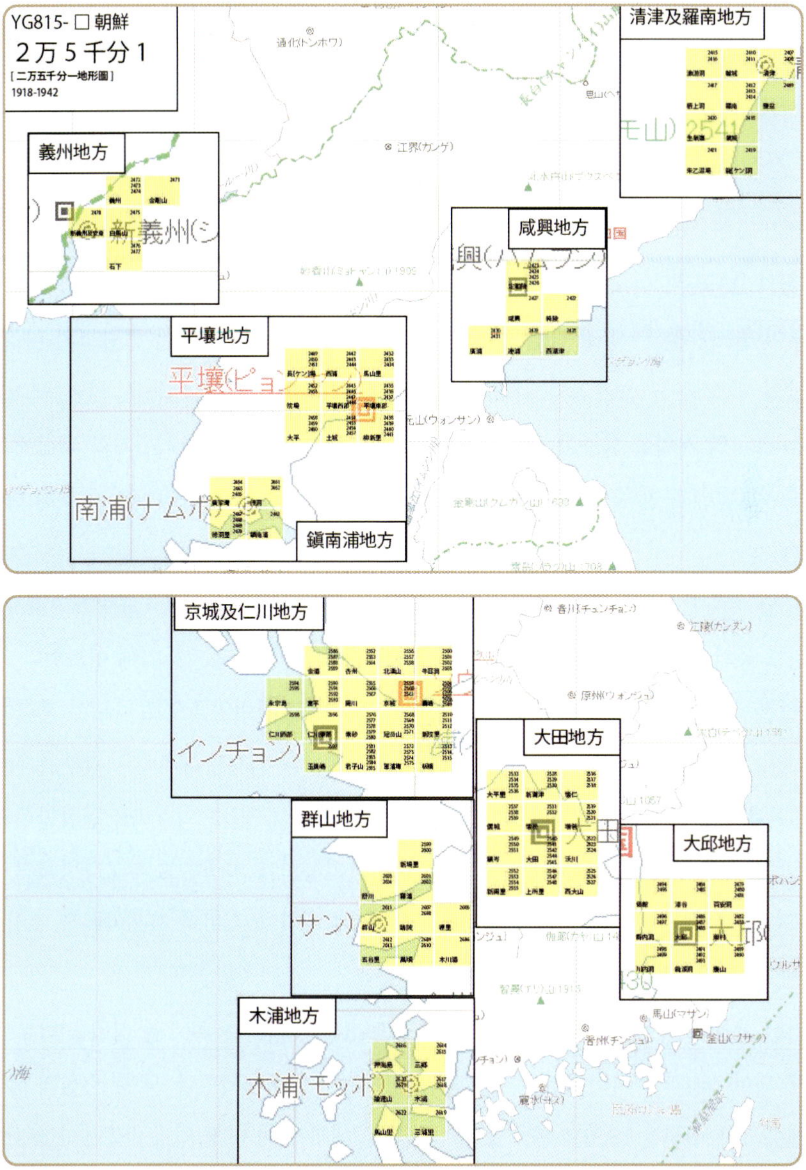

그림 2-4 조선 2만5천분1도(1918~1942년)

출처: 日本國會圖書館.

3. 일본 참모본부 간첩대의 해외 파견과 측량배경

(1) 간첩대의 파견 경위

19세기 후반부터 구미 선진국들은 앞을 다투어 공업원료와 제품시장을 찾아 해외로 눈을 돌렸다. 제국주의는 군사력을 바탕으로 해외에 자본을 투자하고 현지주민의 노동력을 착취하여 철도 · 광산 · 공장 등을 경영한 결과, 영국의 런던을 비롯한 프랑스의 파리, 포르투갈의 리스보아, 스페인의 마드리드, 네덜란드의 암스테르담 등은 이미 세계도시(global city)의 지위를 확보할 수 있었다(Clark, 1996). 서구열강의 식민지화 과정에서 형성된 도시발달에 관한 중상주의 모델은 미국의 지리학자 J. E. Vance(1970)에 의해 제기된 바 있다.

이 무렵, 일본은 쇄국정책을 고수하고 있었으나 미국을 비롯한 영국 · 프랑스 · 러시아 · 네덜란드 등의 압력으로 통상조약을 체결함으로써 쇄국정책을 포기하기에 이르렀다. 개국 후의 일본 국내정세는 막부(幕府)의 개국정책을 둘러싸고 찬반양론으로 나뉘어 혼란에 빠졌다. 번(藩)의 젊은 무사계급과 지방호족들이 중심이 된 외세반대세력은 막부를 움직여 개국정책을 번복시켰으나, 막부는 미국 · 영국 · 프랑스 · 네덜란드의 4개국 연합함대의 공격을 받게 되자 무력으로 외세에 대항하는 것이 불가능함을 인식하고 부국강병책의 기반 위에 근대화를 추진하기로 정책을 변경하였다. 이에 대한 조슈번과 사쓰마번을 중심으로 한 반란으로 막부의 권위는 실추되었다.

이러한 상황에 이르자 15대 쇼군[將軍] 도쿠가와[德川慶喜]는 1867년 정권을 막부에 반납하게 되어 260년간 지속되어온 에도막부[江戸幕府]가 폐지되었다. 국왕 중심의 중앙정부체제를 갖춘 일본은 1868년 연호를 게이오[慶応]에서 메이지[明治]로 바꾸었다(歷史學硏究會 編, 1991). 이것이 바로 메이지유신(明治維新)이다. 새로운 중앙정부는 1873년 국민개병제로 징병제를 바꾸면서 부국강병의 노선을 걷기 시작하였다. 1873년에 이른바 정한론이 대두된 이후, 일본은 1877년 육군대장 사이고가 규슈 일대에서 거병한 세이난[西南] 전쟁을 치르면서도 군국주의의 기반을 다져나아갔다. 이 무렵 일본의 수도 도쿄는 이미 세계 10대 도시의 반열에 올라서 있었다(Clark, 1996).

일본은 1871년 7월 28일 병무성 관제가 변경되면서 참모국이 신설되었다(佐藤, 1988).

그림 2-5 우키요에: 세이난[西南]전쟁
출처: ウィキペディア.

참모본부(參謀本部, 1882)가 편찬한 『참모연혁지(參謀沿革誌)』에 의하면 참모국의 하부기구로 간첩대를 두어 평상시에는 지리 정탐지도의 편성을 관장하는 기관을 설치한다고 기록되어 있다. 이 조직은 육군 중좌를 책임자로 하는 일본 육지측량부의 산실이었다. 주로 장교와 화공(畵工)들로 구성된 간첩대 요원들은 이듬해 1872년 3월 15일 육군성으로부터 「순검참모장교직무대략(巡檢參謀將校職務大略)」이 예하부대에 하달됨에 따라 간첩대로서의 활동을 시작하였다. 여기서 '순검참모장교'란 해외를 정찰하기 위해 현지답사에 임하는 참모장교를 지칭한다. 그들 중 조선조(朝鮮組)와 만주조(滿洲組)는 각각 2~3명이 한 조가 되어 밀정을 시작한 것이다. 당시 간첩대의 임무는 측량이 유일한 것이었고, 측량 이외의 업무는 문서내용에 밝히지 않아 의도적으로 생략된 것으로 생각된다(佐藤, 1988).

메이지 정부는 1873년 전술한 사이고 참의원을 한반도에 파견하고 조선에서 주도권을 선점하는 한편, 북방의 사할린과 쿠릴열도를 수중에 넣고 남방의 난세이 제도[南西諸島]를 영토화하면서 팽창주의의 길을 걷기 위해 필요한 조치를 취하였다. 특히 한반도에 관한 정보의 필요성을 느낀 군부는 1869년에 이미 조직된 참모국 간첩대를 활용하기에 이르렀다.

표 2-1. 일본 측량기구의 직제변화

시 기	부 서 명 칭
1871년 7월	병부성 육군부 참모국(兵部省 陸軍部 參謀局)
1872년 2월	육군성 참모국 간첩대(陸軍省 參謀局 間諜隊)
1873년 4월	육군성 제6국(陸軍省 第六局)
1874년 2월	육군성 참모국(陸軍省 參謀局) 제5과 · 제6과
1878년 12월	육군성 참모본부(陸軍省 參謀本部) 지도과 · 측량과
1884년 9월	육군성 참모본부 측량국(陸軍省 參謀本部 測量局) 삼각측량과 · 지형측량과 · 지도과
1886년 3월	육군성 참모본부 측량국(參謀本部 陸軍部 測量局) 삼각측량과 · 지형측량과 · 지도과
1889년 5월	참모본부 육지측량부(參謀本部 陸地測量部) 삼각과 · 지형과 · 제도과 · 수기과

출처: 저자가 アジア歷史資料センター(2009)의 자료를 토대로 작성한 것임.

1872년 9월에 외무대승 하나부사[花房義質]를 수행한 기타무라[北村重賴] 중좌와 벳부[別府晉介] 소좌는 한반도에서 첩보활동을 개시한 인물이었다(陸軍參謀本部, 1888). '대승(大丞)'이란 메이지 정부에서 대신(大臣), 대보(大輔), 소보(少輔)에 다음가는 네 번째 지위에 해당하는 관직이다. 그들 장교는 한복으로 갈아입고 조선인으로 위장하여 주로 삼남지방을 성찰하였다. 그 이유는 우선 일본과 한반도를 연결할 수 있는 항구입지의 물색에 있었기 때문인 것으로 생각된다. 청국의 만주에 대한 첩보가 1877년 시마히로[島弘毅] 중위가 최초였으므로, 한반도에 비해 5년이나 뒤늦었다(李進熙, 1990).

그림 2-6 외무대승 하나부사[花房義質]
출처: 위키백과.

육군성 산하의 제6국을 폐지하고 참모국을 설치한 육군성은 1874년 측량도구와 유럽의 측량서적을 구입하여 번

표 2-2. 1874년 참모국 조직과 인원의 증가

부 서	개 편 시 기		담당업무
	6월 29일	12월 31일	
국 장	1	1	책임자
첩보처리	0	1	
전 령 사	0	2	
제 1 과	6	12	총무
제 2 과	0	2	아시아 병제(兵制)
제 3 과	10	25	구미병제(歐美兵制)
제 4 과	0	7	병사(兵史)
제 5 과	20	19	지도정지(地圖政誌)
제 6 과	8	10	측량
제 7 과	5	5	문고(文庫)
합 계	50	83	

출처: 佐藤(1988), p.363.

역하는 작업을 시작하였다. 그해 연말 참모국 산하에 5개 과(課)가 7개 과로 확대되었다(표 2-1, 2-2 참조). 각 과의 사업규모로서는 제3과와 제5과가 가장 유력한 부서였다. 제3과는 프랑스와 독일의 군사제도를 연구하는 부서였고, 제5과는 지도를 제작하는 부서였다. 제5과는 지도정지과(地圖政誌課)로 39명의 가장 큰 부서이며, 그 다음이 제3과인 35명의 구미병제과(歐美兵制課)이다. 특히 지도제작과 관련된 제5과와 제6과의 업무내용은 근대지도 측량방법을 확정하는 것을 포함하여 지바현[千葉縣] 나라시노[習志野]의 지도 작성과 석판·동판인쇄의 복제 등이었다. 그들이 실습용으로 제작한 1：1만 축척의 나라시노 지형도는 일본육군의 '꿈의 지도'로 알려져 있다.

참모국의 인원이 1874년 6월과 12월 사이에 대폭 증원된 사실은 이 시기가 일본 참모조직의 확대기였음을 입증하는 것이다. 이 시기에는 군부의 개방화 움직임에 따라 지도 제작이 자유화되고 민간인들에게 각종 지도가 판매되기도 하였다(長久保, 1937). 지도의 자유로운 판매는 일본인들에게만 국한되었음은 물론이다.

1876년 일본사절단에 동행한 해군사관이 인천-서울 간을 측량하여 1883년에 간행한 「종조선국양화진지제물포육로견취도(從朝鮮國楊花鎭至濟物浦陸路見取圖)」가 일본군 장교에 의한 최초의 지도라 추정하는 경우도 있으나(小林·岡田, 2008), 1878년에 간행된 카이즈의 「조선국장포강구약도(朝鮮國長浦江口略圖)」가 5년 더 빠르다. 1877년 참모국 소속의 카이즈 소위는 개항장 교섭차 조선으로 파견되는 하나부사 대리공사를 수행하면서 한반도의 정황탐색을 명령받았다(參謀本部, 1882). 참모본부의 「역사초안(歷史草案)」에는 카이즈 소위의 비밀측량이 한반도에 대한 첩보명령의 시작으로 기록되어 있다. 그는 1879년 개항장 협정서에 조인하기 위해 하나부사가 다시 조선에 왔을 때에도 경인지방과 부산에서 첩보활동을 행하고 있었다.

1880년에는 예비간첩대원이라 할 수 있는 어학연수생들을 지휘 감독하기 위해 호리모토[堀本禮藏] 중위가 서울에 파견되었다. 하나부사는 호리모토를 군사교관으로 초빙해달라고 예조판서에게 제안하였다. 그리하여 별기군(別技軍)은 1881년 4월부터 일본군 공병소위 호리모토에게 신식훈련을 받게 되었다. 별기군이란 1881년(고종 18) 군사제도 개편에 따라 설치된 신식군대를 가리킨다. 그는 1882년에 발생한 임오군란의 와중에 조선인에 의해 살해된 바 있다.

1878년 참모국이 참모본부로 육군성의 조직이 확대 개편되었다. 참모본부란 조직은 사단장·여단장 등에 상당하는 고급지휘관의 작전지휘를 보좌하는 업무를 담당하는 기관이다. 종래에는 지휘관 스스로가 각자의 판단에 의거하여 부대를 통솔하였으나, 나폴레옹 전쟁 무렵부터 참모조직의 필요성이 대두되었다. 이에 프로이센 군대에 지휘관을 보좌하는 상설기관인 참모조직이 채택되기에 이르렀다. 참모조직은 1870년 프로이센과 프랑스 간의 전쟁인 보불전쟁(普佛戰爭)에서 프로이센이 승리함에 따라 그 진가가 입증되었다. 그리하여 일본에서도 일본군대에 참모총장을 두어 천황의 참모임무를 담당케 하였다.

초대 참모총장에 아리스가와[有栖川宮, 1835~1895] 대장이 취임하였다. 그는 황족 출신으로 1870년 병부경(兵部卿)으로 취임하여 1871년에는 후쿠오카 번지사(藩知事, 후에 주지사로 바뀜)를 역임한 자이다. 그는 1876년에는 원로원 의장에 취임하였으나 이듬해 세

그림 2-7 초대 참모총장 아리스가와[有栖川宮]
출처: ウィキペディア.

이난 전쟁이 발발하자 반란군을 진압하기 위한 가고시마현 역도정토총독(逆徒征討總督)에 취임하여 신정부군의 사이고와 대치하게 되었다. 아리스가와는 세이난 전쟁에서 세운 공으로 사이고에 이어 두 번째 육군대장으로 승진하였고, 1889년에 초대 참모총장에 취임하였다. 그는 메이지 천황의 절대적 신임을 받은 탓에 1882년 모스크바에서 열린 러시아 황제 알렉산더 3세 즉위식에 천황 대신 참석한 후, 귀국 길에 유럽과 미국을 둘러보며 국제적 감각을 익혔다(宮內省, 1898; 高松宮, 1929).

일본군의 참모총장은 표 2-3에서 보는 바와 같이 초대 아리스가와를 필두로 패전시기까지 17대 총장으로 이어졌다. 그 가운데 한국에서 사망한 일본군을 야스쿠니 신사에 합사할

표 2-3. 일본의 역대 참모총장

대	성 명	출신	재임 기간	비 고
1	아리스가와[有栖川宮]	황족	1889.3.9.-1895.1.15.	
2	고마쓰[小松宮]	황족	1895.1.26.~1898.1.20.	
3	가와카미[川上操六]	가고시마	1898.1.20.~1899.5.11.	
4	오오야마[大山巖]	가고시마	1899.5.16.~1904.6.20.	
5	야마가타[山縣有朋]	야마구치	1904.6.20.~1905.12.20.	
6	오오야마[大山巖]	가고시마	1905.12.20.~1906.4.10.	
7	고다마[兒玉源太郎]	야마구치	1906.4.11.~1906.7.30.	보병
8	오쿠보[奧保鞏]	후쿠오카	1906.7.30.~1912.1.20.	보병
9	하세가와[長谷川好道]	야마구치	1912.1.20.~1915.12.16.	보병
10	우에바라[上原勇作]	미야자키	1915.12.17.~1923.3.17.	공병(육사구3기)
11	가와이[河合操]	오이타	1923.3.17.~1926.3.2.	보병(육사구8기)
12	스즈키[鈴木莊六]	니가타	1926.3.2.~1930.2.19.	기병(육사1기)
13	가네타니[金谷範三]	오이타	1930.2.19.~1931.12.23.	보병(육사5기)
14	간인[閑院宮]	황족	1931.12.23.~1940.10.3.	기병
15	스기야마[杉山元]	후쿠오카	1940.10.3.~1944.2.21.	보병(육사12기)
16	도조[東條英機]	도쿄	1944.2.21.~1944.7.14.	보병(육사17기)
17	우메즈[梅津美治郎]	오이타	1944.7.18.~1945.11.30.	보병(육사15기)

출처: 參謀本部 編(1921).

것을 승인한 오오야마 대장은 제4대와 제6대 참모총장을, 주한 일본군사령관을 역임한 하세가와는 제9대 참모총장을 역임하였다.

하나부사가 일본사절단의 대표였던 탓에 그 후에도 사절단의 파견은 지리정보를 취득하는 것이 주목적이었다. 1877년에 파견된 사절단은 측량선 다카오마루[高雄丸]를 동원하여 8월에 부산으로부터 10월에 고온포(현재의 우정읍 매향리)와 인천에 이르기까지 각지에서 해안측량을 행하였다. 하나부사 일본대리공사는 개항장 선정과 외교대표의 서울 주재, 저탄장 설치 등의 문제해결을 조선에 강요하기 위하여 서울로 향하였다(국사편찬위원회, 1970). 이 군함의 서해안에 대한 측량은 1879년 3월부터 4월에 걸쳐 집중적으로 실시되었다. 경기도 관찰사 조인희는 일본함정의 침입사실을 조정에 보고하고 인천에 상륙하여 노략질을 행한 일본인에 대한 처벌을 일본공사에 요구하였으나 무위로 돌아갔다. 1870년대만 하더라도 일본의 한반도에 대한 침략야욕은 이미 노골화 되어 있었다. 분노한 조선인들이 하나부사의 귀가 길에 투석을 하는 사건까지 발생할 정도로 일본인의 행동은 안하무인

그림 2-8 풍랑을 만나 좌초되는 군함 다카오마루[高雄丸]
출처: ウィキペディア.

이었다.

다카오마루는 원래 1863년 7월 미국에서 진수된 것을 1868년 3월에 아키다번[秋田藩]이 구매하였고, 동년 10월에 에도막부에 포획되어 활약하다가 그림 2-8에서 보는 것처럼 1869년 3월 폭풍으로 좌초된 것을 신정부군의 함정이 공격함에 따라 침몰되었다. 다카오마루를 동원한 해안측량의 주요목적은 조일수호조규에 명시된 개항지의 선정에 있었고, 연안측량 역시 조일수호조규에서 명시한 대로 수시로 가능한 작업이었다. 이러한 측량이 장차 한반도를 침략하기 위한 음모였음을 당시 조선의 관리들은 과연 알고 있었는지 궁금하다.

(2) 카이즈 미쓰오[海津三雄]의 활약

지도제작에 동원된 측량사 중 주목할 만한 인물은 본 연구의 대상 중 하나인 카이즈[海津三雄] 육군 소위이다. 그의 집안은 대대로 도쿠가와 가문의 휘하에 있었으며, '카이즈' 혹은 '우미쓰'로도 불리는 그는 1853년 일본 시즈오카현[静岡縣]에서 출생하여 1869년에 창설된 누마즈병학교[沼津兵學校]의 설립과 동시에 선발되어 제1기생이 되었다.

누마즈병학교는 1868년 에도막부가 메이지 신정부로 교체됨에 따라 도쿠가와 번주(藩主)가 약 7천 명의 가신들을 이끌고 누마즈로 이전하여 육군사관을 양성하기 위한 장교양성소로 개교한 교육기관이었다. 이 학교의 교사진은 서양학문과 국제정세에 능통한 과거 막부출신의 엘리트들로 구성되어 있었다. 졸업생의 대부분은 메이지 정부의 군인 또는 관료가 되거나 교육기관으로 진출하였으며 측량기술자로 활약한 사람이 많았다는 특징이 있다(藤井, 1979).

카이즈는 1872년 도쿄에 병학교 기숙사(그림 2-9)가 이전함에 따라 도쿄로 옮겨 1874년 졸업하여 육군 공병소위로 임관하였다. 그는 임관 후 사관학교 공병과(工兵科) 교관으로 발령받아 근무하다가 24세의 나이였던 1877년 처음으로 조선 한성부를 시찰하였다. 이는 한반도를 정탐하기 위한 예비답사의 성격을 띠었다. 카이즈는 당시 도쿄진대(鎭臺) 공병대대 소속이었다(佐藤, 1988).

1878년 참모본부가 설치되자 카이즈는 조선전문 참모관으로 한반도 전역을 정탐하기 시작하였다. 1879년 하나부사 공사가 한성부로 상경하자 예조판서 심순택을 비롯하여 강수관(講修官) 홍우창 등은 일본관소에 일본인이 수시로 출입하는 행위가 한일수호조약 및 조규로노 보자라 별도의 조규를 만들려는 것이라며 카이즈 중위 등을 송환할 것을 요구하였다. 심순택(1824~1906)은 고종의 명을 받아 울릉도에 난입한 일본인 벌목공을 되거시킨 인물이며(김탁환, 2002, p.198), 홍우창은 개항을 서두르는 일본의 진출을 저지하기 위해 노력한 인물이었다. 이들의 요구에 하나부사는 예조판서가 사신의 수행원을 홀대한다며 간첩대의 송환을 거부하였다. 오히려 하나부사는 1879년 4월 20일 서한을 통하여 수호조약 조규를 들먹이며 카이즈 대위가 내륙지방을 여행할 때 여행루트에 속한 각 지방에서 병사 2명씩을 보내 호송해줄 것을 요구하였다(국사편찬위원회, 2010). 그가 1885년 경성공사관 소속의 무관으로 임명되면서부터는 후술하는 바와 같이 전국을 공공연하게 돌아다니며

누마즈병학교 유적지

누마즈병학교 기념비

그림 2-9 누마즈병학교 유적지와 기념비
출처: ウィキペディア.

측량을 행하였다. 그의 상세한 정탐활동 내용은 후술할 것이므로 여기서는 생략하겠다.

1887년 소좌로 제대한 카이즈는 34세의 젊은 나이로 예비역에 편입되어 고향으로 돌아갔다. 그러나 그는 7년 후에 다시 전쟁에 종군하다가 1904년 러일전쟁이 발발하자 다시 소집되어 평양 병참부 사령관으로 부임하였다. 1905년 1월에 고종은 통감부의 압력에 굴하여 조령(詔令)을 내려 일본 주둔군 사령관 하세가와[長谷川好道] 대장 등에게 훈장을 추서하였다. 그 중 카이즈 소좌는 특별히 훈3등의 서훈과 팔괘장을 하사받았다. 대한제국의 국권은 거의 찬탈된 것이나 다름없었다.

카이즈는 1906년 초 임시철도감부(監部)의 재료과장으로 자리를 옮겨 경의선 부설공사에 투입되었다. 그는 1905년 을사늑약 이후에도 한반도에 다시 들어와 활약을 한 인물로 소좌로 진급하여 임시군용철도대 감부(監部) 자격으로 1905년 1월 18일 이완용 총리대신으로부터 훈장을 받기도 하였다(朝鮮王朝實錄, 고종 42년 기사 참조). 이는 통감부의 압력과 이완용의 매국적 행위의 결과임은 두말할 나위가 없다.

1906년 8월 30일 경의선의 완공으로 카이즈는 육군공병 중좌로 승진한데 이어 통감부 철도국 촉탁으로 근무지를 옮겼다. 당시 일본군 중에는 러시아군과의 전쟁에 참전하기 위해 경의선을 지나 만주로 향한 사이고 다카모리의 아들도 포함되어 있었다. 재한일본인 거류민단의 용산민단 의원으로 선발된 카이즈는 민의회 의장으로 추대되었다. 그는 1911년 1월 용산민단과 경성민단이 합병됨에 따라 의원선출 투표에서 271표 중 197표의 다수표를 획득하여 당선되고 또 의장에 추대되었다(국사편찬위원회, 2010).

(3) 간첩대의 측량 배경과 강화도조약

1) 간첩대의 측량 배경

임오군란은 하급군인과 도시빈민의 민씨 정권에 대한 저항에서 비롯되었다. 대원군 정

그림 2-10 우키요에: 임오군란을 묘사한 그림(1882년)
출처: ウィキペディア.

권이 들어서자 일본과 청국은 자신들의 이권을 지키기 위해 군대를 파견하여 국내문제에 개입하였다. 참모본부는 호리모토의 후임으로 미즈노[水野弘毅]와 마쓰오카[松岡利治] 중위 등을 조선에 파견하는 한편, 하나부사 공사는 세토구치[瀬戸口重雄] 대위, 이토[伊藤祐義]와 이소바야시[磯林眞三] 중위 등의 장교와 두 명의 관서국(關西局) 요원을 대동하고 한성부에 도착하였다(京城居留民團役所, 1912, 4–5).

장교들로 구성된 간첩대 요원들은 조선의 정세가 긴박하게 돌아가자 청국과의 군사적 충돌이 예상되니 일본군을 동원하여 서울과 평양을 무력 점령해야 한다는 보고서를 참모본부에 상신하였다(參謀本部, 1882). 당시 청국은 일본군을 견제해 달라는 대원군의 요청에 따라 마산에 주둔하고 있던 군대를 서울로 이동시켰다. 서울에 입성한 청국군대는 대원군 정권과 일본측을 중재하는 듯한 태도를 보였으나, 대원군을 청국으로 납치하고 군대를 동원하여 한성부와 궁궐을 장악하였다.

조선과 일본 사이에 체결된 1876년의 강화도조약(조일수호조약)과 1882년의 제물포조

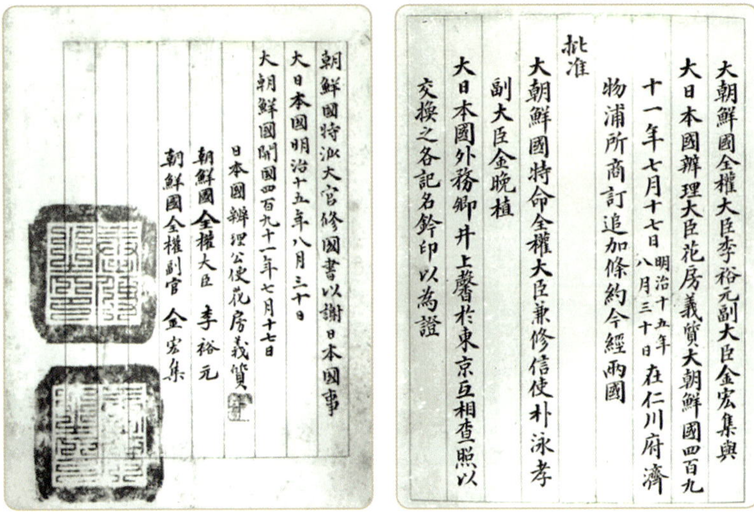

大朝鮮國全權大臣李裕元副大臣金宏集與
大日本國辦理大臣花房義質大朝鮮國四百九
十一年七月十七日 明治十五年八月三十日 在仁川府濟
物浦所商訂追加條約今經兩國
批准
大朝鮮國特命全權大臣兼修信使朴泳孝
副大臣金晩植
大日本國外務卿井上馨於東京互相查照以
交換之各記名鈐印以爲證

朝鮮國特派大官修國書以謝日本國事
大日本國明治十五年八月三十日
大朝鮮國開國四百九十一年七月十七日
日本國辦理公使花房義質
朝鮮國全權大臣 李裕元
朝鮮國全權副官 金宏集

그림 2-11 제물포조약 원본
출처: 국사편찬위원회(1970).

약으로 파견장교들의 첩보활동이 전보다 용이해졌다. 즉 강화도조약 제7조에 "조선은 일본의 해안측량을 허용한다."라는 조항과 제물포조약 중 수호조규속약(修好條規續約) 제2조에 "일본 공사 · 영사 및 수행원 · 가족의 조선 내륙지방에 대한 여행을 허락하며, 여행할 지방을 지정하면 예조에서 증서를 발급하고 지방관은 증서를 대조하여 호송한다."라는 조항 때문이었다. 그리하여 1883년 1월 일본판리공사 다케조에는 조선 조정에 영사관원 이소바야시를 포함하여 부산영사관원 카이즈와 와타나베에게 여권발급을 요구하였다. 그들의 속셈이 장교들의 신변안전과 한반도 내륙지방의 정탐활동에 있었음은 추후에 밝혀질 것이다.

이들 조약은 전술한 바와 같이 운요호 사건과 임오군란에서 비롯된 조약이었다(한국근대사학회, 2008). 조약의 제7조에 일본이 조선의 연해를 비롯하여 도서와 암초 등을 자유롭게 측량하고 해도(海圖)를 작성할 수 있다고 명시한 것은 한반도 연안이 항해에 위험하면

들어오지 않으면 될 것을, 그들은 안전통상을 위하여 측량을 해야 한다고 고집한 것이다. 강화도조약이 체결되기 전인 1875년에는 이미 육군성으로부터 각국 공사관에 파견되어 주둔해 있던 참모장교들에게 유사시에 대비하여 정세파악을 하라는 지시를 내린 바 있다.

특히 운요호 사건은 일본 외무성과 군부측의 지시로 해로조사라는 구실 하에 문제를 일으켜 문호개방을 강요할 목적으로 자행된 고의적이고 계략적인 도발이었다. 이 사건을 의도적으로 일으킨 일본은 조선이 청나라의 속국이라는 이유로 먼저 청나라에 책임을 물었다. 유럽열강의 침략에 시달리고 있던 청나라는 문제가 커질 것을 우려하여 민씨 정권에 대하여 조약체결에 응할 것을 권고하였다. 일본은 1876년 군함 2척과 운송선 3척에 약 400명의 병력을 강화도 갑곶에 상륙시켜 협상을 강요하였다. 우의정 박규수를 비롯한 조정의 수뇌부는 문호개방의 준비가 되어 있지 않다고 생각하였으나 우선 무력침략을 모면해보기 위하여 조약체결에 응할 수밖에 없었다. 이 강화도조약은 일방적이고 불평등한 내용이며 영일조약(英日條約)을 모방한 우리나라 최초의 국제조약이었다. 이와 같이 일제는 자신들이 서구열강에 당한 것을 그대로 한국에 적용한 것이었다.

2) 강화도조약과 조일수호조규부록

강화도조약은 1876년 2월 26일 조선측의 판중추부사 신헌, 도총부부총관 윤자승, 일본측의 육군중장 겸 개척장관 구로다[黑田淸隆], 신의관 이노우에[井上馨] 간에 체결되었다. 구로다(1836~1915)는 사쓰마번[薩摩藩] 무사 출신으로 개척장관을 위시하여 농상무대신 · 내각총리대신 · 중추원 의장 등의 요직을 거친 인물로 강화도조약을 체결하고 세이난전쟁에서 전공을 세우기도 하였다. 그리고 이노우에(1835~1915)는 조슈번[長州藩] 무사 출신으로 존황양이운동에 공감하여 과격한 행동을 일삼았던 인물로 이토[伊藤博文] 등과 함께 이른바 '조슈 5걸'로 꼽히는 자였다(그림 2-12). 그는 이토와 함께 영국으로 밀항하여 자신의 눈으로 국력의 차이를 실감하고 개국론으로 노선을 바꾸었다(杉山, 1975).

1876년 2월 강화도조약에 이어 그 시행세목을 규정한 조약을 조일수호조규부록이라고

구로다[黑田淸隆] 개척장관

이노우에[井上馨] 신의관

그림 2-12 강화도조약을 체결한 일본측 대표 구로다와 이노우에

출처: ウィキペディア.

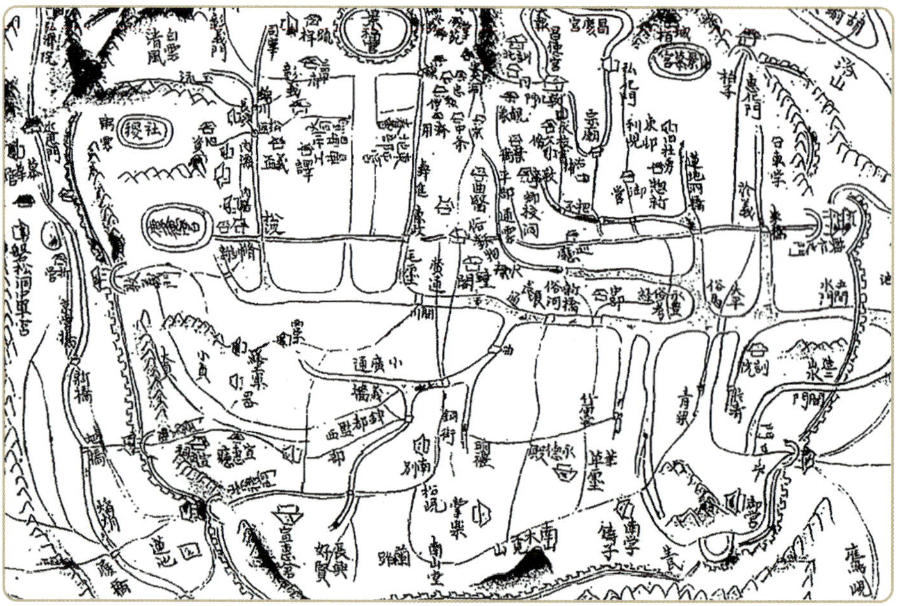

그림 2-13 조선도부약도(朝鮮都府略圖)

출처: アジア歷史資料センター資料.

도 하는데, 서울에서 조인된 이 조약은 실무자였던 강수관 의정부당상(講修官 議政府堂上) 조인희와 일본 이사관(理事官) 미야모토[宮本小一] 간에 13회에 걸친 담판 끝에 체결되었다. 일본측 담당자는 이사관이었던 미야모토 외무대승이었는데, 그는 「조선전도」를 비롯하여 「수선전도」 등의 각종 지도를 빌려 수행원 가쓰다[勝田四方藏] 육군대위 등에게 필사하도록 하였다. 그 가운데 그림 2-13의 「조선도부약도(朝鮮都府略圖)」는 김정호가 작성한 것으로 추정되는 수선전도(首善全圖)와 유사한 구도이며 그보다 더 간결하게 묘사된 지도이다. 그러므로 이 지도는 상기한 지도를 간략히 모사하여 제도한 것으로 추정된다(宮本, 1876).

여기서 주목해야 할 사항은 조약체결의 조선측 대표로 참여했던 신헌(1810~1889년)의 행동이다. 그는 형조판서를 비롯하여 병조판서와 공조판서를 두루 지낸 무관이며 외교관이기도 하였다(그림 2-14). 『신헌문집』 중 대동방여도서(大東方輿圖序)에 따르면, 신헌은 고산자 김정호에게 자료를 제공하여 지도제작을 의뢰하였다는 기록이 있다. 이는 신헌이 지도의 필요성과 중요성을 인지하였음을 시사하는 대목이다. 지도의 중요성을 누구보다도 잘 아는 신헌이 일본에게 비록 해도이긴 하지만 측량을 허락하는 내용인 제7조에 대하여 아무런 이의를 제기하지 않은 것은 이해할 수 없는 사실이다.

그림 2-14 강화도조약 체결의 조선측 대표 신헌
출처: 위키백과.

이 조약의 시행세목은 전문 11조로서, 모든 조항이 일본의 권익을 일방적으로 옹호하고 있을 뿐만 아니라 장차 한국 침

략의 발판이 되는 규정들이었다. 전문 중 제1조의 일본선박 긴급사태 때의 내지여행 허용, 제4조의 부산항에서 일본인의 통행범위를 방파제에서 10리까지로 확대 규정, 제9조 일본 측량선박 보호 규정 등이 측량과 관련된 내용이다. 3개 조항을 일본측 기록에는 다음과 같이 기록되어 있다(アジア歴史資料センター, 2009).

第一款, 嗣後各港口駐留日本國人民管理官、朝鮮國沿海地方ニ於テ日本國ノ諸船困難ニ遭ヒ緊急ナリト聞クトキハ、地方官ニ告ケ該地ニ到ル道路ヲ經過スルヲ得ヘシ.

第四款, 嗣後釜山港ニ於テ日本國人民行步ヲ得ヘキ道路ノ里程ハ、波戸場ヨリ起算シテ東西南北各直徑十里朝鮮里法ニ依ルト定ム. 東萊府中ニ至ラハ里程外ニ在リト雖モ、特ニ往來ヲ爲ス。此里程內ニ於テ日本國人民隨意行步シ、其地ノ物産及日本國物産ヲ賣買スルヲ得ヘシ.

第九款, 修好條規第七款ニ載スル旨趣ニ從ヒ、日本國測量船小船ヲ放チ朝鮮國沿海ヲ測量スル時、或ハ風雨ニ逢ヒ、或ハ干潮ノ爲メ本船ニ歸ル能ハサル時ハ、該處里正ヨリ其近傍ノ人家ニ安著セシムヘシ。若シ需用ノ物品アラハ官ヨリ辨給シ、後日其入費ヲ完清スヘシ.

미야모토[宮本小一]가 저술한 『미야모토 대승 조선이사시말 4(宮本大丞朝鮮理事始末四)』의 「조선이사일기2(朝鮮理事日記二)」에 기록된 내용 중 주목할 내용이 있다. 8월 16일자 일기에서 미야모토는 개항장을 부산 이외에 전라도 진도와 함경도 북청으로 하자는 의견을 조선측 실무자 조인희에게 타진하였고, 8월 23일자 일기에서는 마산측량에 관한 건을 들먹이면서 부산으로부터 동래부로 유보(遊步)하는 것을 조인희가 허락한다고 약속했다는 내용이 기록되어 있다. 이들 내용과 3년 후 경기감사가 된 조인희가 영종진 앞바다에서 수심을 측량하던 카이즈 일행을 저지하였다는 보고를 올린 사실과 대비해 볼 때, 미야모토는 측량을 허락한 것으로 호도하였고, 조인희는 '遊步'의 의미대로 걸어 다니며 보는

것만 허락한 것으로 유추된다. 그리고 8월 25일자 일기에서는 미야모토가 회담이 끝나고 의정부에 들러 영의정을 비롯하여 우의정과 강수관을 만나 지구본을 보여주면서 세계정세를 설명했다는 내용이 기록되어 있다(アジア歷史資料センター, 2010). 이는 조선에 대하여 개국할 것을 종용하기 위한 발언이었을 것으로 사료된다.

한반도에서 암약하는 장교들은 조선정복과 청국과의 전쟁에 대비하여 지도를 작성하는 것이 가장 중요한 임무였다. 1883년에는 축척 1 : 1만의 「조선국경성지략도(朝鮮國京城之略圖)」와 축척 1 : 2민의 「한성근방도(漢城近傍圖)」가 제작되었다. 여기서는 미국의회도서관에서 발견된 볼트본 지도 중 이소바야시 · 와타나베 · 카이즈 · 오카 · 미우라 · 가라다 6명의 장교가 측량을 위해 첩보활동을 행한 경로를 추적해보고 그들이 제작한 지도를 파악하기로 하였다. 그들 중 이소바야시 중위는 서울, 와타나베 소위는 부산, 카이즈 소위는 원산에서 활동하고 있었다.

그들은 조일수호조규속약의 발효로 1882년 12월부터 국내여행에 외교특권이 부여됨에 따라 장소를 옮겨가며 광역적으로 첩보활동을 전개할 계획을 세웠다. 그러나 그들의 계획은 조선백성들의 반발과 조선조정의 저항으로 1883년 3월에 이소바야시 중위만 실행에 옮길 수 있었다(參謀本部, 1882). 당시 참모본부는 청국에도 첩보원을 파견하였으나 주로 청국인에 의존하는 경우가 많았다(參謀本部, 1888). 이 사실은 청국인과 다른 조선백성의 대일감정의 일단을 엿볼 수 있는 대목이다.

그림 2-15 오오야마 이와오[大山巖] 육군대장
출처: ウィキペディア.

일제의 참모본부(1882) 『참모연혁지(參謀沿革誌)』 「역사초안(歷史草案)」의 자료편 1883년 11월 12일 항에 의하면, 참모본부는 군사정보를 탐지하는 데에 더욱 박차를 가하라는 훈령을 내렸다. 1880년 지안[輯安]에서 벌채도중 우연히 발견된 광개토대왕비의 존재가 알려지면서 참모본부는 급히 사코[酒勾景信] 포병 소위(후에 중위 승진)를 은밀하게 파견하였다. 비문의 탁본과 압록강 연안의 정보수집에 성공한 그는 1883년 8월 참모본부장 오오야마[大山巖]에게 한반도를 경유하여 귀국하겠다는 의견서를 상신하였다. 참모본부 편찬과는 이 탁본을 해독하기 위하여 저명한 한학자와 역사학자들을 동원하여 6년간에 걸친 연구를 진행하였다(이만열, 1985).

오오야마(1842～1916)는 일본육군 창설기부터 노일전쟁에 이르기까지 활약한 인물이다(그림 2-15). 그는 1870～1873년 제네바에 유학하면서 프랑스와 프로이센 간의 보불전쟁을 시찰하기도 하였다. 사이고와 사촌형제인 그는 일찍이 세이난 전쟁과 연이어 일어난 사족의 반란을 진압한 바 있고, 청일전쟁에서는 육군대장으로서 제2사령관, 노일전쟁에서는 원수육군대장으로 만주군 총사령관에 취임하여 일본군의 승리를 이끌어 후일 참모총장과 내무대신 등을 역임한 일본의 영웅적 존재였다.

그림 2-16 가쓰라 타로우[桂太郎] 육군대장
출처: ウィキペディア.

사코의 의견서에 대하여 가쓰라[桂太郎] 관서국장은 수호조규속약 때문에 공사관원으로 위장하는 것이 위험하므로 선편으로 귀국할 것을 명하였다(李進熙, 1990). 후에 제11 · 13 · 15대 총리대신을 역임한 가쓰라(1848～1913)는 메이지유신 후 독일유학을 마치고 육군대장과 육군대신을 거치고 재상이 되어 노일전쟁을 승리로 이끈 인물이었다(그림 2-16). 당시 한반도의 상황은 1년 전 호리모토 중위가 사망하는 등의 불안한 사건이 발생하였으므로 참모본부장의 명령은 당연한 것이었다.

사코 소위가 광개토대왕비가 있는 지안(고구려 수도였던 국내성)에 잠입하여 작성한 지도에서 그의 행적을 확인할 수 있다. 그는 1880년 9월 3일 청국으로의 파견명령을 받고 동년 10월 6일 중국으로 향하였다. 그는 1881년 「북경근방도(北京近傍圖)」 등의 지도를 제작하였고, 1882년 3월 「산동성제일도(山東省第一圖)~제사도(第四圖)」를, 1883년 1월에는 「종북경지우장여행도(從北京至牛莊旅行圖)」를 참모본부에 제출하였다. 사코가 작성한 지도는 1 : 20만 축척을 기본으로 하였고 밀정 루트의 도로와 주변의 지형을 목측으로 측량하였다. 동년 10월 4일 귀국명령을 받은 사코는 일본으로 귀환하여 중위를 거쳐 대위로 승진하였고, 1884년 6월에 그의 업적인 「만주동부여행도(滿洲東部旅行圖)」와 「비문지유래기(碑文之由來記)」를 참모본부에 제출하였다(山近 · 渡辺 · 小林, 2010).

(4) 이소바야시 대위의 사망

원산에 주재하던 카이즈 소위가 참모본부 명령에 의거 일시 일본으로 귀국함에 따라 그의 후임으로 1884년 5월 오카[岡泰鄕] 중위가 부임하였다. 12월에는 갑신정변이 발생하자 급히 서울로 향하던 이소바야시 대위와 어학연수생 3명이 조선인에 의해 살해되는 사건이 발생하였다(參謀本部, 1882). 그는 1884년 마포 일대의 주요시설을 담은 「마포근방도(麻浦近傍圖)」와 「자마포지문수산성노상도(自麻浦至文殊山城路上圖)」를 완성한 직후에 살해된 것이다. 제1대 서울주재 첩보장교였던 호리모토에 이어 제2대 장교인 이소바야시가 조선인에 의해 살해된 것은 조선의 항일운동사에 의미를 부여할 만한 사건이었다.

「근세인물지(近世人物誌)」의 기록에 의하면(그림 2-17 참조), 이소바야시는 일본 고치현[高知縣] 출신으로 1871년 번병(藩兵)으로 들어가 상경하여 1874년 육군 소위 시보(試補)로 임명되어 중위로 진급하였다. 그는 1878년 8월 근위병의 폭동사건이 발생하자 폭도들을 궁궐 밖으로 유인하여 진압하는 혁혁한 공을 세웠다. 「근세인물지」에 의하면, 사람들은 그의 대범함과 기민함에 놀랐다고 전한다. 1882년 7월 조선에서 임오군란이 발발하자 대

그림 2-17 이소바야시를 추모하는 신문기사 부록 (1886년 12월 11일자)
출처: 早稲田大學 圖書館, 磯林大尉 3號 文庫.

위로 승진하여 한성주재 일본공사관으로 발령받아 근무하게 되었다. 1884년 12월 4일 갑신정변이 실패로 돌아감에 따라 이소바야시 대위가 충청도(일본측 기록에는 강원도) 요지의 정보수집을 하던 중 공사로부터 일본군이 청국군의 공격을 받는다는 급보를 전해 듣고 급거 귀경하던 중에 수백 명의 성난 군중으로부터 투석을 받아 수행원 두 명과 함께 살해되었다는 것이다. 이 기록의 내용은 한국측 기록 및 참모본부의 기록과 다소 차이가 있으나 그의 인생족적의 일부를 엿볼 수 있다.

이소바야시를 살해한 한국인은 22세의 김대홍(1863~1884)이란 혈기 왕성한 청년이었다. 그의 이름은 '김대홍'으로 알려져 있지만 조선왕조실록 등에는 '김태홍'으로 기록되어 있다(그림 2-18 참조). 그는 천안 출신으로 일찍이 부모를 잃고 유기상인을 따라 상경하여 남대문 밖 객점에 머물던 중 1884년 10월 18일에 전날 갑신정변이 발생하자 정변의 주도세력이 일본병사와 함께 궁궐에 난입하여 대신들을 살육하고 정변의 주도세력들이 일본군과 함께 궁궐에 들어갔다는 소식에 접하고 격분하여 그들을 살해하고자 한 것이다.

그는 정변의 주도세력들이 일본군과 함께 궁궐에 들어갔다는 소식을 듣고 정변의 주도세력들을 죽이고자 하였으나, 궁궐에 접근할 수 없게 되자 1884년 11월 20일 오전에 말을 타고 지나가던 이소바야시 대위와 그 일행이 한강을 건너 도성에 진입하기 전 23세의 땔감장수 원한갑을 비롯한 다른 조선인들과 합세하여 돌을 던지고 칼로 찔러 살해하였다. 주범 격이었던 김대흥은 황해도 금천으로 피신하였다. 1884년 11월 24일 갑신정변 사후처리를 위해 체결된 한성조약에 의거 범인을 체포하여 처벌하도록 결정이 내려졌다. 김대흥은 12월 6일 황해도로부터 서울로 되돌아와 남대문 밖에서, 원한갑은 12월 3일 포도청 포교에게 체포되었다(金正明, 1963). 갑신정변 와중에 반일감정이 극에 달한 것은 김대흥과 원한갑만이 아니라 조선의 모든 백성들도 마찬가지였다. 흥분한 백성들은 일본 공사관을 불태우고 관원들을 위협하였던 것이다.

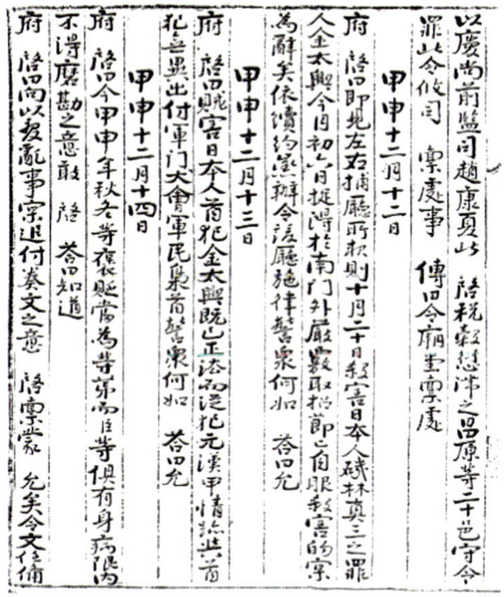

그림 2-18 김대흥과 원한갑에 관한 고종실록
출처: 국사편찬위원회(1970).

한성조약은 갑신정변 직후 일본으로 피신했던 주한 일본공사 다케조에[竹添進一郎, 1842~1917]를 조선에 파견하였으나 타결책을 찾지 못하자 1885년 1월 전권대사 이노우에가 군함 7척을 인천항에 남겨둔 채 육군 2개 대대를 이끌고 서울로 들어와 김굉집과 담판하여 체결되었다(그림 2-19). 이 조약 내용 중에는 제3조에 “이소바야시 대위를 살해한 범인을 조사 · 체포하여 엄중하게 처벌할 것”이라는 조항이 들어가 있었다. 한성조약의 체결로 갑신정변에 대한 모든 책임은 조선에게 돌아왔고, 일본은 이것을 구실로 삼아 이노우에가 일본공사관 호위라는 핑계로 데려온 병력 중 1개 대대를 조선에 주둔시킴으로써 조선에 대한 침략을 한층 강화시켜 나아갔다.

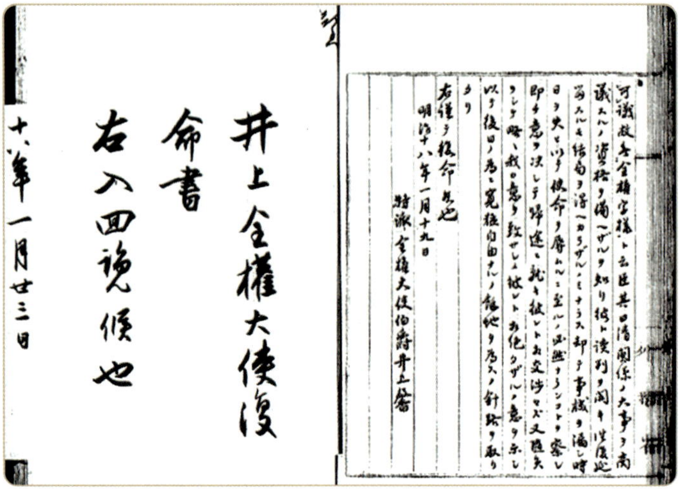
井上全權大使復
命書
右入御覽候也
十八年一月廿三日

明治十八年一月十九日
特派全權大使伯爵井上馨

그림 2-19 한성조약의 일본측 문서
출처: ウィキペディア.

1885년 1월 9일 김굉집과 이노우에 간에 조인된 한성조약 5개 조항의 내용은 다음과 같다.

제1조: 조선국은 국서(國書)를 일본국에 보내 사의(謝意)를 표명할 것.

제2조: 일본국 조해인민(遭害人民)의 유족 및 부상자를 휼급(恤給)하고 상민(商民) 중 화물을 약탈 또는 훼손당한 자를 전보(塡補)하여 조선국은 11만원을 지불할 것.

제3조: 이소바야시 대위를 살해한 흉도를 잡아 중형에 처할 것.

제4조: 조선국은 이축(移築)을 요하는 일본공관의 기지와 건물을 교부하여 공관 및 영사관으로 사용함에 족하도록 할 것이며, 그 수축과 중건에 있어서는 조선국이 다시 2만원을 지불하여 공사비에 충용토록 할 것.

제5조: 일본호위병의 영사(營舍)는 공관부지로 택정하되 임오약속 제5조에 비추어 시행할 것.

이상의 5개조에 이르는 조약 내용이 우리나라로서는 굴욕적이었음은 물론이다. 조정은 분노한 백성들을 위무하지는 못할지언정 애국적 청년을 벌한 것이다. 강화도조약이나 한일수호조약을 포함하여 한성조약 역시 불평등조약으로 국력이 쇠약한 나라의 비극이었다.

이소바야시 대위는 1882년 10월 한성의 일본공사관 주재를 명받아 공사의 호위임무를 담당하였다(やまと新聞, 1886). 대위로 진급한 그는 서울과 지방을 오가며 정보수집을 하던 중 갑신정변이 발생하자 급거 귀경하다 참모본부 어학연수생 아카바네[赤羽平太郎] 등과 함께 남대문 밖 칭파 갈오리에서 살해된 것인데, 혼란스러운 와중에 무슨 이유로 일본군 장교가 호위병 없이 말을 타고 이동하였는지, 또한 혼란 와중에 공사의 신변보호를 태만하였는지 밝혀진 바 없다. 공사관 주재원(무관) 신분일 경우에는 군복을 입을 수 있겠으나, 정보수집 시에 민간인으로 위장해야 하는 첩보장교의 기본수칙을 이소바야시가 왜 어겼는지 알 수 없다. 더욱이 이소바야시는 임오군란의 와중에 호리모토 중위가 조선인에 의해 살해된 지 두 달 후인 1882년 8월에 세토구치 대위와 함께 「종인천지한성도(從仁川至漢

그림 2-20 서울 거리를 말을 타고 달리는 일본군 장교

이소바야시 대위 역시 이와 같이 군복을 입은 채 말을 타고 달렸을 것이다.

출처: 국사편찬위원회 한국사데이터베이스.

城圖)」를 작성하였으므로 항시 위험에 노출될 수 있다는 사실을 잘 알고 있었을 것이다. 그의 유해는 2년 전에 사망한 호리모토 중위와 함께 인천 일본군 묘지에 매장되었다(橋本, 1884).

그림 2-21 김굉(홍)집
출처: 위키백과.

고종은 12월 12일 일본 외무대승 미야모토의 압력에 굴복한 의정부의 건의에 따라 김대흥 등의 처형을 윤허하였다. 이소바야시 일행의 사망사건으로 김대흥의 사형집행일이 다가오자 일본측 곤도[近藤眞鋤] 임시대리공사는 1884년 12월 12일 조선측 전권대신인 좌의정 김굉집(1842~1896)에게 연락하여 이틀 후에 주범격인 김대흥을 처형하기로 결정한 사실을 전해 들었다. 곤도 공사는 12월 13일 전권대신 김굉집과 만나 김대흥의 처형은 일본국민에게 만족을 주기 위하여 행하는 것이므로 일본 관원의 입회하에 집행할 것을 요구하였다. 이에 대하여 김굉집은 제물포조약에는 그러한 조항이 없기 때문에 일본측에 통보하지 않았음을 사과하였다. 결국 대리공사는 한 명의 장교와 공관원 2명, 호위병 1개 소대를 거느리고 입회위원으로 참석하였다. 조선인 청년 김대흥과 원한갑은 1884년 12월 14일 일본군대가 지켜보는 가운데 무참하게 처형되었다.

원한갑은 과천에 살던 23세의 청년으로 11월 18일 서울로 장작을 팔러 가던 도중에 임오군란 발생 소식을 듣고 집으로 돌아와 생업을 중단하고 이틀을 고심하다가 다시 서울로 향하였다. 그는 갈오리에서 김대흥을 비롯한 여러 사람들이 일본인에게 돌팔매질 하는 것을 보고 가담한 청년이었다. 그는 일본측 기록에 의하면 16일 동안 은신하다가 체포되어 김대흥의 사형일 다음날인 12월 29일에 처형된 것으로 기록되어 있다. 그러나 한국측 기록에 의하면 원한갑은 김대흥과 함께 같은 날 처형된 것으로 밝혀진 바 있다. 조약체결일로부터 20일 이내에 처형하기로 되어 있으므로 그들의 처형일은 12월 14일이 정확할 것이다.

일본군과 대치중인 조선군

도주하는 하나부사와 일행

그림 2-22 임오군란을 묘사한 사진과 우키요에
출처: 서문당, ウィキペディア.

「근세인물지」 이소바야시 대위(3호) 문고에 의하면, 당시 일본군의 강압에 의해 교수형에 처한 김대홍과 원한갑은 무참하게 살해되었다고 전한다. 즉 원래는 칼로 참수를 하였으나 칼날이 무뎌 무려 63회를 내리쳐서야 숨을 거두었다고 하니 그 고통이 어떠했는지 상상하기 어려울 정도이다. 그들은 국력이 약한 나라의 백성으로 태어난 죄밖에 없었다. 사형 날짜를 12월 14일로 정한 것은 한성조약에 따른 것이다. 한국인 청년에 의한 이소바야시의 살해사건은 일본뿐만 아니라 국내에서도 큰 사건이었다. 이에 관한 사건기록은 고종실록을 비롯하여 승정원일기 · 일성록 · 비변사등록 · 통리교섭통상사무아문일기 · 구한국외교문서 등에서 찾아볼 수 있다.

1885년 4월, 일본 육군 오오야마 백작은 임오군란으로 사망한 호리모토와 이소바야시 대위 등 이지마[飯島碩太郎] 하사관 · 후지시로[藤代市十郎]와 메구로[目黑多利吉] 일등병 등 5명의 유골을 인천에서 도쿄의 야스쿠니[靖國]신사로 옮겨 합사할 것을 승인하였다. 이 사실은 『故工兵中尉堀本礼造外二名幷朝鮮國ニテ戰死巡査及公使館雇ノ者等靖國神社ヘ合祀ノ件』과 『陸軍省稟告故磯林步兵大尉外五名靖國神社ヘ合祀ノ件』에서 확인할 수 있다(國立公文書館 > 內閣 > 公文別錄 > 公文別錄 > 公文別錄 · 明治十五年 · 第百八卷 · 明治十五年

1873년경의 도쿄 초혼사(招魂社)

현재의 야스쿠니 신사

그림 2-23 야스쿠니 신사[靖國神社]의 과거와 현재
출처: ウィキペディア.

九月～十一月 · 陸軍省, 朝鮮事変始末 · 明治十七年 · 第二巻 · 明治十七年, アジア歴史資料センター, 2009, 문헌코드 A01100233700과 A03023658800). 그들의 유골은 1885년 5월 5일 오후 8시에 그림 2-23의 야스쿠니 신사에서 초혼식(招魂式)이 거행되고 합사되었다. 이로써 호리모토와 이소바야시 대위는 일본육군의 영웅이 된 것이다. 그러나 야스쿠니 신사에는 A급 전범이 합사된다는 점에서 그들은 전범으로 간주될 수밖에 없을 것이다.

그뿐만 아니라 이소바야시는 우리나라의 귀중한 국보급 유물들을 일본으로 빼돌리기도 하였다. 일본 야스쿠니신사 내 유물 전시관인 유슈칸[遊就館]이 2010년에 개최한 '가미카제[神風]'라는 이름의 특별 전시회에 조선시대의 갑옷과 투구를 전시한 바 있다. 이 유물은 이소바야시가 1884년 11월 사망하기 전에 입수한 것이며 그가 죽은 후인 1885년 1월 야스쿠니신사에 봉납된 것이다. 야스쿠니측은 원나라 군사와 고려군의 합동 공격을 막아낸 가미카제라는 의미로 유물을 전시하면서 묘하게도 당시 일왕이 썼다는 '적국항복(敵國降伏)'이라는 글씨 바로 옆에 여원(麗元)군의 일본 공격과 관계가 없는 조선시대 군복과 갑옷을 전시해 놓았다. 그동안 국내 문화재 전문가들은 일본이 1875년 운요호 사건 당시 조선의 영종진에서 약탈해간 활 · 화포 등의 군사 유물이 유슈칸 저장고에 소장되어 있을 것이라고 추측해 왔다.

야스쿠니 신사에는 태평양전쟁 후 연합국이 전쟁책임을 묻는 극동국제군사재판에서 '평화에 대한 죄' 또는 '인도(人道)에 대한 죄'로 유죄판결을 받은 A급 전범 14명이 합사되어 있다. 당시 극동 국제군사재판에서는 28명이 기소되었으며, 수감 중 사망한 3명을 제외한 25명에게 유죄가 선고된 바 있다.

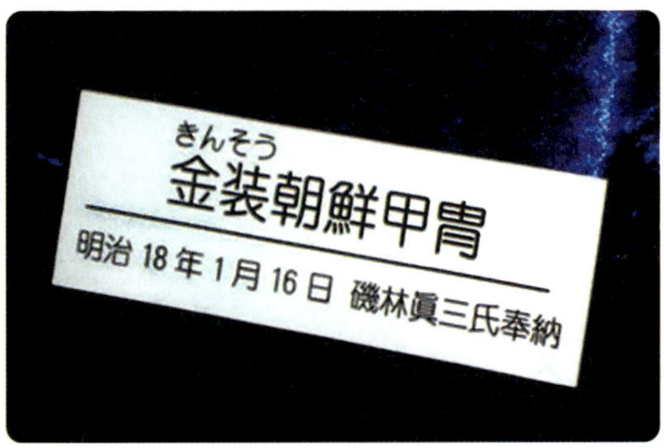

그림 2-24 이소바야시가 야스쿠니신사에 봉납한 금장 조선 갑주의 패찰
출처: 연합뉴스.

그림 2-25 리홍장[李鴻章]
출처: 위키백과.

이 신사에는 상기한 한국의 역사적 유물과 전쟁 당시 강제로 징용된 한국인의 위패도 합사되어 있는 것으로 알려져 있다. 이것이 일본 정치인들의 야스쿠니 신사 참배가 문제되는 이유이다.

조일수호조약 체결 이후 최초로 일본군이 살해된 사건에 대하여 일본은 자국민을 보호한다는 명분하에 군함과 병력을 파견하는 등 압력을 가하자 조선의 마지막 임금인 고종은 유감을 표명하고(이선근, 1961), 또 청국의 북양대신 리홍장[李鴻章, 1823~1901] 역시 일본군과의 전투가 양국의 오해에서 비롯되었다고 유감을 표명하였다. 그들 장교들이 공사관 직원(무관)이었다 할지라도 사실상 그들의 실체는 참모본부 소속의 첩보장교의 신분을 감추고 한반도를 정탐한 첩보원이었다. 비록 제물포조약 중 수호조규속약 제2조에 의거하더라도 조선 국내여행만 허락한 것이지 첩보행위를 허락한 것은 아니었다.

당시 일본의 임시대리공사였던 곤도(1839~1892)는 1870년 외무권대록(外務權大錄)이

그림 2-26 영사관으로 승격하기 전의 일본 부산관리청(1876년)
출처: ウィキペディア.

에노모토[榎本武揚]

와타나베[渡辺洪基]

그림 2-27 에노모토와 와타나베
출처: ウィキペディア.

되어 영국에 근무하다가 1872년 외무일등서기관이 되었고, 부산이 개항되었을 때 일본영사관 전신인 외무성 감독관청이 설치된 후 1877년 초대 관리관 자격으로 그림 2-26의 부산관리청에 부임하여 동래부사 홍우창과 표류선 취급에 관한 판리표류선집장정(辦理漂流船集章程)을 약정한 인물이었다. 관리관은 부산에 거주하는 일본인의 행정재판 경찰 등의 모든 권한을 지니고 있었다. 부산관리청은 1879년 9월 부산 최초의 양식건물로 준공되었다. 그는 1879년 하나부사를 수행하여 항구입지를 물색하기 위한 목적으로 강경 일대를 정탐하기도 하였으며, 1880년 3월에는 부산 영사로 부임하면서 주러시아 공사와 여러 대신을 두루 역임한 에노모토[榎本武揚, 1836~1908]와 도쿄제국대 총장을 역임한 와타나베[渡辺洪基, 1848~1901]의 추천으로 도쿄지학협회 회원으로 가입하기도 한 인물이었다.

1878년 9월 일본 부산주재 관리관 대리 자격의 야마노기[山之城祐長]는 부산세관 설치가 강화도조약 위반이라며 동래부에 세금철폐를 요구하면서 일본상인 135명을 동원하여 시위를 벌였다. 10월 군함편으로 부산에 온 하나부사는 부산세관의 철폐를 목적으로 함포사격을 가하면서 동래부사를 위협하였다. 하나부사는 야마노기를 앞세워 해관세철폐를 요구하며 소동을 일으켰으나, 동래부사 윤치화는 이에 굴하지 않고 불응하였다. 그러나 일본은 1879년 3월 해군을 동원하여 동래부청을 습격하고 군함 다카오마루를 앞세워 무력을 과시하며 손해배상을 요구하였다(국사편찬위원회, 1970).

야마노기의 부임에 따라 일시 귀국하였던 곤도는 1879년 부산관리청이 부산영사관으로 바뀌면서 1880년 3월 부산주재 일본영사 및 부산항 재류송사 겸 판사가 되었고, 1882년 인천항 근무 후 하나부사 공사와 함께 경성공사관에 근무하게 되었다. 그는 임오군란이 발생하자 공사관 직원 수십 명과 함께 인천 월미도로 도주하였다가 영국측량선 플라잉 피시(Flying Fish)호에 겨우 구조되어 일본으로 피신하였다(그림 2-22). 곤도 서기관은 이듬해 8월 하나부사 공사와 동행하여 조선조정과 제물포조약을, 1884년에는 이노우에 전권대사와 동행하여 한성조약을 체결하였다.

강화도조약이 체결된 후인 1879년 경기감사 조인희가 조정에 보고한 내용에 따르면, 하나부사가 타고 온 군함 다카오마루는 1879년 3월 9일 부산을 떠나 조슈번이 1869년 영국에서 발주한 호우쇼우함[鳳翔艦]의 호위 하에 전라도와 충청도에 정박하는 곳마다 개항장을 물색하기 위하여 연해의 바다 수심을 측량하였다. 3월 23일에는 홍주(洪州) 앞바다에 정박하여 직산과 수원 등 연해의 수심을 측량하였다. 당시 카이즈 일행이 남양부 고온포에 상륙하여 육로를 따라 수원을 지나 서울로 향하는 것을 판찰관 현석운은 일본인의 육로통과가 조약에 없다는 이유로 수원부 유수(留守) 김세균에게 알려 저지한 사례가 있다(朝鮮王朝實錄, 1879). 결국 하나부사가 조선조정의 대응에 대하여 항의를 하자 이를 받아들여 샛길을 이용하도록 조치를 취하였다. 카이즈는 한성과 원산을 정탐하며 지세의 험준 여부와 봉수대의 위치, 풍속, 물산상황 등에 대하여 조사하였다(海津, 1879). 『일성록』에 의하면, 이러한 치계(馳啓)는 1879년만 하더라도 수원유수 김세균 이외에도 전라감사 심이택, 덕원부사 김기수, 경상좌수사 한규직, 경상좌수사 이태현 등이 행한 바 있다.

4. 간첩대의 측량과 정찰 루트

(1) 첩보장교의 측량

한반도에서 임오군란과 갑신정변 등의 큰 사건이 발생함에 따라 일제는 더욱 상황이 긴박해지고 있음을 간파하였을 것이다. 임오군란을 계기로 청국이 군대를 주둔시켜 조선의 식민지지배를 획책함에 따라 위기에 몰린 개화파는 일본공사관의 지원을 확인하고 1884년 12월 4일 우정국 개국 축하연을 기회로 정변을 일으켰으나 실패로 돌아갔다. 갑신정변의 실패로 주도권을 청국에 빼앗긴 일본은 정세를 만회하기 위해 1885년 톈진조약을 체결하는 데 성공하였다.

일본해군은 한반도 해안선을 측량하는 데 어느 정도의 성과를 거두었으나, 해군과 달리

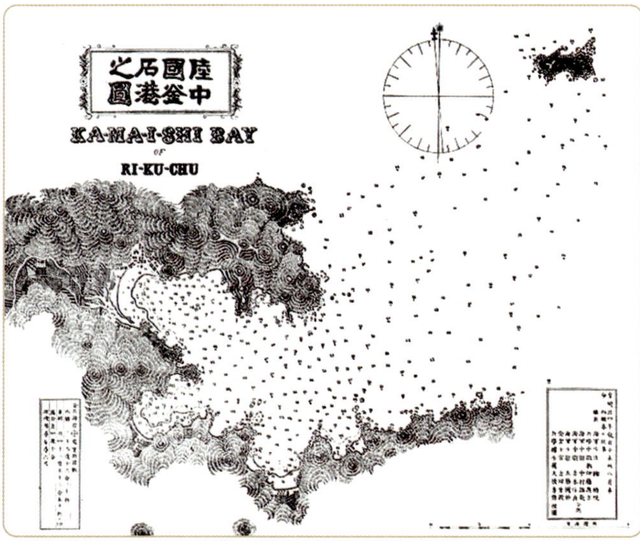

그림 2-28 일본 최초의 해도(1872년 제작)
출처: ウィキペディア.

육군의 지도제작은 측량 상의 난관이 따르게 되므로 실측에 기초한 지도 제작이 지연되고 있었다. 일본해군의 수로국에서 제작한 지도는 1875년의 「동해안조선도(東海岸朝鮮圖)」(1 : 12,150 축척)을 비롯하여 1876년의 「월미도해협약측도(月尾島海峽略測圖)」(1 : 7,627 축척), 「전라도순천포약측도(全羅道順天浦略測圖)」(1 : 7,627 축척), 「거제도급한산도(巨濟島及閑山島)」(1 : 7,627 축척)과 1877년의 「조선국부산항(朝鮮國釜山港)」(1 : 18,226 축척) 등이 있다. 육군과 해군은 지형도와 해도를 합쳐 군사기밀지도를 제작하기 이전까지는 협력하는 일이 거의 없었다.

일본은 1877년에 발생한 세이난 전쟁에서 징병제 군대에 의한 근대전(近代戰)을 처음 치렀으나 정밀한 작전지도가 없어 정부군이 반군과의 전투에서 곤란을 겪었다. 이에 참모본부 측량과는 1878년 「전국측량속성의견(全國測量速成意見)」을 상신하여 1879년에 「전국이만분일지도작성계획(全國二万分一地圖作成計劃)」을 수립하기에 이르렀다(長久保, 1937; 牛越, 2005). 따라서 그 이전에 제작된 지도는 일정한 도식에 근거한 정식지형도가 아니었다. 그러나 1875년에는 내무성 지리국이 간토[關東]지방에서 삼각측량을 하거나 수준측량이 처음으로 행해졌고, 1878년에는 기선측량과 경위도측량이 행해진 바 있다(中野, 1978).

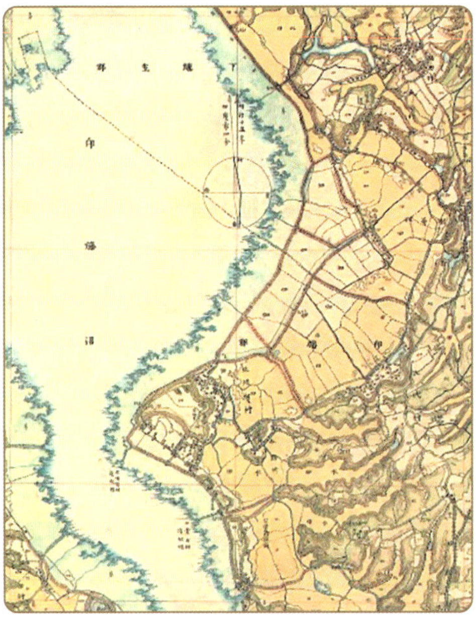

그림 2-29 신속측도에 의한 1 : 2만 지형도의 예
출처: 日本國土地理院(1883), 長岡(2004).

일본은 1884년 미국 워싱턴에서 개최된 만국측지학회에 참가한 것을 계기로 일본의 경도를 영국 그리니치 천문대를 기점으로 정하고, 1885년 미터법조약만국위원회에 가맹하여 측량단위를 미터법에 따르기로 결정하였다(中野, 1978). 최초로 프러시아식 다면체투영법이 채택되고 지형을 등고선으로 표현하기 시작하였다. 도식은 육군에 의해 프랑스식(明治 13년식)으로부터 독일식(혹은 明治 18년식)으로 변경되었다.

참모본부 측량국에서는 1881년 그림 2-29에서 보는 것과 같은 지바현[千葉縣] 부근의 1 : 2만 축척의 신속측도를 행하고 1886년에는 최초의 지형도를 간행하기에 이르렀다(高木, 1931). 신속측도(원도)는 육군측량부가 상세한 지도의 정비를 서두르기 위해 삼각측량에 의거하지 않고 도해법에 따라 도근측량과 세부측량으로 제작되는 채색지도이다. 이 지도는 지구상 위치를 나타내는 경위도가 표시되어 있지 않다는 특징이 있다(長岡, 2004). 메이지 초기의 일본육군은 프랑스 군제를 도입하였으므로 지도제작 역시 1880년부터 프랑스식 도식을 사용하기 시작하였다.

본서의 연구대상이 된 지도들은 1878~1887년의 지도일 뿐만 아니라 은밀하게 측량된 것이므로 일정한 도식이 사용되지 않았다. 그러므로 일부를 제외하고는 도식을 적용했어야 마땅하지만 측량사정상 불가능하였을 것으로 짐작된다. 일본에서 '도식(圖式)'이란 명칭이 사용되기 시작한 것은 '메이지 28년식 지형도'이므로 1895년부터의 일이다(清水, 1988).

당시 참모본부 장교들의 활약상을 엿볼 수 있는 1883년 6~8월의 일본측 기록이 있다. 카이즈가 일본 「도쿄지학협회보고(東京地學協會報告)」에 투고한 지리지(地理誌) 형식의 여행기에 의하면(海津, 1880; 1884a; 1884b), 그는 두 명의 부하를 거느리고 47일간에 걸친 정탐일정 중 "함경도 덕원을 지나 평안도 양덕에 당도하여 조선군졸 수명의 영접을 받고 민가에서 오찬을 먹었다. 현감은 지병을 이유로 얼굴을 내밀지 않았고, 성천에 이르러서는 5필의 말과 10여명의 병졸이 마중을 나왔으며, 여관에서 부사(府使) 심상학과 관찰사(觀察使) 김영수의 접대를 받았다."라고 기록하였다. 카이즈는 당시의 한반도 여행을 임진왜란 이후 최초로 행해진 조선기행의 효시라고 자평하였다.

그들은 「원산항거류지도(元山港居留地圖)」와 「의주왕복노상도(義州往復路上圖)」를 작성하기 위해 하루에 조선리(朝鮮里) 기준으로 최소 20리에서 최대 100리까지(평균 50~80리) 빠른 속도로 비밀측량을 행하고 있었다. 이는 그들이 훈련받은 신속측도의 결과였을 것이다. 카이즈는 군사훈련을 받은 30대 나이의 젊은 장교였으므로 가능한 일정이었을 것이다. 그러나 이러한 기록이 카이즈 외에는 발견된 것이 없다.

1886년 참모본부로부터 첩보활동에 치중하라는 명령을 받은 카이즈 대위는 지도제작을 멈추고 정보수집에 돌입하였다. 그는 1885년 11월 일본공사관 무관으로 발령받은 바 있다. 그 당시 카이즈의 활동을 엿볼 수 있는 규장각 소장의 『황해도관초(黃海道關草)』와 『평안도관초(平安道關草)』의 한국측 기록이 있는데, 이것은 1886년 7월 5일과 10월 5일 연연부와 금천군에서 외교와 통상을 관장하는 통리교섭통상사무아문(統理交涉通商事務衙門)으로 보낸 전문이다. 이 기관은 1882년(고종 19) 청국 제도를 모방하여 설치한 통리아문(統理衙門)을 확충 개편한 것이다. 예하 기관으로는 정각(征搉)·장교(掌交)·부교(富敎)·우정(郵程)의 4사(司)를 두었으며, 관원으로 장관급의 독판(督辦)·차관급의 협판(協辦)·국장급의 참의(參議) 등을 두었다. 그러나 갑신정변이 일어나 많은 관원이 살해당하였고 청국 세력이 제거되자 1885년 그 기능이 의정부로 이관되었다.

『관초(關草)』란 각 지방에서 의정부로 보내온 관문(關文)을 날짜순으로 기록한 책을 말한다. 이것에 의하면 "지난 7월 일본육군 공병대위 카이즈가 공문을 가지고 두 지역을 지나다가 각각 엽전 250냥과 200냥을 청구하기에 대급하였으니 이를 별아문에 추수토록 청구서를 보낸다."라는 내용이 기록되어 있다. 또한 11월 의주로부터 통리교섭통상사무아문으로 보낸 전문에는 일본영사관원 카이즈에게 제공한 엽전 200냥을 보내달라는 보고내용도 기록되어 있다. 이러한 내용으로 미루어 짐작건대 당시의 첩보장교들은 필요할 경우에 공사관원의 신분을 밝히고 수호조규속약에 의거 관아를 찾아가 도움을 요청하도록 지시받은 것으로 판단된다. 당시의 조선측 기록에 의하면 카이즈 이외의 장교들에 관한 협조요청기록은 없는 것으로 보아 조정의 허가를 받지 못하였거나 관아의 협조를 요청하지 않은 것으로 판단된다. 일본측 학자들(小林 · 岡田, 2009)이 지적한 것처럼 공사관 소속이었던 이소바야시만이 여행허가를 받아 관아의 협조를 받았다는 사실은 조선측 기록에서는 찾아볼 수 없다.

참모본부는 촉박한 사정을 감안하여 한반도에 파견된 첩보장교들에게 목측에 의해 은밀하고 신속하게 제작할 수 있는 목측신속도(目測迅速圖)를 제작하도록 지시한 것으로 추정된다. 측량은 나침반을 고정시킨 휴대용 제도판을 수평으로 하고 보측에 의해 거리를 측량하면서 지형을 묘사하는 방법이 사용되었다. 그들은 주로 비밀측량의 속성상 그림 2-30과 같은 노상측도(路上測圖)를 채택하였는데, 종래에는 1885년경부터 노상측도가 행해진 것으로 기술되었다. 첩보장교들의 측량방법은 1885년경부터 사용된 『노상측도교정(路上測

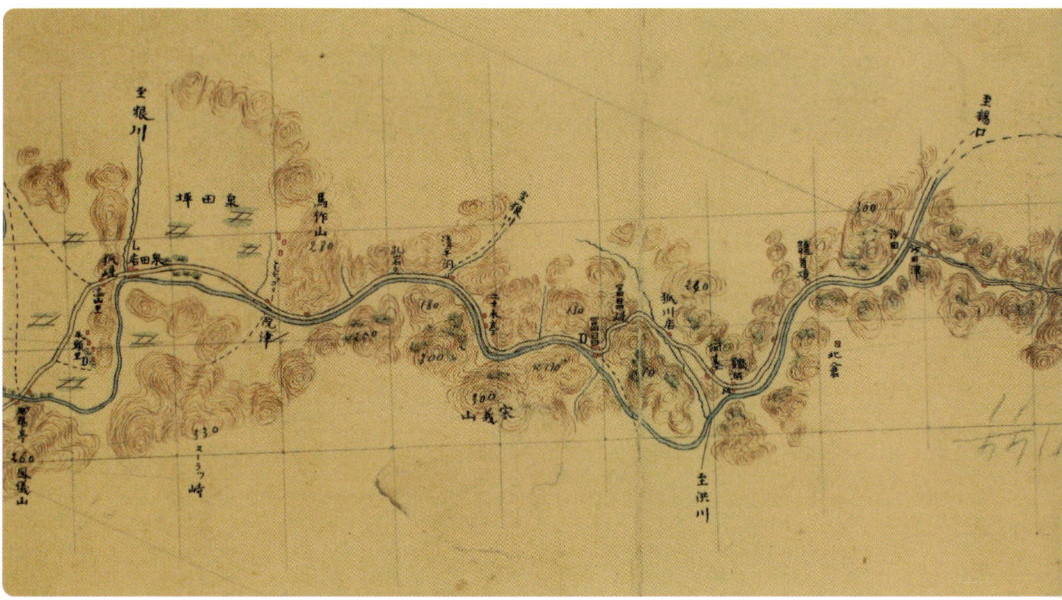

그림 2-30 노상측도의 예(카이즈, 1885-1886, 강원연해왕복도)
출처: 미국의회도서관 지리 · 지도과.

표 2-4. 첩보장교의 명단과 측량지역(1883~1887년)

계급	성 명	병과	측 량 지 역
소위 중위 대위	카이즈[海津] (1853- ?)	공병	원산거류지(1883), 의주(1883), 원산-용지원(1883), 함경도(1883), 원산-문천(1883), 전관교-광주로(1885), 제물포-석천원(1885), 제물포묘지주변(1885), 강원도(1885-1886)
중위 대위	이소바야시[磯林] (? -1884)	보병	양화진-오류동(1883), 평양(1883), 마포(1884), 마포-문수산성(1884), 제물포거류지(1884)
중위 대위	와타나베[渡辺]	보병	경상도(1883)
대위	오카[岡] (? -1905)	보병	함경도-평안도(1884), 북청-중령진(1885), 덕원-안정(1885), 한성-원산(1886)
대위	미우라[三浦]	보병	한성-부산(1886), 한성부근(1887), 평양-영흥로(1887)
중위 대위	가라다[柄田]	보병	순천-창원(1887)

주: 미국 의회도서관에서 발견된 한반도 지도 중 1883~1887년 지도를 참조하여 작성.
출처: 남영우 외(2009).

圖教程)』에 따르면 상술한 것처럼 나침반과 제도판을 수평으로 잡고 보측으로 거리를 측정하면서 작도(作圖)해 나아가는 방법을 사용한 것으로 생각된다. 이 밖에도 그들이 휴대한 도구는 프랑스제 분도기 · 콤파스 · 연필 · 더블 데시미터(double-decimètre) 등이었다(小林 · 山近 · 渡辺, 2009). 이는 1886년 구라쓰지[倉辻靖二郎]가 제출한 측량 · 작도기분실 보고서에 기재된 도구들이다. 노상측도란 그림 2-30에서 보는 것처럼 측량기사가 정찰루트를 따라가면서 루트 주변의 지형을 신속하게 측량한 지도를 가리킨다.

그러나 이번 미국 의회도서관에서 발견된 볼트본 지도 콜렉션(Vault Map Collection)에서 1882년 이소바야시에 의해 최초로 노상측도가 시작되었음이 밝혀졌다. 사실 일본군 장교들에 의한 측량은 1876년에 측량되어 1882년에 간행된 것이 최초의 지도임을 앞서 밝힌 바 있다. 본 연구의 대상이 된 6명 장교들이 제작한 지도는 표 2-4와 같다.

6명의 장교들 중 가장 먼저 조선에 온 카이즈는 1870년대 후반에는 주로 한성에 체류하다가 1880~1882년과 1882~1883년에는 각각 부산과 원산으로 체류지를 옮긴 후 1885년에 한성으로 돌아왔다. 그해 5월 21일에 일본 임시대리공사 다카히라[高平小五郎]는 조선 조정에 히라이[平井直]의 원산 일대에 대한 정탐행위를 보장하는 여권발급을 강요하였다. 히라이는 참모본부 소속의 장교였으나, 그의 계급과 행적은 아직 밝혀진 바 없다.

이소바야시는 전술한 바 있듯이 1882년부터 사망할 때까지 서울에 체류하였으며, 와타나베 역시 1883년부터 부산에 체류하며 활약하였다. 오카는 주로 원산에 주둔하였고, 미우라와 기리디는 각각 부산 · 서울과 부신에 체류하며 암약하었다. 이들의 체류지와 측량지역을 비교해 볼 때 필요에 따라서는 체류지를 벗어나 타지방으로도 왕복하며 활약한 것으로 추정된다.

(2) 첩보장교의 정찰 루트

지도제작과 정보입수를 위한 장교들의 활약은 일정 부분 역할분담이 이뤄진 것으로 파악된다. 그들의 정찰 루트를 알 수 있는 그림 2-31(1)의 색인도는 원래 1894년 7월 2일에 육군문고로서 인쇄된 것이지만, 이것의 초판본(영남대 박물관 소장)은 1875년 12월에 작성되어 이듬해 초에 간행된 지도를 기초로 한 것이므로 1877년 직후에 제작된 것으로 추측된다(渡辺 · 山近 · 小林, 2009). 경위선이 표시된 색인도는 69개의 방격으로 구성된 원본(미국 의회도서관 소장)을 토대로 저자가 재작성한 것이다. 본서에서는 장교들의 정찰 루트를 정확하게 추적하기 위하여 일제 강점기에 제작된 지형도와 그들이 제작한 지도를 대조하여 보정한 것이다.

1883~1887년의 5년간에 걸친 장교들의 정찰 루트는 이노우의 측량방식과 유사하게 서로 중복되는 지역도 있으나 대부분의 경우는 안배되어 있음을 알 수 있다. 가령 1883~1885년 기간 중에는 한반도를 종횡으로 누비며 조사하면서 동해안 일대에 중점을 두었던 것에 비하여, 1886~1887년 기간 중에는 한반도를 종단하면서 서해안 일대의 조사에 중점

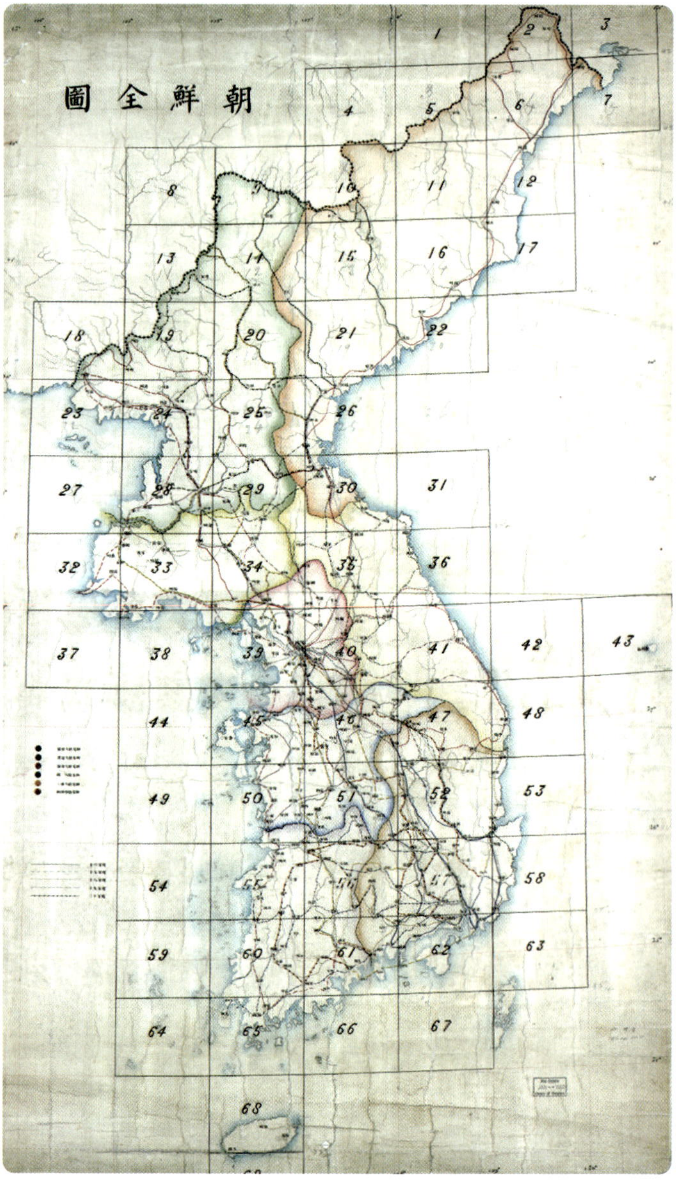

그림 2-31(1) 색인도

출처: 미국의회도서관 지리 · 지도과.

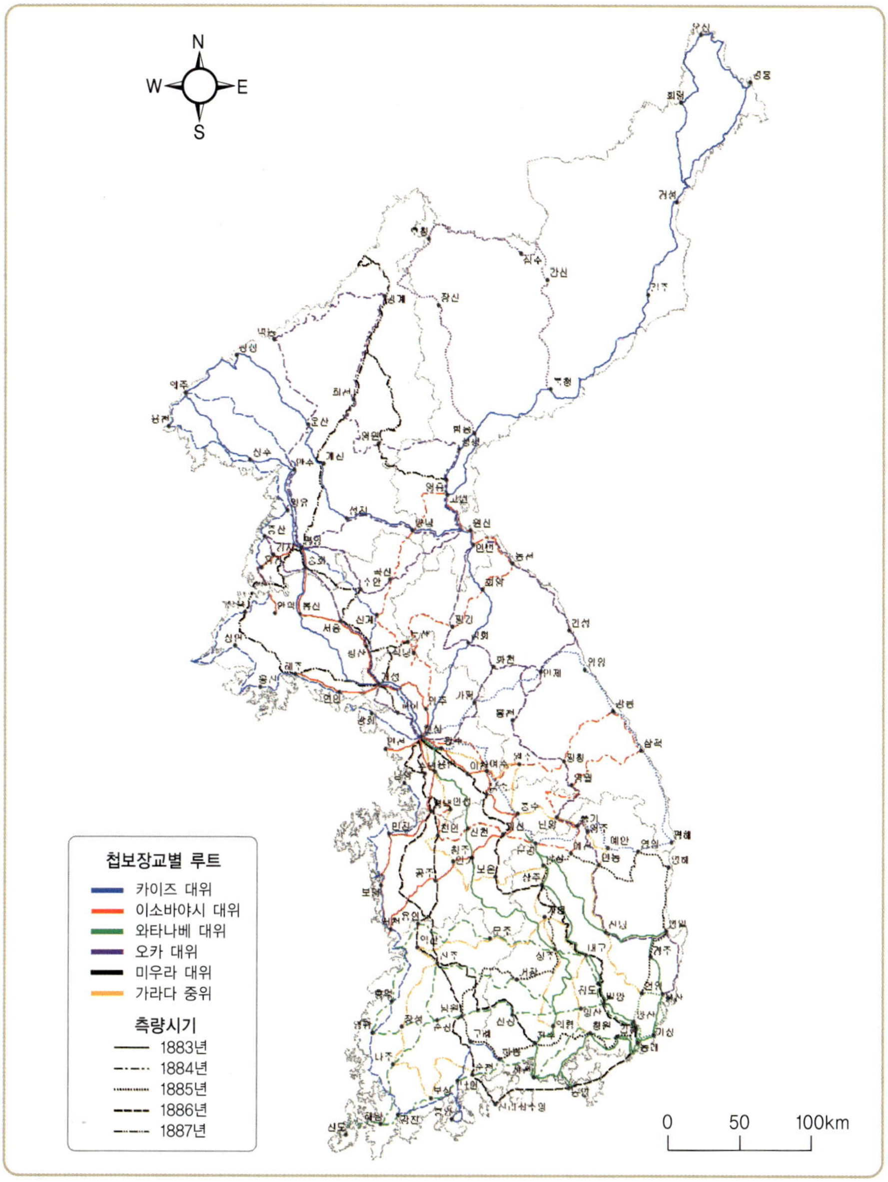

그림 2-31(2) 참모본부 장교의 정찰루트(1883-1887년)

출처: 남영우 외(2009).

을 두는 양상을 보였다.

이를 장교별로 보면, 카이즈는 북부지방에 이어 강원도를 정찰하였고, 이소바야시는 주로 중부지방을 활동무대로 하였다. 이와는 달리 와타나베와 가라다는 경상도와 전라도 혹은 충청도에 걸친 남부지방의 조사에 주력하였고, 오카는 주로 북부지방을 활동무대로 삼았다. 그리고 미우라는 북부지방과 남부지방을 포함한 광역적 조사를 행하였다. 이들의 정찰 루트를 보면, 각 장교들이 활동한 지역과 그들이 제작한 지도 간에 불일치함을 발견할 수 있다.

이 사실은 장교들의 정찰활동이 반드시 지도제작만을 위한 것이 아니라는 점을 시사하는 것이다. 즉 그들은 지도제작 이외에도 『병요지지서(兵要地誌書)』의 간행을 위한 자료수집과 군사정보를 탐지할 목적도 지니고 있었던 것으로 추정된다. 이와 같은 사실들의 일부는 카이즈의 일련의 기고문에서도 확인할 수 있다(海津, 1880; 1884a; 1884b). 특히 주목할 것은 미우라와 오카의 행적이다. 그들은 여러 지방을 돌아다니면서 광역적 활동을 전개하였음에도 불구하고 그들이 제작한 지도가 적은 편이다. 이는 그들의 활동목적이 지도제작 이외의 다른 것에 있었음을 시사해주는 것이라고 해석할 수도 있을 것 같다. 그럼에도 불구하고 저자는 아직 발견하지 못한 지도들이 있을지도 모른다는 개연성을 남겨두고 싶다. 후일을 기대하며, 발견되면 연구할 날이 있을 것이다.

그림 2-31(2)는 전술한 그림 2-31(1)의 색인도에서 정찰 루트를 각 장교별로 정리한 것이다. 우선, 1883년 6~8월에 행해진 카이즈의 정찰 루트는 그의 기행문에서 밝힌 바와 같이 원산-마식령-양덕-성천-영변-창성-의주-정주-안주-평양-황주-봉산-온정-개성-장단-고양-한성-포천-김화-회양-안변-원산을 경유한 왕복 루트였다(海津, 1884a). 그리고 같은 해 10~12월에는 원산-영흥-정평-함흥-북청-단천-길주-경성-경흥-온성-회령-부령-경성을 거쳐 다시 역방향으로 돌아오는 루트였다(海津, 1884b). 여기서 그가 1880~1883년 기간 중에는 선행연구(村上, 1981)와 달리 부산을 중심으로 한 남부지방이 아니라 주로 북부지방을 정찰하였다는 사실이 확인된 셈이다. 카이즈의 정탐루트에 관한

보고는 훗날 일본의 지질학자들이 광산탐사를 하는 데 크게 기여하였다(海津, 1884a; 1884b).

그림 2-32(1)에서 보는 바와 같이, 1885년 5월부터 카이즈는 한성-광주-여주-충주-문경-영주-영양-울진-강릉-인제-춘천-가평-한성을 경유하여 동해안 일부를 비롯한 중부지방을 조사하였다. 색인도(그림 2-31)의 루트에는 표시되지 않았으나, 그해 7월에 한성에서 제물포에 이르는 도로와 제물포기지 주변 등을 측량하여 제작한 지도들도 발견되었다. 따라서 색인도에 표시되지 않은 정찰 루트가 있을 것으로 추정된다.

또한 카이즈는 1883년에 전술한 바와 같이 원산에서 창성, 의주를 경유하여 평양, 한성 등을 돌아오면서 한반도의 서북 내륙지역을 정찰한 반면, 1886년에는 서해안 일대를 중점적으로 조사하였다. 이때의 정찰 루트는 두 개의 경로로 나뉘는데, 하나는 남양-서산-보령-김제-고창-영광-무안-영암-강진-흥양-낙안-구례-하동으로 이동하면서 서남해안 일대를 정찰한 것이고, 다른 루트는 한성 이북의 서해안 일대를 정찰하는 코스로 한성-강화-해주-옹진-풍천-용강-증산-곽산-철산-용천-의주-구성-안주-숙천-평양-상원-금천-개성-고양-한성으로 이어지는 경로이다. 이 루트는 1883년에 측량하지 못한 한반도 서북부 내륙의 다른 주요 도로도 함께 조사한 것으로 사료된다.

카이즈가 조사한 루트의 특징은 주로 한성이나 원산에서 중국 및 러시아 방면으로 이동할 수 있는 경로들을 정찰한 것과 서해안의 정황을 탐색한 것이라고 할 수 있다. 특히, 한성에서 개성과 평양을 거쳐 의주에 이르는 경로는 이례적으로 1883년과 1886년 두 차례에 걸쳐 측량하였다. 그리고 개성과 평양, 안주와 의주를 연결하는 교통로를 두 개씩 조사하였는데, 한성과 개성, 평양과 안주를 이동하는 길은 이미 1883년에 측량하였음에도 불구하고 또다시 이들 내륙의 도로를 조사하였다는 것은 단순한 측량 그 이상의 목적이 있었음을 시사하는 대목이다. 카이즈뿐만 아니라 다른 장교들도 도로를 따라 이동하면서 정찰하였고, 지도의 내용도 대부분 도로와 그 주변의 주요 지형지물에 대한 기록이었다는 것이 이를 뒷받침한다.

그림 2-32(2)는 이소바야시의 정찰 루트를 나타낸 것이다. 한성을 중심으로 정탐활동을 한 이소바야시는 그림 2-31의 색인도에서 나타난 측량시기 이전부터 한성, 인천, 임진강 일대를 중심으로 측량을 하였다. 그는 1883년에 이르러 정찰 범위를 중부지방 전역으로 확대하였는데, 크게 3개의 경로를 확인할 수 있다. 첫 번째 루트는 한성(오류동), 양화진, 김포, 양천, 부평, 제물포 등을 측량하였는데, 이는 1882년 9월에 조사한 한성-인천 루트의 후속 작업이었던 것으로 생각된다.

두 번째 루트는 경기도 남부와 충청도 내륙지역을 측량하였는데, 한성-광주-이천-여주-음죽-충주-괴산-청주-공주-서천-남포-보령-홍성-아산-평택-용인-과천-한성으로 돌아오는 경로였다. 여기서 이소바야시의 행적이 카이즈의 정찰 루트와 중복되는 곳이 있는데, 서천에서 보령을 경유하여 충청수영(水營)에 이르는 루트이다. 또한 각 도의 감영 · 수영 · 병영 · 행영 등과 같은 주요 군사기지 및 행정기관이 입지하였던 동래 · 창원 · 대구 · 전주 · 공주 · 광주 · 원산 · 해주 · 평양 · 함흥 등의 주요 거점들에 대해서는 색인도에 별도로 표시를 하거나 여러 장교가 수차례 정탐을 하였으며, 지도에도 다른 도시들에 비해서 매우 상세히 기록하였다. 이는 전술한 바와 같이 군사시설과 행정기관에 대한 첩보활동도 측량의 목적 중의 하나였음을 보여주는 사례라고 할 수 있다.

세 번째 루트는 한성에서 양주-적성-장단-개성-평산-서흥-황주-평양-강서-용강-삼화-안악에 이르는 루트와 개성에서 연안을 경유하여 황해감영이 있던 해주에 이르는 두 개의 루트로 나뉜다. 감영은 조선시대 때 각 지역의 관찰사가 상주하며 업무를 보던 관청을 가리킨다.

1883년에 중부지방의 서쪽을 정찰한 이소바야시는 이듬해 중부지방의 동쪽을 정찰하기에 이른다. 그는 먼저 한성에서 원산을 경유하여 돌아오는 루트를 측량하였는데, 양주-연천-삭녕-이천-평강-회양-통천-안변-원산-문천-고원-양덕-신계-삭녕으로 이어지는 루트가 그것이다. 이후 그는 다시 한성-여주-원주-평창-강릉-삼척-정선-영월-단양-풍기-예천-문경-괴산-천안-직산-안성-양성에 이르는 루트를 측량하였는데, 양성에서 측량이 끝난 것은 전술한 바와 같이 이소바야시가 갑신정변 이후 급거 귀경하던 중 김대홍 등에게 살해되었기 때문으로 사료된다. 즉, 천안에서 직산을 거쳐 안성 일대를 측량하다가 일본공사로부터 급보를 받고 한성으로 급히 돌아오다가 남대문 부근에서 살해된 것이다. 이소바야시의 마지막 행적이 한국측 자료와 일본측 자료가 상이한 것은 그림 2-32(2)에서 보는 것처럼 두 지방을 거쳐 경기도에 이르렀기 때문에 발생한 오류일 것이다. 한국측 자료에는 그가 충청도 일대를 조사하였던 것으로, 일본측 자료에는 강원도를 조사하였던 것으로 기록되어 있다.

그림 2-32(3)에서 보는 바와 같이, 와타나베는 경상도와 전라도를 중심으로 정탐활동을 전개하였다. 그는 부산을 거점으로 활동하였는데, 1883년 6월에 부산진-동래-울산-경주-영일-영천-문경-상주-대구-밀양-양산-동래로 돌아오는 루트를 측량하였다. 또한 부산진에서 김해-창원-진해-고성-통영-사천-진주-의령-성주-금산-옥천-청주-죽산-용인-한성에 이르는 루트도 측량하였다. 와타나베가 1883년에 정탐한 주요 내용은 부산을 비롯한 남해안 일대에서 한성으로 이동하는 주요 루트들을 조사한 것으로 해석된다.

1883년에 상기 3명의 장교가 정찰한 루트들을 종합해보면, 조선의 주요 간선도로를 따라 조사가 이루어졌으며, 특히 한성 · 부산 · 인천 · 원산 등을 기점으로 조선의 주요 도시는 물론, 중국과 러시아까지 이동할 수 있는 교통로에 대한 정보수집이 주요 목적이었음을 알 수 있다. 이후 그들은 정찰 루트를 주요 지선도로까지 확대하며 한반도 전역의 도로망과 주요 행정 및 군사시설들에 대한 첩보활동을 전개하였다.

한편, 가라다는 6명의 장교 중에서 가장 늦게 한반도로 들어왔는데, 색인도에 나타난 1887년의 정찰 이후에도 부산을 거점으로 활동하였다. 그림 2-32(4)에서 보는 바와 같이, 그는 1887년 5월부터 순천에서 출발하여 보성-나주-정읍-전주-무주-개령-대구-창원에 이르는 루트를 측량하였다. 이후 의령에서 한성을 경유하여 언양으로 남하하는 루트도 정찰하였다. 가라다의 활동영역은 전술한 와타나베와 같이 남부지방이었음을 알 수 있다.

그림 2-32(5)는 오카의 정찰 루트를 나타낸 것이다. 그는 원산을 거점으로 첩보활동을

시작하여 1884년 11월에 평안도 일대를 중심으로 측량을 실시하였다. 원산진을 출발하여 덕원–문천–정평–영원–희천–강계–초산–벽동–문산–박천–영유–평양–강동–양덕–덕원으로 돌아오는 루트였다. 또한 이듬해 10월에는 함경도 서쪽지역을 정찰하였는데, 북청에서 갑산–삼수–후창–장진–함흥에 이르는 루트였다. 이때 오카는 덕원과 정평 간의 해안과 내륙의 도로들도 함께 조사하였는데, 원산만과 함흥만 일대를 카이즈와 별도로 다시 측량한 것이다.

오카는 1886년에는 원산 이남지역에 대한 정찰에 착수하였다. 대표적으로 한성에서 개성, 증산, 평양 등을 경유하여 덕원에 이르는 루트를 측량하였으며, 그 외에도 안변과 흡곡에서 각기 양구와 인제를 경유하여 홍천–평창–단양–안동–영천–영일–울산에 이르는 한반도 종단루트를 정찰하였다.

마지막으로, 그림 2–32(6)의 미우라가 정찰한 루트를 살펴보면, 미우라는 부산과 한성을 거점으로 한반도를 종단하면서 측량을 행하였다. 1885년에는 경상도 일대를 측량하였는데, 양산–창원–진주–하동–남원–장수–거창–상주–안동–영양–영일–언양으로 이어지는 루트를 정찰하였다. 이듬해 5월에는 부산진에서 출발하여 거제–통영–남해–전라좌수영–순천–남원–전주–여산–공주–천안–수원–과천–한성–이천–음성–보은–상주–대구–밀양–양산을 경유하여 다시 부산으로 회귀하는 루트였다. 6명의 장교들 중에서 유일하게 미우라는 부산진에서 전라좌수영까지 육로가 아닌 해로로 이동한 것으로 표시되어 있다. 이 부분에 대한 지도가 남아있지 않아 정확한 이동경로는 확인할 수 없으나, 미우라보다 3년 앞서 남해안의 해안도로를 정찰하였던 와타나베의 측량을 보완하기 위한 것으로 사료된다. 이 루트가 해로인 것은 남해안에 있는 경상좌·우수영, 전라좌·우수영 등과 같은 조선의 수군기지들을 중심으로 이루어졌기 때문이다.

남부지방의 정찰을 끝내고 한성으로 거점을 옮긴 미우라는 1887년 5월부터 수원–제물포–부평–김포–교하로 이동하면서 한성 부근을 정찰하였다. 그해 여름 그는 다시 교하에서 개성을 거쳐 평양으로 이동하면서 황해도 일대를 측량하였으며, 가을에는 평양에서 출

(1) 카이즈 대위 측량루트

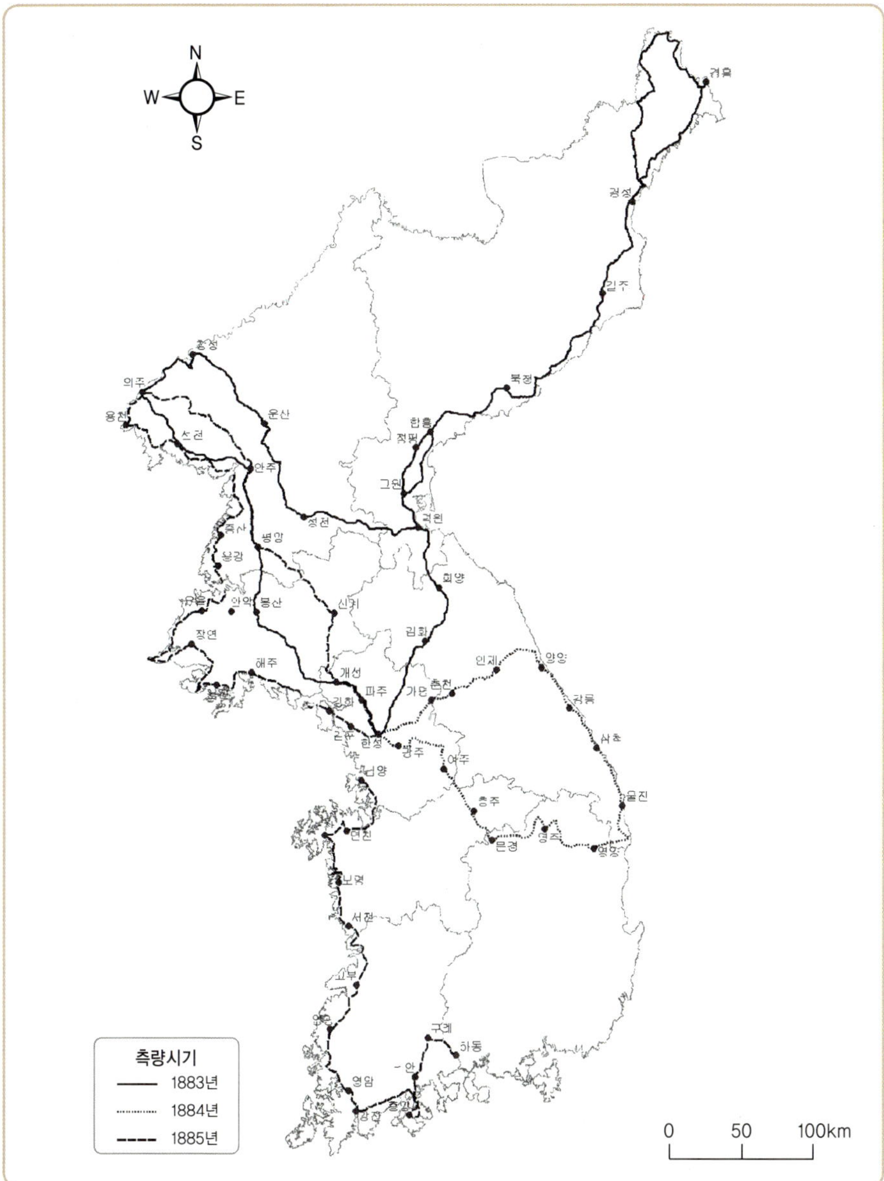
N
W
E
S
측량시기
1883년
1884년
1885년
0
50
100km
경흥
경성
길주
북청
함흥
정평
고원
원산
의주
용천
안주
평양
해주
개성
파주
한성
광주
여주
충주
문경
춘천
인제
양양
강릉
삼척
울진
장연
구례
하동
영암

(2) 이소바야시 대위 측량루트

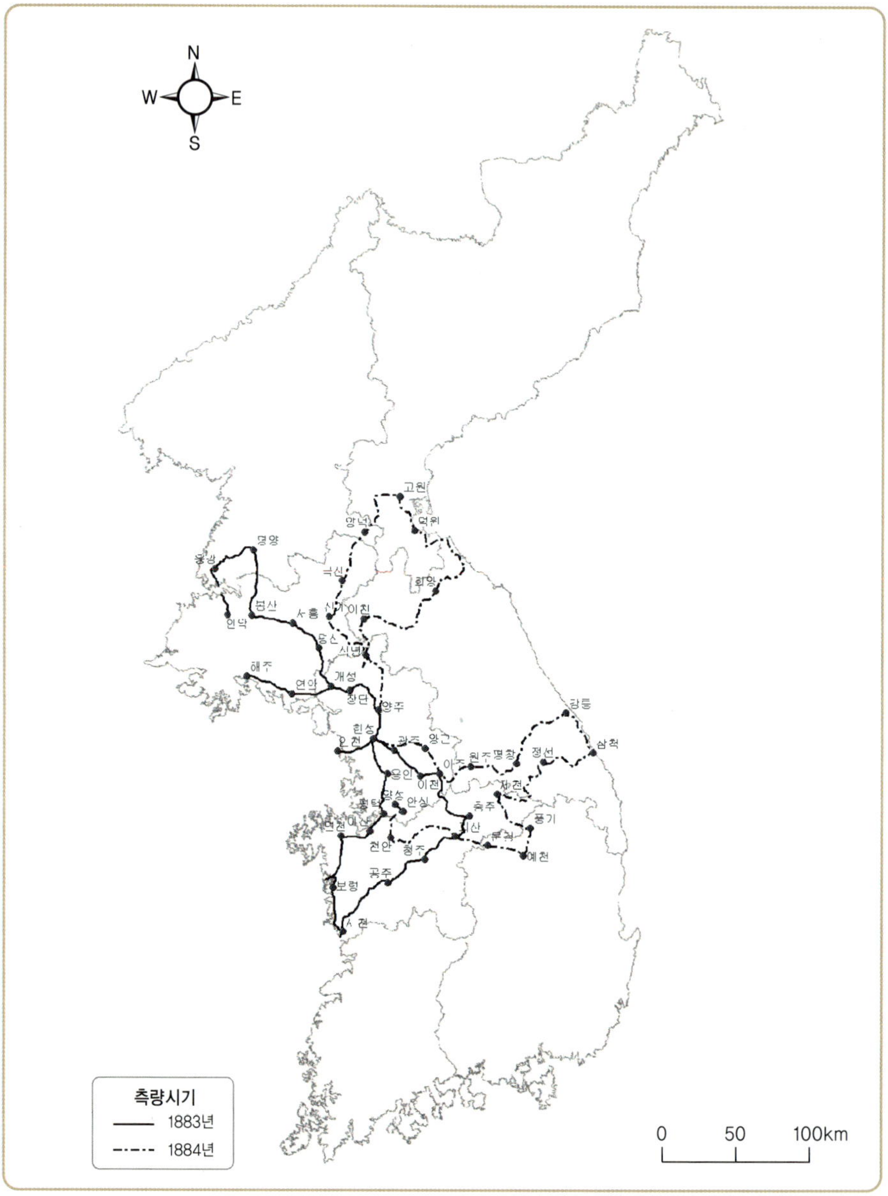

(3) 와타나베 대위 측량루트

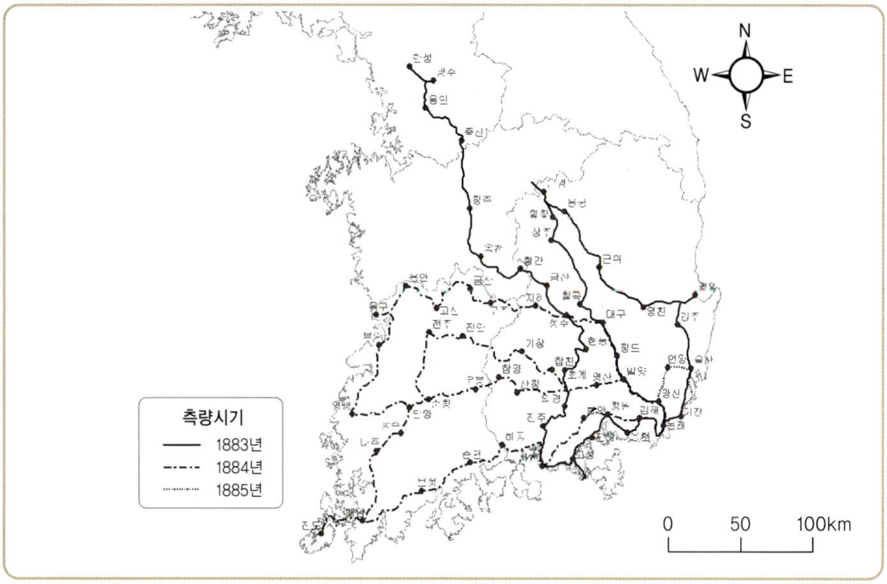

(4) 가라다 대위 측량루트

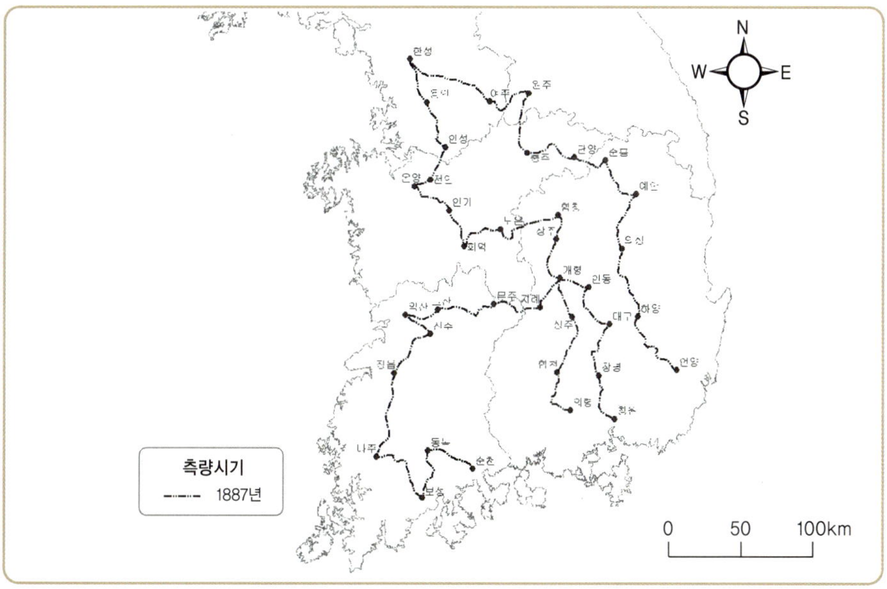

(5) 오카 대위 측량루트

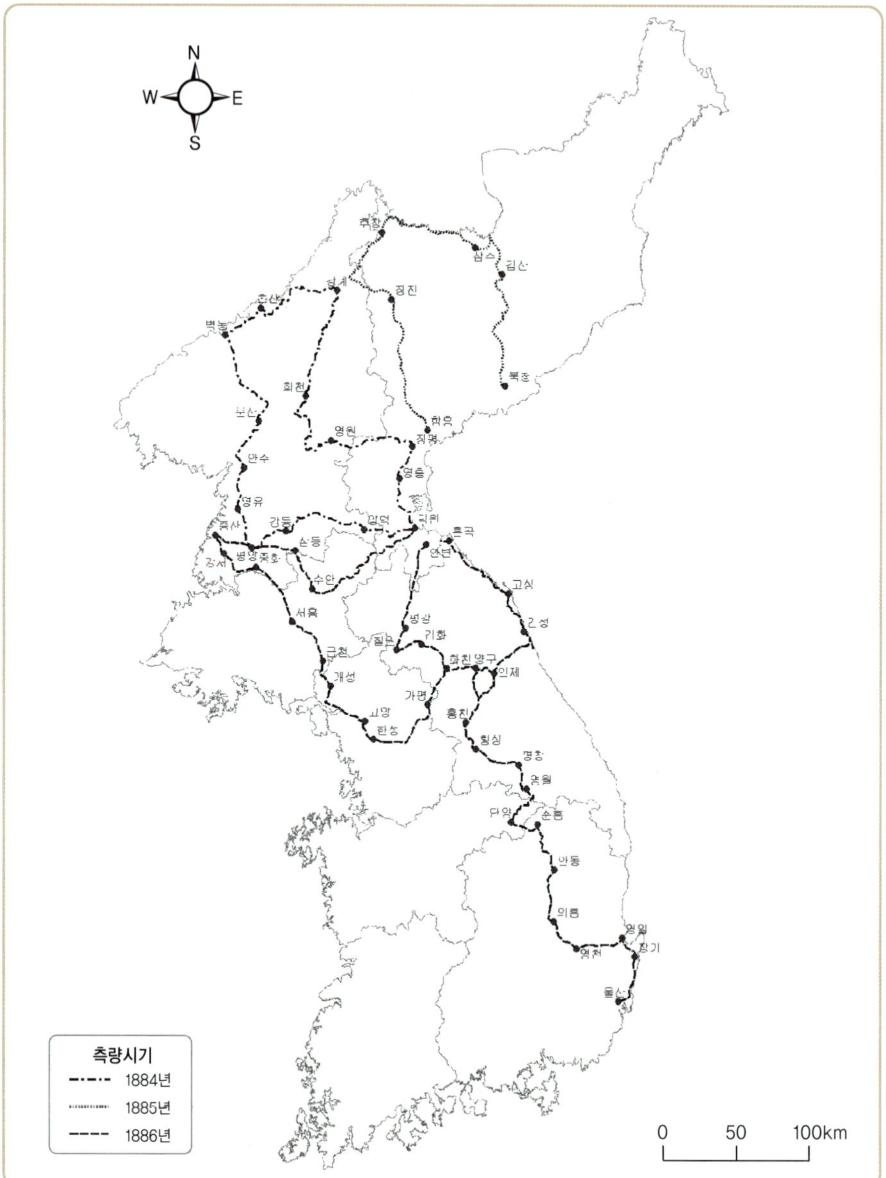
N
W
E
S
삼수
갑산
장진
북청
회천
영원
함흥
안수
영흥
영유
강동
양덕
순등
강서
수안
흡곡
안변
서흥
고성
평산
간성
기화
금천
화천
양구
인제
개성
가평
고양
홍천
한성
횡성
평창
영월
단양
순흥
안동
의흥
영일
영천
장기
울산
측량시기
1884년
1885년
1886년
0
50
100km

(6) 미우라 대위 측량루트

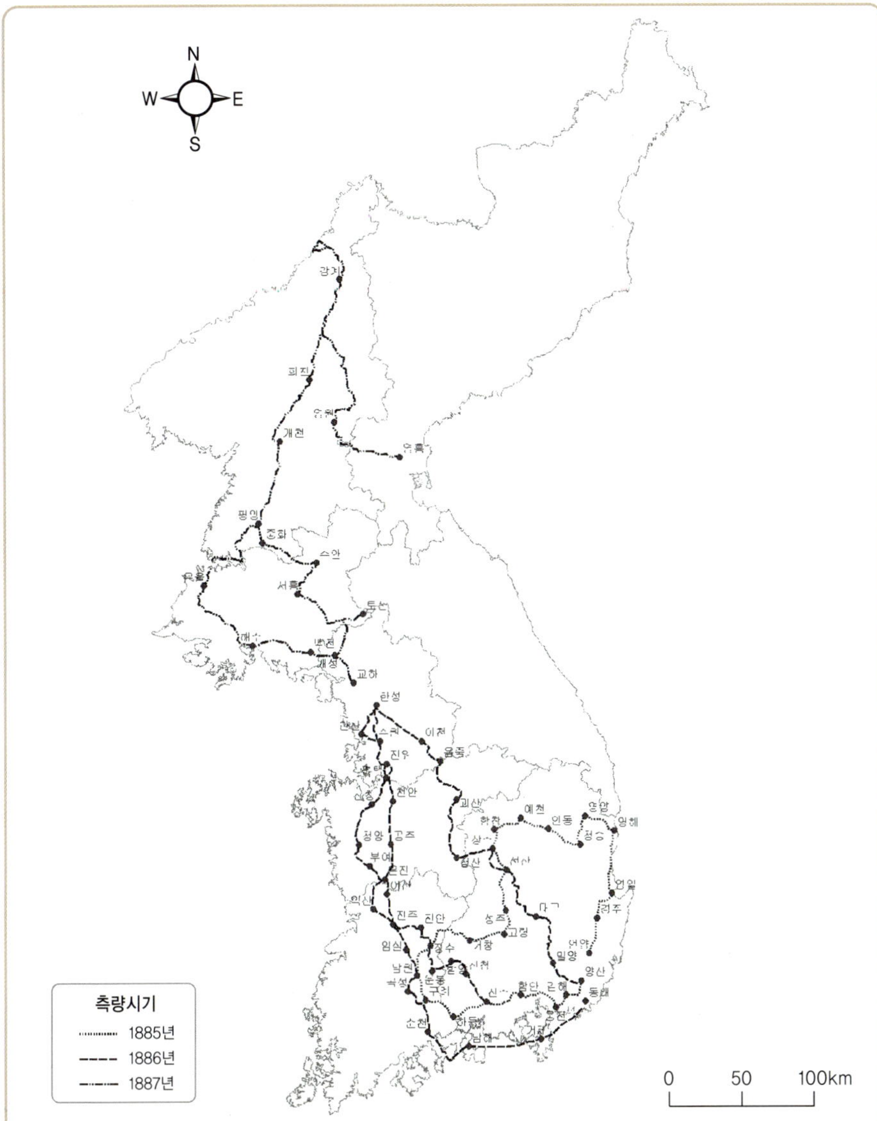

그림 2-32 장교별 정찰 루트

출처: 남영우 외(2009).

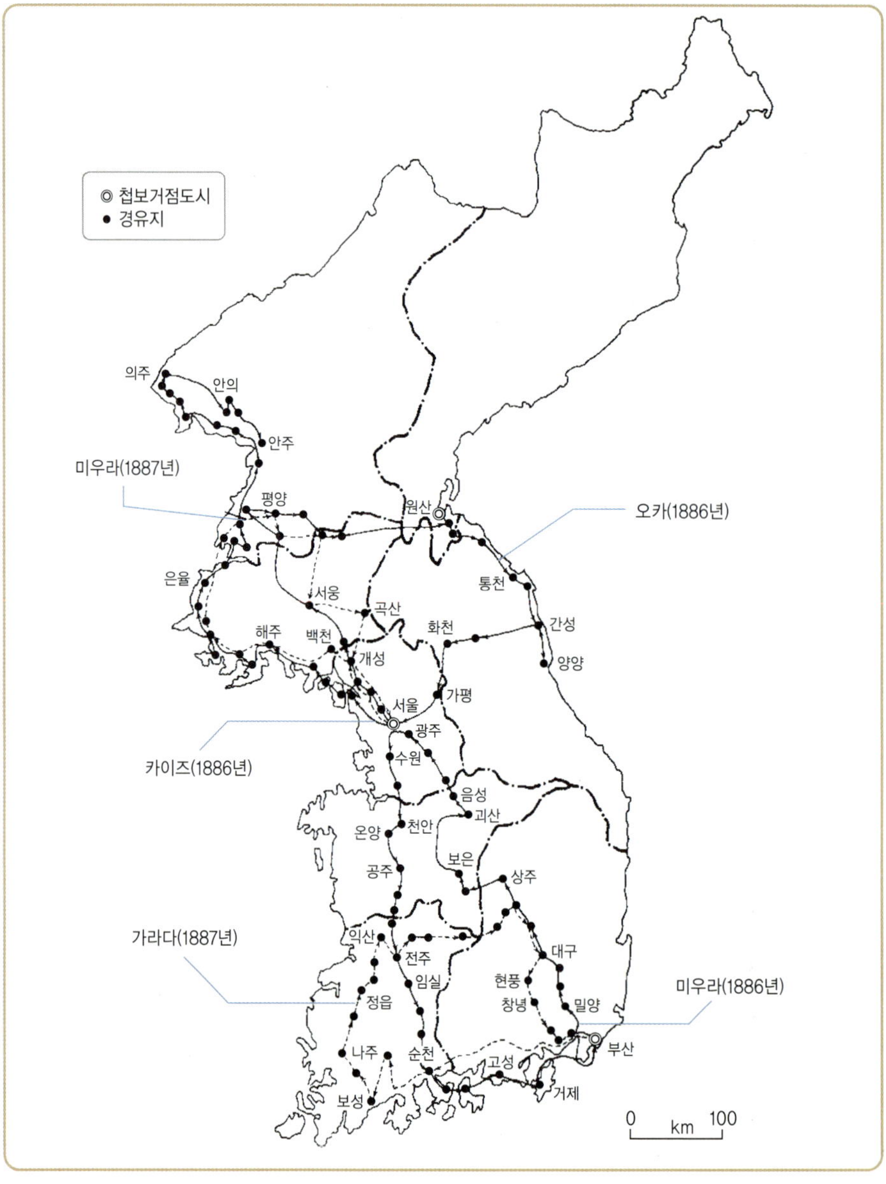

그림 2-33 참모본부 장교의 정찰루트(1886-1887년)

자료: 參謀本部 編(1882), 남영우(1992).

발하여 희천, 강계, 영원 등을 경유하여 영흥에 이르는 루트를 정찰하였다.

이상에서 고찰한 바와 같이 참모본부 장교들은 한반도를 골고루 누비면서 첩보활동을 행하였다. 그러나 일본학자가 시사한 것처럼 그들은 오직 지도제작에만 목적이 있던 것은 아니었던 것으로 보인다(小林 · 岡田, 2009). 한반도에서 활약한 그들의 행적과 제작한 지도를 보면 그 사실을 파악할 수 있다(표 2-4). 즉 각 장교들의 정찰 루트에는 들어 있으나 지도가 제작되지 않은 것은 카이즈의 동해안과 서해안을 비롯하여 이소바야시의 강원도 · 충청도와 평안도 · 충청도 일대, 와타나베의 전라도 등이다. 또한 오카의 강원도와 경상도를 위시하여 미우라의 삼남지방과 가라다의 전라도 등의 지역도 지도가 제작되지 않았다. 그것이 아니라면 전술한 바와 같이 지도가 제작은 되었으나 아직 발견되지 않았을 가능성도 있을 것이다. 일본의 다카기는 병요지도의 정비상황을 제1기(준비시대), 제2기(실측시대), 제3기(외국제지도입수시대)로 구분한 바 있으나(高木, 1966), 본 연구에서 검토한 지도들은 제1기와 제2기의 중간에 속하는 '초기실측시대'에 속한다고 보는 것이 타당할 것이다(渡辺 · 山近 · 小林, 2009).

이상에서 설명한 장교들의 정찰 루트 중 특히 1886~1887년의 2년간에 걸친 카이즈와 오카를 비롯하여 미우라와 가라다의 행적에 주목할 필요가 있다. 그림 2-33에서 보는 바와 같이 청국과 황해를 사이에 두고 있는 북서해안에 대한 조사가 집중적으로 이루어졌음을 알 수 있다. 특히 카이즈와 미우라가 그러하다. 무엇보다도 간과할 수 없는 사항은 1886~1887년의 2년간에 걸친 조사시기가 사실은 후술하는 『조선지지략(朝鮮地誌略)』의 발행을 위한 현지 교정시기와 중복된다는 점이다. 그러므로 2년간에 걸친 그들의 첩보활동은 지도제작과 아울러 조선병요지지의 간행을 위한 마무리 작업이었을 가능성이 높다.

5. 지도의 내용과 도식

(1) 지도제작의 맹아기(萌芽期)

격동하는 동아시아 정세와 맞물려 한반도에서 임오군란과 갑신정변 등이 발생함에 따라 일제는 더욱 한반도 상황이 긴박해지고 있음을 간파하였을 것이다. 일본해군은 한반도 해안선을 측량하는 데에는 서양의 해도와 대동여지도 등을 참고할 수 있었으므로 어느 정도의 성과를 거두었으나, 육군의 내륙지방에 대한 지도제작은 은밀하게 측량해야 하므로 난관이 따르게 되어 실측에 기초한 지도 제작이 지연되고 있었다.

일본은 1877년에 발생한 세이난 전쟁에서 근대전(近代戰)을 처음 치렀으나 정밀한 작전지도가 없어 문제가 발생하자 더욱 정확한 지도의 필요성을 느끼게 되었음을 앞서 설명한 바 있다. 이에 참모본부 측량과는 1879년에 「전국이만분일지도작성계획(全國二万分一地圖作成計劃)」을 수립하기에 이르렀다(長久保, 1937; 牛越, 2005). 1875년에는 내무성 지리국이 간토[關東]지방에서 삼각측량을 하거나 수준측량이 처음으로 행해졌고, 1878년에는 기선측량과 경위도측량이 행해진 바 있다(中野, 1978).

일본은 이미 설명한 바 있듯이 최초로 프러시아식 다면체투영법을 채택하여 지형을 등고선으로 표현하기 시작하였다. 일본의 도식은 육군에 의해 프랑스식으로부터 독일식으로 변경되었다. 참모본부에서는 1880년 말 도쿄 부근의 1 : 2만 축척의 신속측도를 행하고 1886년에는 최초의 지형도를 간행하기에 이르렀으나(高木, 1931), 본 연구의 대상이 된 지도들은 1878~1891년에 간행된 지도일 뿐만 아니라 비밀리에 약식으로 측량된 것이므로 일정한 도식이 적용되지 않았다. 일본은 1880년부터 프랑스식 도식을 사용하기 시작했으므로, 일부를 제외하고는 도식을 적용했어야 마땅하지만 측량사정상 불가능하였을 것이다. 이러한 이유로 참모본부는 한반도에 파견된 첩보장교들에게 목측에 의해 은밀하고 신속하게 제작할 수 있는 목측신속도(目測迅速圖)를 제작하도록 지시한 것으로 추정된다. 방위측량은 나침반과 휴대용 제도판을 사용하였고, 거리 및 고도측량은 보측과 목측에 의존하였다.

일본의 제국주의적 야망은 사이고가 주장한 정한론의 연장선상에서 주변국을 침략하려는 계획을 수립하기에 이르렀다. 일본은 메이지 유신의 과정에서 사족(士族)들의 불만을 외부로 돌리고 구미제국과 맺은 불평등조약을 개정하기 위한 방편으로 조선의 문호를 개방하려고 시도하였다. 결국 일본은 강화도에서 운요호사건을 유발하여 1876년 강화도조약(조일수호조약)을 체결하게 되었다(그림 2-34). 12개조의 내용 중 제7조에 명시된 "조선은 일본의 해안측량을 허용한다."라는 내용은 군사작전시 상륙지점을 정탐하려는 의도가 숨어 있었다. 이 조약의 시행세목(조일수호조규부록) 중 전문 제1조의 일본선박 긴급사태 때의 내지여행 허용과 제2조의 사신과 관리관이 문서우송 시 비용의 사후 지불에 관한 내용은 참모본부 첩보장교들이 지도제작을 위한 측량사업을 염두에 둔 것이었다.

그로부터 6년 후 일제는 임오군란 발생 시의 피해보상을 요구한다는 명목으로 군함 4척과 1개 대대병력과 함께 하나부사 공사를 파견하여 국왕을 위협하면서까지 1882년 7월 일

그림 2-34 강화도조약이 체결된 강화도 연무당
출처: 세종미디어.

표 2-5. 첩보장교의 명단과 측량지역(1878~1891년)

계급	성 명	병과	측 량 지 역
소위 중위 대위	카이즈[海津]	공병	장포강 하구 및 천수만 · 옥구만(1878), 아산강(1879), 원산거류지(1883), 원산-용지원(1883), 원산-문천(1883), 의주(1883), 함경도(1883), 제물포묘지주변(1885), 제물포-석천원(1885), 전관교-광주로(1885), 강원도(1885, 1886)
중위 대위	이소바야시[磯林]	보병	인천-한성(1882), 임진강(1882), 양화진-오류동(1883), 평양(1883), 마포(1884), 제물포거류지(1884), 마포-문수산성(1884)
중위 대위	와타나베[渡辺]	보병	경상도(1883)
대위	오카[岡]	보병	함경도-평안도(1884), 북청-중령진(1885), 덕원-안정(1885), 한성-원산(1886)
대위	미우라[三浦]	보병	한성-부산(1886), 한성부근(1887), 평양-영흥로(1887)
중위 대위	가라다[柄田]	보병	순천-창원(1887), 부산부근(1888)
대위	시바야마[柴山]	보병	대동강(1889), 영일만(1891)

출처: 남영우 외(2009).

본군함에서 제물포조약을 협상하고 9월에 비준하게 되었다. 이 조약은 본조약 6개조와 조일수호조규속약 2개조로 구성되어 있는데, 그 중 수호조규속약 제2조의 "일본공사 · 영사 및 수행원 · 가족의 조선내지 여행을 허락하며, 여행지를 지정하면 예조에서 증서를 발급하고 지방관은 증서를 대조하여 호송한다."라는 조항 역시 참모본부 장교들의 측량사업을 염두에 둔 것이었다.

이상에서 언급한 강화도조약과 조일수호조규속약을 근거로 일본측은 첩보장교들의 측량행위를 정당화하는 경향이 있다. 이들 조약이 불평등조약이긴 하지만, 조약의 내용을 인정한다고 하더라도 그것은 해안측량과 일본관원 및 수행원의 내륙여행만 허용한 것이었다. 따라서 해안지도의 제작은 정당하다고 할 수 있으나, 내륙지방에 대한 측량과 지도제

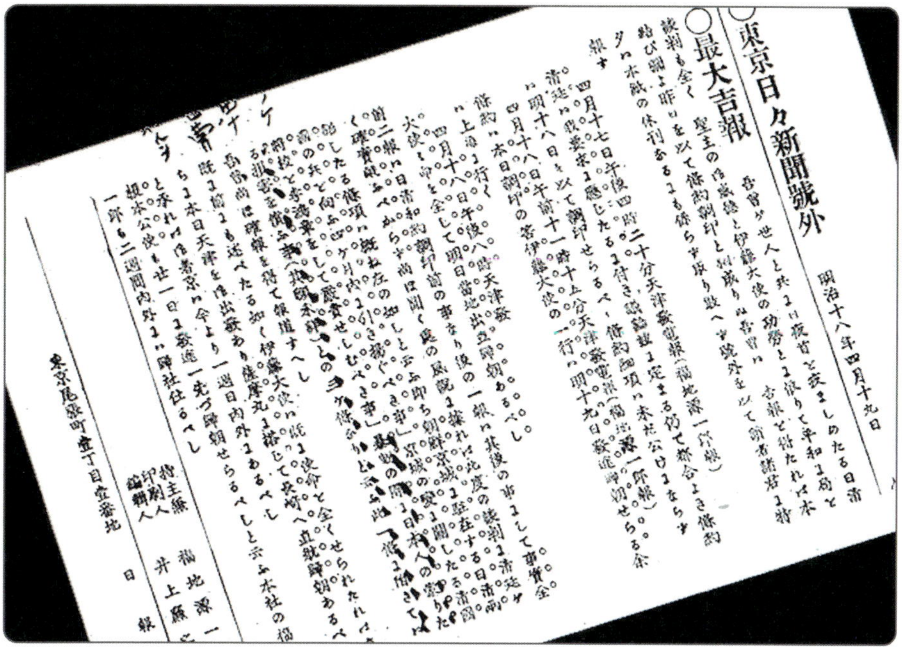

東京日々新聞號外

明治十八年四月十九日

最大吉報

東京尾張町壹丁目壹番地

持主兼印刷人 福地源一郎

編輯人 井上靡

日報社

그림 2-35 임오군란을 보도한 동경일일신문의 호외(1885년 4월 19일자)
출처: ウィキペディア.

작은 조약에 명시된 것이 없으므로 불법으로 간주될 수 있다. 그러므로 첩보장교들의 행위는 측량침략이며 국제법 위반이었다고 볼 수 있다.

표 2-6은 참모본부의 지시를 받은 첩보장교들이 측량한 지역을 이번에 공개된 지도들을 토대로 정리한 것이다. 이들 장교들은 표 2-5에 나타난 지역 외에도 한반도 전역에 걸쳐 조선의 주요 도로들을 따라 측량하였다(남영우 외, 2009).

표 2-6. 카이즈[海津]의 측량지도

No.	도 엽 명	축척(단위)	제작시기	주 요 내 용
1	조선국장포강구; 천수만옥구만약도(朝鮮國長浦江口; 淺水灣沃溝灣略圖)	6만(cables), 2만8천8백	1878. ?.	해안 만입상태와 항로, 우모식
2	아산강약도(牙山江略圖)	3만(해리와 cables 병기)	1879. 5.	1879년 8월 해군수로국 편찬지도로 수정(오카 중위의 메모), 아산만 일대의 갯벌상태와 수심 및 조수간만의 차이를 주기, 우모식
3	자원산지용지원노상도(自元山至龍池院路上圖)	4만(일본리와 조선리 병기)	1883. 5.	원산-용지원에 이르는 도로 및 취락, 범례사용, 이두식 및 한글 지명 병기
4	자원산진지문천군노상도(自元山津至文川郡路上圖)	4만(일본리와 조선리 병기)	1883. 5.	원산 조계, 원산-문천에 이르는 도로 및 취락, 조계지도에 범례사용, 일부 도엽에는 그림설명과 이두식 지명 및 한글이 주기됨
5	원산항거류지지도(元山港居留地之圖)	2천(間과 미터 병기, 1간≒약 40미터)	1883. 6.	원산 조계 상세지도, 2미터 간격의 등고선, 자북과 진북 표시
6	의주왕복노상도(자운산지의주, 자경성지원산진, 자양덕지은산, 종평양지경성, 자의주지평양(義州往復路上圖(自雲山至義州, 自京城至元山津, 自陽德至殷山, 從平壤至京城, 自義州至平壤))	20만(프랑스척과 일본리 병기)	1883. 8.	운산-의주 및 한성-의주에 이르는 지명과 취락(1884년), 이소바야시 메모
7	함경도노상도(咸鏡道路上圖)	20만(일본리와 프랑스척 병기)	1883. 12.	덕원-이원에 이르는 도로 및 취락
8	자제물포지석천원약도(自濟物浦至石川院略圖)	2만(일본리와 프랑스척 병기)	1885. 5.	제물포-석천원에 이르는 도로 및 취락, 범례표시, 일부 이두식 지명 병기, 도로상태 주기
9	자전관지광주노상도(自箭串至廣州路上圖)	2만(일본리와 프랑스척 병기)	1885. 6.	송파 및 살곶이다리-남한산성에 이르는 상황, 범례표시, 일부 조선식 지명
10	제물포묘지근방도(濟物浦墓地近傍圖)	2천(일본리와 프랑스척 병기)	1885. 7.	제물포 공동묘지 일대의 상황, 1미터 간격의 등고선 사용
11	강원연해왕복도(江原沿海往復圖) Ⅰ, Ⅱ	10만(?), 2만(?)	1885. 11. 1886. ?.	경기도-동해안 일대의 도로 및 취락시가지*

* Ⅰ: 양근, 여주, 지평, 충주, 인제, 양양, 강릉.

Ⅱ: 삼척, 울진, 봉화, 순흥, 영양, 평해, 영천, 예안, 풍기, 문경.

출처: 남영우 외(2009).

(2) 요원별 측량지도 개관

이들 7명의 장교 중 1877년 가장 먼저 조선에 입국한 카이즈 소위는 병요지지서(兵要地誌書)인 『조선지지략(朝鮮地誌略)』의 발간준비를 위해 한반도를 정탐하던 중 1878년 장포강 하구와 천수만과 옥구만 일대의 지도를 제작하였다. 그가 느닷없이 충청도와 전라도 해안을 조사한 이유는 개항장 물색을 위한 작업이었을 것으로 추정된다. 그는 이듬해 1979년에는 아산만 일대의 조수간만의 차이와 수심 등을 조사한 축척 1 : 3만의 「아산강약도(牙山江略圖)」를 제작하기도 하였다. 조수간만의 차이를 면밀히 조사하여 지도에 표시한 것은 시바야마 대위도 마찬가지였다.

이 시기는 그림 2-36의 일본해군 군함 아마기[天城]와 다카오마루[高雄丸]가 개항장 후보지를 물색하기 위해 한반도 각지의 해안을 측량하던 때였다. 아마기는 1878년 4월 개항장 물색을 위해 부산항에 정박한 바 있고 1882년 임오군란이 발생했을 때 조선해역을 순시하였던 군함이며, 다카오마루는 1877년과 1879년에 우리나라 남해안 및 서해안과 영흥만에 출몰한 바 있는 군함이다. 아마기는 조선 조정의 항의에도 아랑곳 하지 않고 1878년 4월 20일 원산항에서 불법적으로 해로를 측량하였다. 덕원부사의 정중한 항의에 대하여 아마기 함장 마쓰무라[松村安種]는 합법측량이라고 주장하였다. 그는 아마 강화도조약 제7조를 들먹이며 불법측량이 아니라고 항변하였을 것이다. 1878년 5월에 일본군함이 북청 일대의 수심을 측량하였다는 함경도 관찰사 김세균의 보고 역시 아마기였을 것으로 추정된다. 아마기는 9월 14일 동서해안의 측량을 모두 끝내고 부산에 입항하였다(신석호, 1974).

여기서 저자는 아마기가 1880년 울릉도 일대를 조사하고 난 다음부터 울릉도와 독도는 일본 관제지도(官制地圖)로부터 사라진 점에 주목하고 싶다. 뿐만 아니라 그로부터 울릉도 삼림에 대한 일본의 벌목이 시작되었다는 사실도 부언해 두고 싶다. 그 후, 독도는 일본에 의해 1905년 1월 28일 무주지의 무인도로 간주되어 2월 22일 시마네현[島根縣] 고시 제40호에서 일본영토로 편입시키면서 다시 일본지도에 등장하기 시작하였다. 일본은 국제법상

그림 2-36 일본해군 군함 아마기[天城]
출처: ウィキペディア.

무주지인 경우는 선점(先占)의 요건을 갖추므로 영토취득이 합법적임을 염두에 두었을 것이다.

카이즈가 제작한 지도 목록과 축척 · 제작 시기 · 주요 내용을 정리한 표 2-6에서 그가 1885년에 제작한 축척 1 : 2천의 「제물포묘지근방도(濟物浦墓地近傍圖)」에는 1미터 간격의 등고선이 사용되었는데, 이러한 상세지도를 제작한 이유가 불분명하다. 그의 지도 중 주목되는 것은 지명을 조선식 또는 이두식으로 표기했다는 점이다. 카이즈가 어학연수생들과 함께 첩보활동을 개시한 시기는 1년 후인 1880년이므로, 어떤 방법으로 지명을 한자가 아닌 조선식 · 이두식(吏讀式) 지명으로 표기할 수 있었는지 확인할 길이 없다. 다만 일본 육군참모국(1875)의 기록에 의하면, 1875년 11월에 간행된 「조선전도」를 간행할 시 후술하는 함경도 출신 김인승의 협조를 받은 것으로 기록되어 있는 것으로 미루어 볼 때 조선인의 도움이 있었을 것으로 추측될 뿐이다.

임오군란 중 사망한 호리모토[掘本禮藏] 중위에 이어 1882년 조선에 입국한 이소바야시 중위는 1882년부터 1884년까지 단독으로 첩보활동을 개시하여 8월에 「종인천지한성도(從仁川至漢城圖)」를 작성하였다. 이 지도는 세토구치 대위와 함께 인천~한성에 이르는 도로 주변의 상황을 탐색한 최초의 노상측도 결과물이며, 고도는 측정되지 않은 채 약식 등고선으로 표시되어 있다. 노상측도는 전게한 그림 2-30에서 보는 바와 같이 면적인 지도라기보다는 선적인 지도로 일본의 중세 지도학자 이노우의 측량기법에서 유래한 것이다(小林 · 岡田, 2008).

노상측도는 단기간에 신속하게 측량할 수 있다는 특징이 있다. 이것으로 보아 호리모토가 제작한 지도는 임오군란으로 어수선한 상황에서 급조된 지도임을 알 수 있다. 그러나 1883년부터 이소바야시에 의해 제작된 「자양화진경김포강화제물포지오류동노상도(自楊花鎭經金浦江華濟物浦至梧柳洞路上圖)」와 「자마포지문수산성노상도(自麻浦至文殊山城路上圖)」는 해발고도는 물론 촌락의 호구 수까지 상세하게 기재되어 있다(그림 2-39). 1884년에 제작된 「제물포거류지약도(濟物浦居留地略圖)」는 축척과 측량단위가 표시되어 있지 않으나 조계(租界)에 위치한 일본영사관과 포대의 위치가 표시되어 있다. 그리고 1882년 제작된 「임진강지도(臨津江之圖)」에는 임진강의 수심과 이두식 지명이 표기되어 있다(그림 2-37).

그림 2-37 이소바야시의 「임진강지도(臨津江之圖)」에 나타난 일본어 이두식 지명표기
출처: 남영우 · 이호상(2010).

카이즈와 이소바야시 다음으로 많은 지도를 제작한 미우라 중위는 1886~1889년에 걸쳐 활동을 전개하였는데, 그는 어학연수생 두 명을 이끌고 조사를 한 까닭에 「경성근방유보기정내노상도(京城近傍遊步期程內路上圖)」에 주기된 지명 중 일부를 조선식 혹은 이두식으로 표기하였다. 특히 그림 2-37의 「임진강지도」에는 카이즈의 지도와 마찬가지로 일부 지명이 한글로 주기되어 있다. 이들 지도 속에 주기된 조선식 또는 이두식 지명표기는 정확성이 결여되어 있으나 지명연구에 기초자료가 될 수 있을 것이다. 예를 들면, 石串里(돌고지), 席浦渡(독개나루), 孫石渡(손돌나루) 등과 같이 일본어의 유사한 발음으로 지명을 주기하였다. 또한 카이즈의 「자제물포지석천원약도(自濟物浦至石川院略圖)」에는 十井里(열물리), 星峴(별고개), 石川(돌내) 등의 지명이 주기되어 있는데, 이 사실은 카이즈와 미우라가 조선인을 포섭하여 지명주기에 이용하였음을 시사하는 대목이다. 유교적 덕치를 이상으로 하는 국왕이 자성의 근거로 삼기 위해 기록된 고종 15년의 일성록(日省錄)에 의하면(그림 2-38), 1878년 8월 당시만 하더라도 카이즈는 조선어를 몰라 우리나라 사람과 대

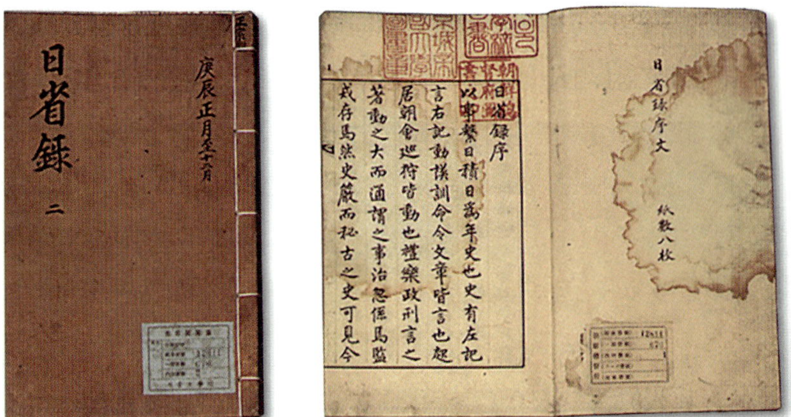

그림 2-38 일성록

출처: 서울대학교 규장각.

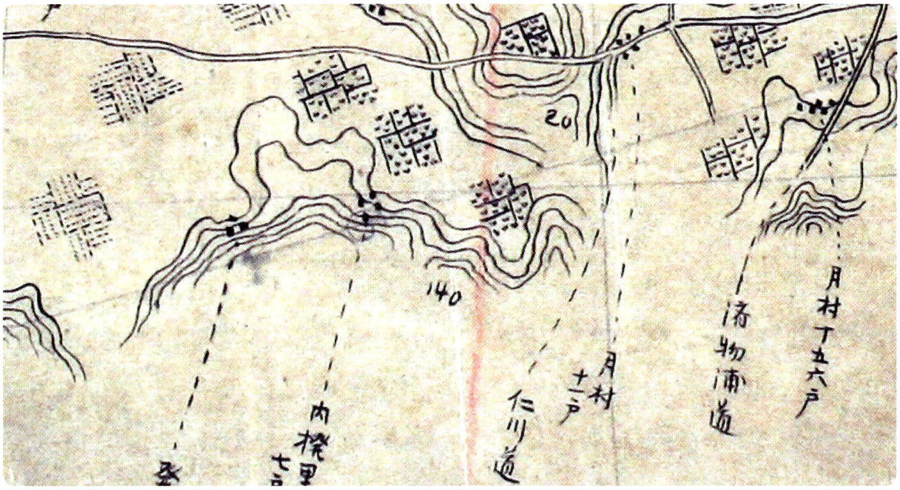

그림 2-39 호구수가 기재된 이소바야시의 「자마포지문수산성노상도」
출처: 남영우 · 이호상(2010).

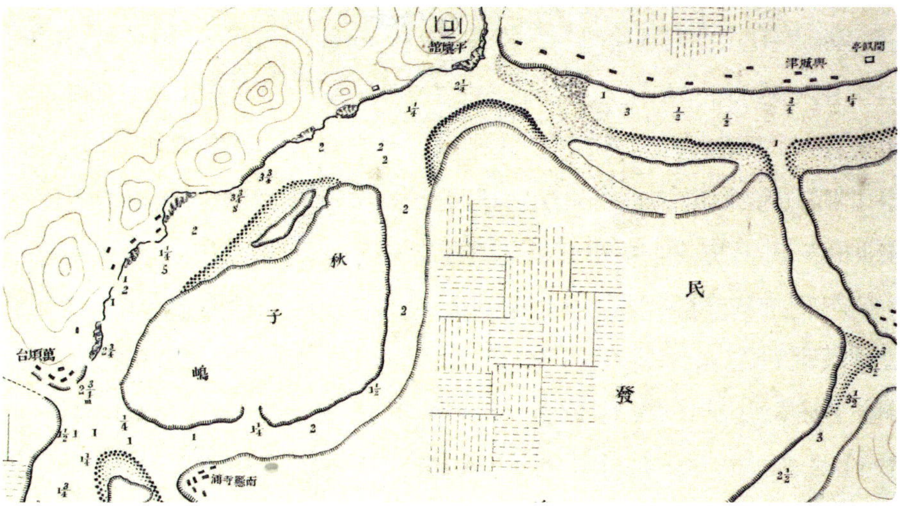

그림 2-40 수심이 기재된 시바야마의 「대동강개측도」
출처: 남영우 · 이호상(2010).

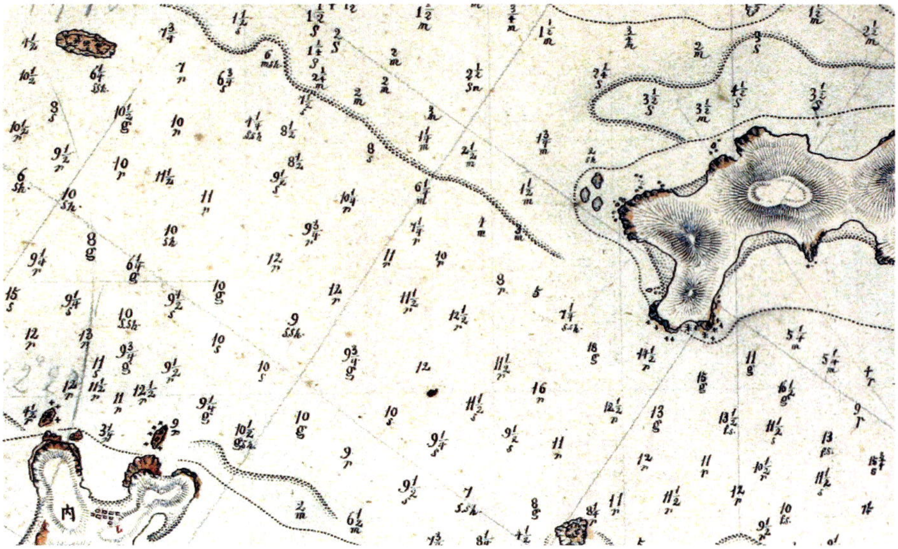

그림 2-41 수심이 기재된 카이즈의 「아산강약도」
출처: 남영우 · 이호상(2010).

화가 불가능하였다는 기록이 있다. 이것으로 카이즈는 조선어를 몰랐던 것으로 단정지을 수 있다.

그림 2-45에서 보는 바와 같이 카이즈의 지도 중 「자원산진지문천군노상도(自元山津至文川郡路上圖)」에는 지명이 '업더지기'와 '더롱'과 같은 한글로 표시되어 있는 것을 볼 수 있다. 또한 미우라의 「경성왕복노상도(京城往復路上圖)」에는 '믈금'을 비롯하여 '공청'과 '동헌' 등의 한글지명을 볼 수 있다. 카이즈와 달리 미우라의 지도에는 한글지명 옆에 일본어가 표시되어 있지 않은 것은 특이하다고 볼 수 있다. 이들 한글지명은 비록 표기가 정확하지는 않지만 지명연구에 도움은 될 것으로 기대된다.

이에 대하여 오카 중위는 1884~1886년에 걸쳐 한성으로부터 관서지방과 관북지방에 이르는 지도를 작성하였다. 오카의 정탐활동을 돕기 위하여 일본 판리공사 시마무라[島村

久]는 1884년 7월 6일 그의 안전보장을 조정에 요청하였다. 오카는 북부지방에 대한 측량을 계획하고 있었고 그해 11월에 실행에 옮겼다. 또한 판리공사는 같은 해 7월 28일 와타나베 중위의 활동을 돕기 위해서도 안전보장을 요구하며 전라도와 경상도 일대를 그들로 하여금 정탐케 하였다.

1886년 4월에는 임시대리공사가 미우라 대위와 카이즈 대위 일행에게 관서지방에 대한 정탐활동을 원만히 수행하기 위한 방편으로 조정에 여권발급을 강요하였다. 카이즈는 이미 1883년부터 정탐활동을 해왔으니, 미우라는 1886년부터 그 지역에 내한 측량을 개시하였고 1887년에도 여권발급을 강요한 바 있다. 이들 여권발급을 강요한 명단 중 스즈키[鈴木]란 자는 민간인이었던 것으로 추측된다. 이들은 한복을 입고 정탐행위를 하였던 것으로 짐작된다. 조선 조정에서는 조선 관리로 위장한 일본인들을 적발하여 처벌해 줄 것을 요구한 사례도 있다(국사편찬위원회, 1970). 조선 조정에서는 참모본부 장교들의 신분위조 행위를 파악하고 있었던 모양이다.

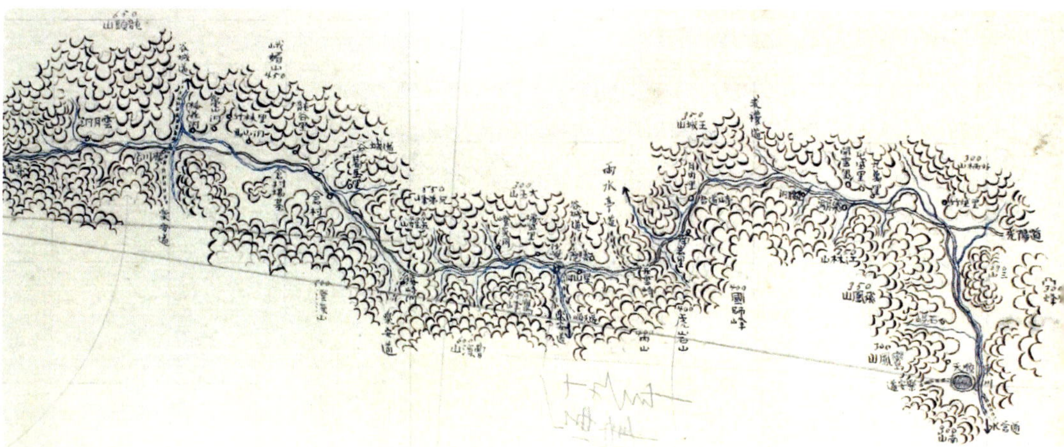

그림 2-42 가라다의 「자전라도순천지경상도창원노상도」
출처: 남영우 · 이호상(2010).

표 2-7. 첩보장교별 측량지도 내역

측량 장교	도엽명	축척(단위)	제작 시기	주요 내용
이소바야시	종인천지한성도(從仁川至漢城圖)	2만3천(?)	1882.8.	세토구치[瀨戶口] 대위와 함께 임오군란 발발시 인천-한성에 이르는 노상측도
	임진강지도(臨津江之圖)	4만(?)	1882.?.	하천의 폭과 수심, 일부 이두식 및 조선식 지명표기
	자양화진경김포강화제물포지오류동노상도(自楊花鎭經金浦江華濟物浦至梧柳洞路上圖)	1만(?), 4만(?)	1883.9.	양화진-김포-강화-제물포-오류동에 이르는 주요 시설과 가구 수
	평양상상도(平壤想像圖)	2만(?)	1883.?.	시가지도, 성곽
	제물포거류지약도(濟物浦居留地略圖)	? (?)	1884.?.	조계, 일본영사관, 포대 위치
	마포근방도(麻浦近方圖)	1만(미터)	1884.9.	마포 일대의 주요 시설
	자마포지문수산성노상도(自麻浦至文殊山城路上圖)	4만(?)	1884.10.	마포-양화진-문수산성에 이르는 주요시설과 가구 수
와타나베	경상좌도노상측도(慶尙左道路路上測圖)	20만(킬로미터)	1883.6.	부산-상주-문경, 부산-경주-포항-군위에 이르는 도로 주변상황, 일부 이두식 · 조선식 지명표기
오카	함경평안양도노상도(咸鏡平安兩道路上圖)	20만(프랑스척)	1884.11.	평양-희천-위원-정평에 이르는 도로 및 지명, 고도표기
	종덕원지정평견취도(從德源至定平見取圖)	20만(킬로미터)	1885.10.	덕원-정평에 이르는 도로 및 취락, 고도표기
	종북청지중령진노상도(從北靑至中嶺鎭路上圖)	20만(킬로미터)	1885.11.	북청-중령진(갑산, 삼수, 후창, 장진)에 이르는 도로 및 취락, 고도표기
	종경성지원산진노상도(從京城至元山津路上圖)	20만(일본리 · 프랑스척 병기)	1886.?.	한성-원산에 이르는 도로 및 취락, 우모식, 고도표기
미우라	경성왕복노상도(京城往復路上圖(自利川至尙州, 從新院至安城渡, 自安城渡至京城, 從京城至利川, 從全羅左水營至新院, 自尙州至釜山))	? (?)	1886.5.	이천-상주, 상주-부산, 신원-안성, 안성-한성, 한성-이천-남원-순천-전라좌수영-신원에 이르는 도로 및 취락, 일부 한글지명, 고도표기
	경성근방유보기정내노상도(京城近傍遊步期程內路上圖(從漢江渡場經果川安陽蛇川到濟物浦, 遊步秬程圖, 從漢城到交河))	10만(?) 4만(?)	1887.6. 1889.5.	한강-과천-시흥-안양-수원-안산-제물포, 김포-오류동-통진-인천에 이르는 도로 및 취락, 일부 이두식 · 조선식 지명표기, 고도표기
	종평양지영흥노상초고도(從平壤至永興路上草稿圖):上稿, 下稿	20만(?)	1887. 가을	평양-희천-영흥에 이르는 도로 및 취락, 일본공사관원으로 여행하였음을 주기
가라다	자전라도순천지경상도창원노상도(自全羅道順天至慶尙道昌原路上圖(從茂朱至大邱路上圖))	20만(?)	1887.6.	순천-나주, 나주-금구, 금구-무주, 대구-창원, 무주-대구에 이르는 도로 및 취락, 우모식과 등고선식 절충, 고도표기
	부산근방목산측도(釜山近傍目算測圖)	4만(미터)	1888.5.	김해-웅천-다대포진 일대의 해안, 등고선식, 고도 표기
시바야마	대동강개측도(大同江槪測圖)	? (해리)	1889.8.	수심, 조류상태, 경위도 주기
	영일만약도(迎日灣略圖)	20만(?)	1891.5.	영일만 일대의 도로 및 취락 · 수심 · 경위도 표시, 우모식

출처: 남영우 · 이호상(2010).

이 밖에도 가라다[柄田鑑次郎] 소위는 1887~1888년에 걸쳐 부산을 중심으로 남부지방의 지도를 제작하였고, 시바야마 대위는 1889~1891년에 걸쳐 대동강과 영일만 일대의 수심을 조사하여 지도화 하였고(그림 2-43), 카이즈는 아산만 일대의 수심을 조사하여 「아산강약도(牙山江略圖)」를 작성하였다(그림 2-39). 고종 16년 『조선왕조실록』의 4월 19일 기사에 따르면, 1877년 일본 대리공사 하나부사가 타고 온 군함측량선 다카오마루가 남양부 고온포를 비롯하여 전라도와 충청도 연해의 바다 수심을 측량하였다는 기록이 있는 것으로 보아 당시에 이 지도를 작성한 것이 확실하다(국사편찬위원회, 1970).

그리고 와타나베 대위는 1883년 「경상좌도로노상측도(慶尙左道路路上測圖)」만을 작성하고 2년 후 서울-원산-블라디보스토크-원산에 이르는 루트를 정탐하였다(남영우, 1992). 그러나 와타나베는 전술한 바와 같이 1884년과 1885년에 전라도와 경상도를 정탐한 사실이 있으므로 아직 발견되지는 않았지만 별개의 전라도 노상측도가 있을 것으로 추정된다.

6. 도식(圖式)의 특징

한편, 본 연구의 분석대상의 지도들에서 주목할 만한 것은 일정한 도식에 근거한 등고선과 축척표시가 체계화되지 못하였다는 점이다. 먼저 등고선의 경우, 지형의 고도를 표시하기 위하여 우모식과 등고선식이 채용되었다. 우모식(羽毛式)은 지도에 지형기복을 깃털 모양의 선기호로 표현하는 방법인데, 카이즈가 1879년 제작한 그림 2-46a의 「아산강약도」와 시바야마가 1891년 제작한 그림 2-46b의 「영일만약도(迎日灣略圖)」에서 그 방법이 사용되었다. 그림 2-43은 영일만 일대의 지형과 수심을 알 수 있는 약도이다. 이것으로 오늘날과 상이한 당시의 해안선과 형산강 하류의 하천을 엿볼 수 있다. 우모식 지도의 경우 그림 2-46에서 보는 바와 같이, 전자의 지도가 후자의 지도에 비해 지형의 입체감을 정교하게 표현하지 못한 것은 축척이 다르기 때문이다.

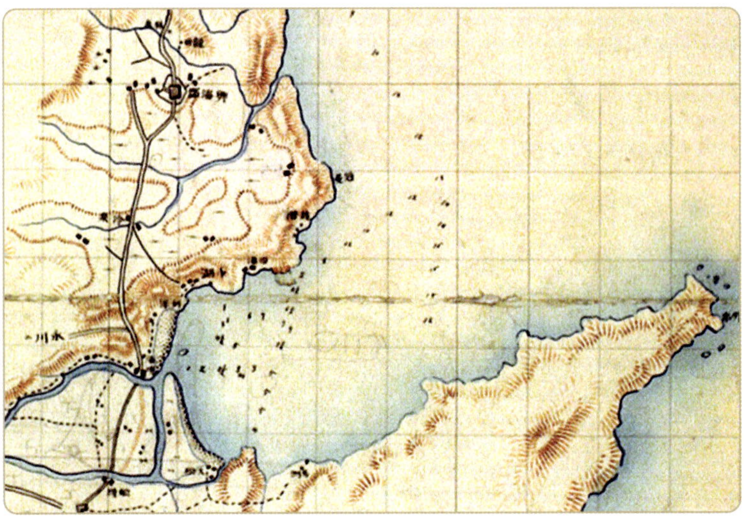

그림 2-43 영일만 약도(시바야마, 1891)
출처: 미국의회도서관 지리 · 지도과.

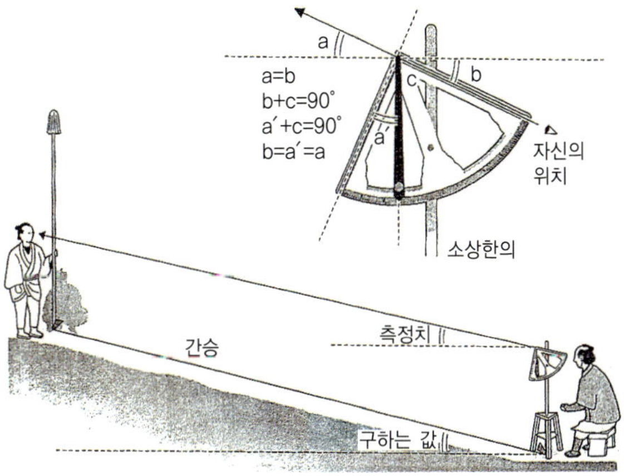

그림 2-44 소상한의(小象限儀)와 그 이용법
출처: 渡辺一郎 編(2003), p.139를 저자 수정.

참모본부 장교들은 고저를 등고선으로 표시할 필요성을 느꼈다. 그들은 신속한 지도제작이 요구되었으므로 고도를 표시해야 할 지역에서는 그림 2-44에서 보는 것과 같은 간단한 상한의(象限儀)를 이용하여 수평목측거리를 측정하고 고도를 계산하였다(남영우, 2009). 그러나 지형을 사실과 근사하게 표시하기에는 많은 시간이 요구되었으므로 경우에

그림 2-45 카이즈(좌)와 미우라(우) 지도의 한글표기 지명
카이즈의 지도는 「자원산진지문천군노상도」이며, 미우라의 지도는 「경성왕복노상도」임.
출처: 남영우 · 이호상(2010).

a. 1879년 카이즈 지도 b. 1891년 시바야마 지도

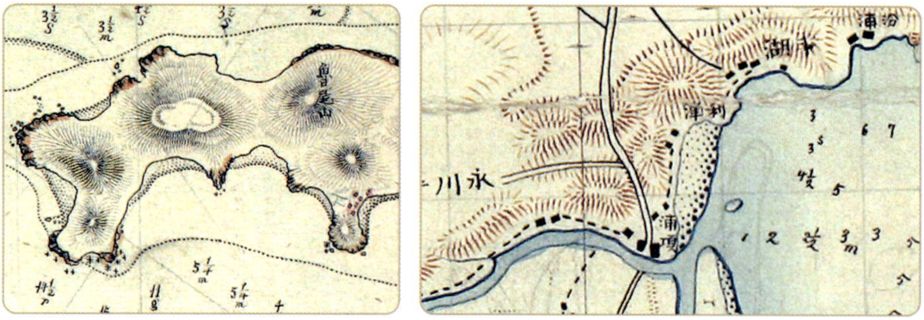

그림 2-46 우모식 기법의 지형표시 사례
출처: 남영우 · 이호상(2010).

따라서는 간단한 약식등고선을 사용하였다.

그림 2-48a에서 카이즈가 1885년 제작한 「자제물포지석천원약도(自濟物浦至石川院略圖)」는 등고선을 고도만 알 수 있을 정도로 적당히 표시하였고, 가라다가 1887년 제작한 「자전라도순천지경상도창원노상도(自全羅道順天至慶尙道昌原路上圖)」에는 산악지대임을 알 수 있을 정도의 등고선을 형상화하였다(그림 2-48b). 이 지도에는 연필로 미우라의 이름이 기입된 것으로 보아 장교들 간에 연락을 유지하고 있었음을 알 수 있다. 실제로 미우라는 가라다보다 1~2년 전에 동일한 장소를 다녀간 바 있다. 이와는 달리 1888년 가라다가 제작한 「부산근방목측약도(釜山近傍目算測圖)」에는 거의 완전한 형태에 가까운 등고선으로 지형을 표시하였고(그림 2-48c), 1883년 카이즈가 제작한 「원산거류지도(元山港居留地圖)」에는 2미터 간격의 등고선이 조밀하게 표시되어 있다(그림 2-48d). 그가 이와 같이 등고선을 상세히 표현한 이유는 원산 조계를 1 : 2,000 축척의 상세지도로 제작하였기 때문이었을 것으로 짐작된다.

그들은 지도상에 등고선을 정확히 기입할 수 없었다. 고도계 없이 목측으로 고도를 측량하였으므로 고도의 오차가 매우 컸다. 예를 들면, 서울의 불암산은 고도가 508m인데, 이소

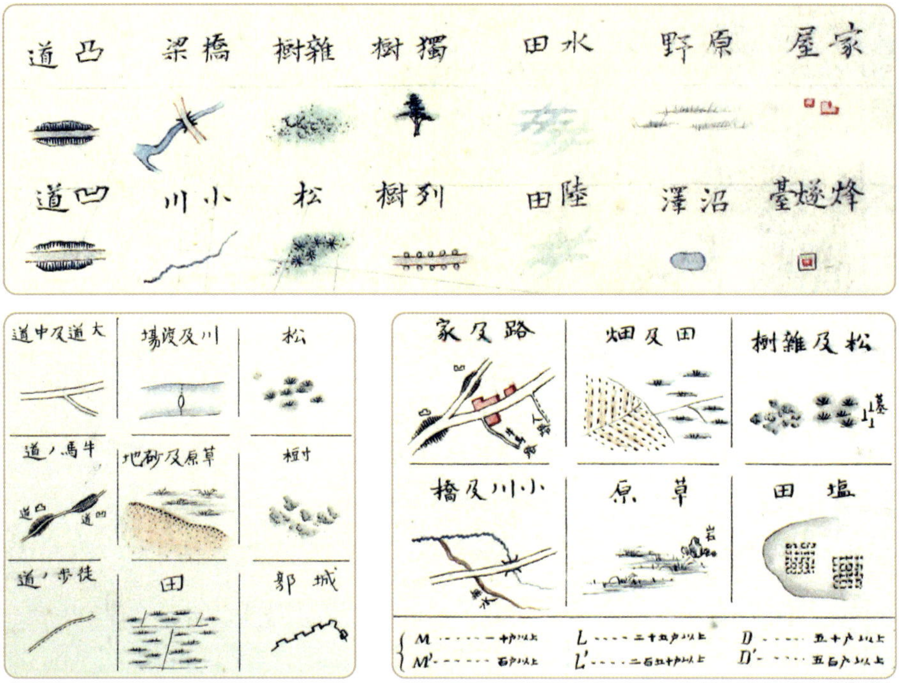

그림 2-47(a) 기호범례의 사례 (1883년 카이즈 지도)
출처: 남영우 · 이호상(2010).

바야시의 지도에는 350m로 기재되어 있다. 경기도 월곶면에 위치한 문수산의 경우는 376m를 500m로 주기하였고, 부산의 경우에는 영도구의 봉래산이 395m를 300m로 표시하였다. 금정구의 금정산은 801m를 400m로 기재하여 무려 두 배 정도의 오차가 발생한 경우도 있다. 이와 같은 오차는 장교들이 부정확한 목측에 의한 거리와 각도로 계산하였기 때문일 것으로 사료된다.

기호범례의 경우는 일본에서 1879년 도식을 정하긴 하였으나 비밀측량의 속성상 생략된 경우가 거의 대부분이다. 기호범례는 카이즈의 지도에서만 발견할 수 있다. 카이즈는 조선에서 체류하다가 일시 귀국하였을 때에는 「도쿄지학협회보고」란 학회지에 회원자격으로

그림 2-47(b) 그림범례의 사례 (1883년 카이즈 지도)
출처: 미국의회도서관 지리 · 지도과.

논문을 발표할 만큼 비교적 학구적인 군인이었다(海津, 1880, 1884a, 1884b). 그림 2-47(a)는 1883년에 제작된 「자원산진지용지원노상도(自元山津至龍池院路上圖)」와 1885년에 제작된 「자전관지광주노상도(自箭串至廣州路上圖)」및 「자제물포지석천원약도(自濟物浦至石川院略圖)」의 범례를 보여주고 있다. 전자의 두 지도는 범례가 거의 일치하지만, 「자제물포지석천원약도」는 해안지방이라는 특수성 때문에 염전 기호가 포함되어 있다. 이와는 달리 기호범례로 표시하기 곤란한 경우에는 그림 2-47(b)에서 보는 것과 같은 그림으로 나타내기도 하였다. 즉 눈에 띄는 기암이나 교각은 그림으로 스케치하여 표시한 것이다. 이와 같은 그림범례는 1881년부터 간행된 신속측도에서도 찾아볼 수 있다.

이들 지도에는 가옥 · 봉수대 · 벌판 · 소택 · 전답 · 나무 · 가로수 · 잡목 · 소나무 · 나루터 · 교량 · 소하천 · 도로 · 성곽 등의 기호가 포함되어 있다. 주목할 만한 것은 취락의 호구 수에 대한 기호가 표시되어 있다는 점이다. 구체적으로, M(10호 이상), M'(100호 이상), L(25호 이상), L'(250호 이상), D(50호 이상), D'(500호 이상) 등의 기호가 포함되어 있다. 다른 지도에는 취락별 호구 수는 지도에 메모 형식의 글자로 주기되어 있다. 기호범례가 없는 지도에는 일부 도곽 밖의 난외에 그림이나 글자로 표기된 경우도 있다.

그리고 축척 표시에는 문수법(文數法) 혹은 문자식, 분수법(分數法) 혹은 분수식, 도표척

a. 1885년 카이즈 지도

b. 1887년 가라다 지도

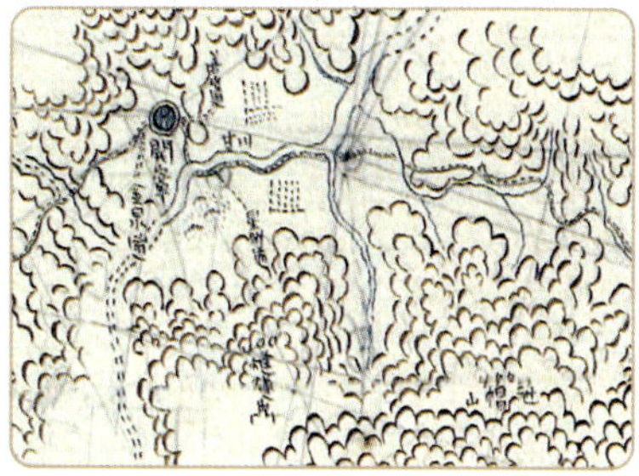

c. 1888년 가라다 지도

d. 1883년 카이즈 지도

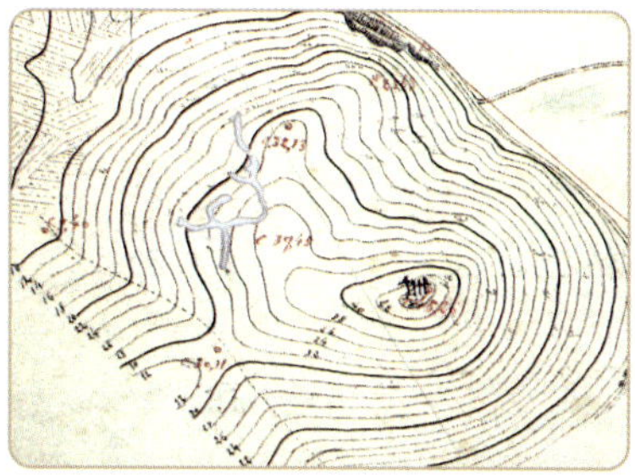

그림 2-48 약식 등고선 기법의 고도표시 사례
출처: 남영우 · 이호상(2010).

도법(圖表尺度法) 혹은 도표척도식의 세 종류가 있는데(김주환 · 강영복, 1990), 이들 지도에서는 문수법과 분수법이 혼용되었고 도표척도법인 바(bar)와 단위를 일정한 원칙 없이 표시하였다. 일본에서 도식이 정해진 것이 1879년이며 체계화된 것은 1886년 이후의 일이라고 볼 수 있다(淸水, 1988). 축척의 스케일을 나타내는 바의 형태도 일정하지 않지만 거리의 측정단위 역시 각기 상이하다. 눈에 띄는 것은 카이즈가 1878년 제작한 「조선국장포강구약도(朝鮮國長浦江口略圖)」에서 사용된 측정단위가 케이블(cables)이란 점이다(그림 2-49 ①). 케이블은 해상거리를 나타내는 단위인 '鏈'으로, 미국해군은 1케이블을 219미터, 영국해군에서는 185미터 거리로 사용하고 있다. 당시 카이즈 소위가 케이블을 거리단위로 사용한 것은 이 지도가 주로 천수만과 옥구만 일대의 해안을 측량한 것이기 때문이었을 것이다.

① 'cables' 단위: 카이즈, 1878, 「조선국장포강구약도」

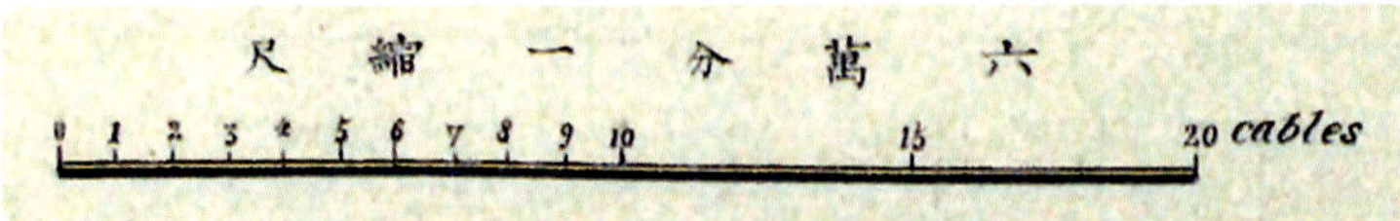

② 'kilometer'와 '里' 단위: 와타나베, 1883, 「경상좌도로노상측도」

③ '日本里法'과 '朝鮮里法' 단위: 카이즈, 1883, 「자원산지용지원노상도」

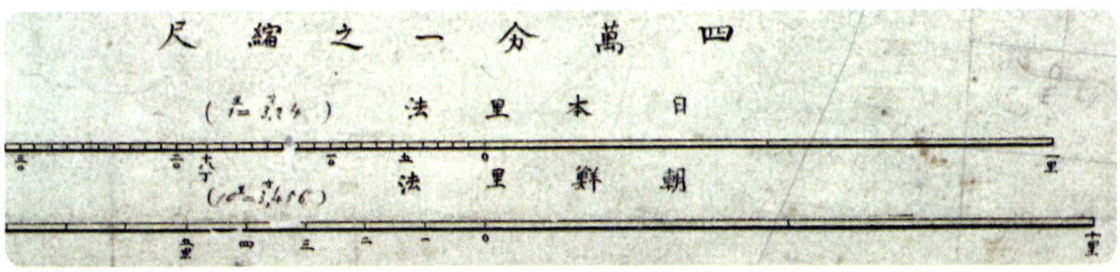

④ '百米' 단위: 이소바야시, 1884, 「마포근방도」

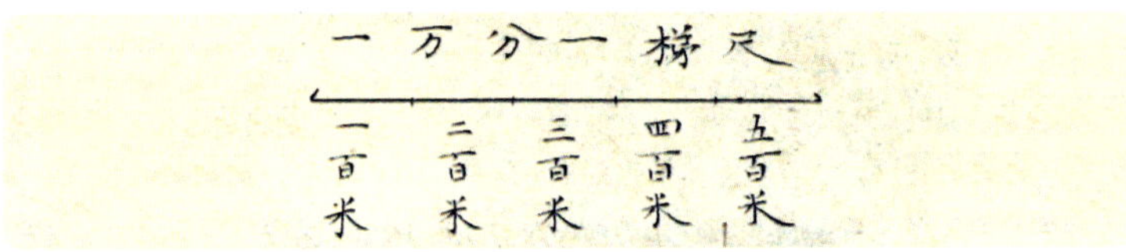

⑤ '日本里'와 '佛尺' 단위: 카이즈, 1885, 「자전관지광주노상도」

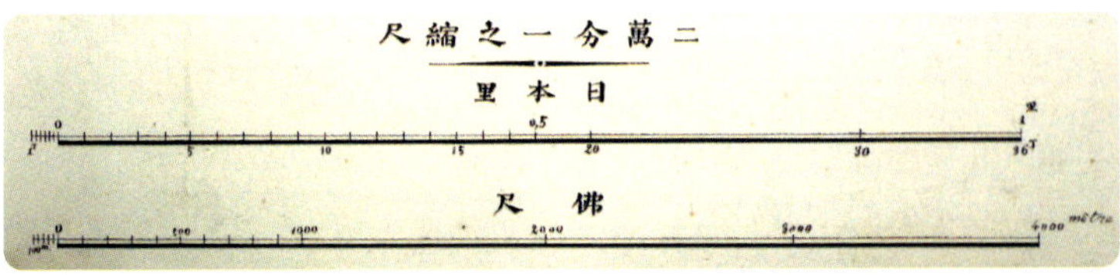

⑥ 일본척 '間'과 佛尺 '米' 단위: 카이즈, 1885, 「제물포기지근방도」

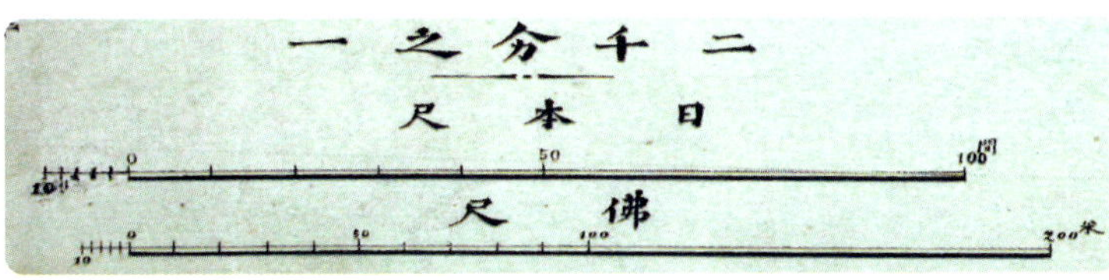

그림 2-49 다양한 도표척도식 축척 표시의 사례

출처: 남영우 · 이호상(2010).

카이즈는 1883년 이후에 제작한 지도에는 축척을 그림 2-49⑤, ⑥과 같이 일본척(日本尺)과 불척(佛尺)을 병기하였다. 불척은 프랑스의 지도에서 사용하던 단위이므로 미터 혹은 킬로미터를 의미한다. 이 무렵 일본의 도식은 '메이지 13년식(1880년)'이라 불리기도 하는 프랑스식 도식이 채택되었을 때였다. 그러나 1883년에 제작한 「자원산지용지원노상도」에는 일본리법(日本里法)과 조선리법(朝鮮里法)을 병기하였는데(그림 2-49③), 이는 일본의 리(里)와 조선의 그것이 상이하기 때문에 발생한 것이었다. 이러한 축척표시법은 후술할 1895~1906년에 간행된 1 : 5만 축척의 군용비도(제1차 지형도)에도 적용되었다.

표 2-8. 첩보장교별 제작 지도 목록

장교명	제작연도	제작 지도의 도엽명
카이즈[海津]	1883~1886년	강원연해왕복도(江原沿海往復圖) Ⅰ · Ⅱ, 원산항거류지도(元山港居留地圖), 의주왕복노상도(義州往復路上圖), 자원산지용지원노상도(自元山至龍池院路上圖), 자원산진지문천군노상도(自元山津至文川郡路上圖), 자전관지광주노상도(自箭串至廣州路上圖), 함경도노상도(咸鏡道路上圖), 자제물포지석천원약도(自濟物浦至石川院略圖), 제물포묘지근방도(濟物浦墓地近傍圖)
이소바야시[磯林]	1883~1884년	종인천지한성도(從仁川至漢城圖), 자양화진경김포강화제물포지오류동노상도(自楊花鎭經金浦江華濟物浦至梧柳洞路上圖), 평양상상도(平壤想像圖), 제물포거류지약도마포근방도(濟物浦居留地略圖麻浦近傍圖), 자마포지문수산성노상도(自麻浦至文殊山城路上圖)
와타나베[渡辺]	1883년	경상좌도로노상측도(慶尙左道路路上測圖)
오카[岡]	1884~1886년	종경성지원산진노상도(從京城至元山津路上圖), 종북청지중령진노상도(從北靑至中嶺鎭路上圖), 종덕원지정평견취도(從德源至定平見取圖), 함경평안양도노상도(咸鏡平安兩道路上圖)
미우라[三浦]	1886~1887년	경성근방유보기정내노상도(京城近傍遊步期程内路上圖), 경성왕복노상도(京城往復路上圖), 종평양지영흥노상초고도(從平壤至永興路上草稿圖)
가라다[柄田]	1887년	자전라도순천지경상도창원노상도(自全羅道順天至慶尙道昌原路上圖)

주: 미국 의회도서관에서 발견된 한반도 지도 중 1883~1887년 지도를 참조하여 작성.

7. 개항장 지도

전술한 『조선왕조실록』 고종 16년 기록에 의하면, 경기감사 조인희가 일본 선함 두 척이 영종진 앞바다에 정박한 사실을 보고한 내용이 있다. 즉 1879년 4월 19일 카이즈 일행은 연해의 수심을 측량한 후 육로를 따라 수원을 지나 서울에 도착하려고 하자 판찰관(辦察官)이 강화도조약에 명시된 조항이 없다는 이유를 들어 저지하였다는 내용이다. 이에 그들은 하나부사 대리공사가 예조에 올리는 서신을 제시하였다. 그 내용은 인천과 원산에 개항장을 설치하려고 하는데 조선 조정이 난색을 표하고 있다는 것이다. 그는 하루속히 날짜를 정하여 개항 장소를 알려달라고 조정을 회유하였다. 이 사실은 조선 조정이 조약체결에도 불구하고 개항을 꺼리고 있었음을 시사하는 대목이다.

1879년은 조선 조정이 밖으로는 개국정책을, 안으로는 자강정책을 펴나가기 시작한 해였다. 고종과 개화파 관료들은 당시 청국 최고 실력자 이홍장(李鴻章)이 서구열강과 수교할 것을 권유하는데 고무되어 이러한 정책을 실시하기 시작하였다. 1879년에 들어서 일본이 류큐(琉球: 현재의 오키나와)왕국을 병합하고 청국과 러시아 사이에 이리(伊犁: 지금의 중국 신장성 서북부 톈산산맥 중부에 있는 분지)를 둘러싼 분쟁이 일어나자, 이홍장은 전략적으로 조선의 중요성을 더욱더 인식하게 되었다. 이홍장은 그 해 7월 조선의 원로대신 이유원(李裕元: 1814~1888)에게 일본과 러시아가 조선을 침략할지도 모르므로 서구열강들과 조약을 맺고 군사력도 강화하라고 일러주었다. 그러나 조정 내에서는 의견이 분분해 서구 열강과의 수교는 성사되지 못하고, 그로부터 몇 달 후 10월에 청국에 조선의 군사력 강화에 협조해 줄 것을 부탁하면서 군사 근대화 작업에 들어갔다(허동현, 2000).

1876년 강화도조약이 체결됨에 따라 일본은 그해 가장 먼저 부산항을 필두로 1879년 원산에 이어 1880년 인천항에 개항장을 설치하였다. 개항에 관한 조약 수호조규 제5관에 "경기, 충청, 전라, 경상, 함경의 5도 연해 중 통상에 편리한 항구 2개소를 1877년 11월까지

지정한다."라 규정되어 있다. 이들 개항장 내에는 외교관이 주재함과 동시에 외국인 거류지가 설정되었다. 외국인 거류지의 유형과 성격은 국가에 따라 상이하였는데, 일본은 구미의 공동거류지와 달리 단독거류지인 전관거류지를 설정하였다. 외국인거류지는 조선의 영토이지만 실질적으로 조선의 주권이 미치지 못하는 곳이었다.

(1) 원 산

1878년 10월 일본외무성이 조선에 대하여 원산항을 개방할 것을 요구하자 조선은 이에 굴복하여 1879년 5월 원산개항을 결정하였다. 의정부는 덕원 · 안변 · 문천의 유생들의 개항반대활동에 대하여 유배를 보낼 것을 건의하였으나, 고종은 그 건의를 불허하였다(국사편찬위원회, 1970). 원산이 개항되자 일본인들은 거류민단을 조직하여 본부를 원산에 설치하고 1880년에는 일본총영사관을 개청하였다. 함경도 관찰사 김병지의 보고에 의하면, 덕원부에 온 일본총영사 마에다[前田獻吉] 등이 40칸 규모의 목조건물을 청사로 건축한 것으로 기록되어 있다.

강화도조약의 체결로 일본공사 하나부사는 함경도 연안을 시찰하기로 하였다. 당시 일본은 해군이 한반도 서해안을 측량하였으나, 강원도와 함경도 연안은 실측하지 못하고 있었다. 그리하여 1879년 6월 하나부사는 총영사 마에다 등과 일본상인 10여명을 데리고 전함 다카오마루로 영흥만 일대를 시찰하였다. 서울로 돌아온 하나부사는 조선 조정과 교섭하여 덕원군 역전면 봉수동 일대를 일본전관거류지로 결정하였다. 조선 조정은 1884년 2월 일본인거류지의 부두에 해관(海關)을 개청하고 영국인을 세관장으로 임명하였다.

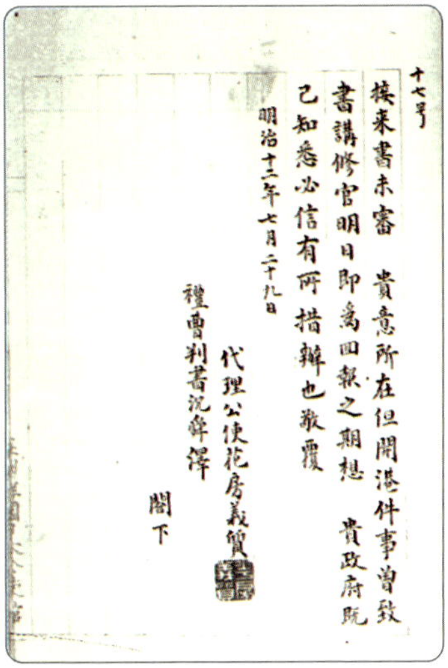

十七号

接来書未審 貴意所在但開港件事曾致書講修官明日即為回報之期想 貴政府既已知悉必信有所措辦也敬覆

明治十二年七月二十九日

代理公使花房義質

禮曹判書沈舜澤 閣下

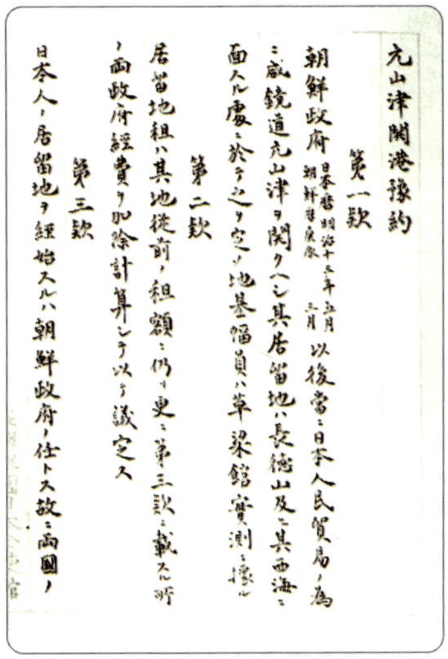

元山津開港豫約

第一款

朝鮮政府 日本暦明治十三年五月 朝鮮暦庚辰三月 以後當ニ日本人民貿易ノ為ニ咸鏡道元山津ヲ開クヘシ其居留地ハ長徳山及ヒ其西海ニ面スル處ニ於テ之ヲ定メ地基幅員ハ草梁館實測ニ據ル

第二款

居留地租ハ其地從前ノ租額ニ仍リ更ニ第三款ニ載スル所ノ両政府經費ヲ加除計算シテ以テ議定ス

第三款

日本人ノ居留地ヲ經始スルハ朝鮮政府ノ任トス故ニ両國ノ

그림 2-50 개항관련 문서와 원산진 개항예약 문서

출처: 위키백과.

원산이 개항된 후 함경도 관찰사 조병식은 일본인의 수출입 화물에 대하여 조선상인과 마찬가지로 세금을 징수하였다. 일본영사관에서는 과세의 부당함을 지적하고 무역규정에 위배된다며 항의하였다. 1884년 5월 세금을 철폐해 달라는 일본의 요구에 따라 일본상인에 대한 과세조처가 잠시 중단되기는 하였어도 조병식은 재차 징수를 단행하였다. 각지에서 관리들과 일본상인 간의 충돌이 발생하였다. 조병식은 함경도에 대두(大豆)가 대풍작이었음에도 불구하고 삼남지방의 흉작에 대비하여 판매를 금지하였다.

일본 대리공사 곤도가 1889년 11월 함흥의 대두판매금지에 항의해옴에 따라 조정에서는 곡물판매금지를 취소할 것을 명하였으나 지방관리들은 이에 저항하는 모습을 보였다. 조정의 방곡령(放穀令) 해제에도 불구하고 조병식은 대두 판매에 대한 더욱 강력한 조치를 취하였다. 이에 따라 함경도 경성의 안무사(按撫司)에서도 곡류 수출금지뿐 아니라 일본인과의 상거래를 금지하는 강경책을 취하였다. 이러한 상황에 이르자 일본인들의 상거래는 물론 지방여행이 어렵게 되었다. 전술한 바와 같이 1883년에는 카이즈 대위가, 1884년에는 오카 대위가 원산을 측량한 바 있으나, 이 무렵에는 그것이 불가능해졌다.

1890년 1월에는 일본공사가 조정에 압력을 가하여 조병식에게 감봉처분을 명하도록 하였으나, 관례에 따라 파면되어야 함에도 불구하고 조병식은 관찰사 지위를 고수하였다. 심지어 그는 대두를 선적한 선박을 억류하는 등의 조치를 취하였다. 이에 따라 원산에 거주하던 일본인 상인들은 피해가 커졌다. 결국 1891년 11월에 이르러 일본의 압력에 굴하고 말았으나, 조선의 일본에 대한 저항에는 감사 조병식뿐만 아니라 함흥 일대 관리들의 적극적 협조가 있었다.

일본은 원산과 인천에 그들의 전관거류지를 설정하고 주거지를 조성하였다. 카이즈는 1883년 6월 현지에 머물면서 그림 2-51에서 보는 측량에 의한 「원산항거류지지도」를 작성하였다. 이 지도는 1 : 2,000의 대축척지도로 간행되어 매우 상세하다. 등고선은 2미터 간격으로 표시되어 있으며, 자북과 진북의 차이를 5° 45′이라 주기해 놓았다. 지도상에 영

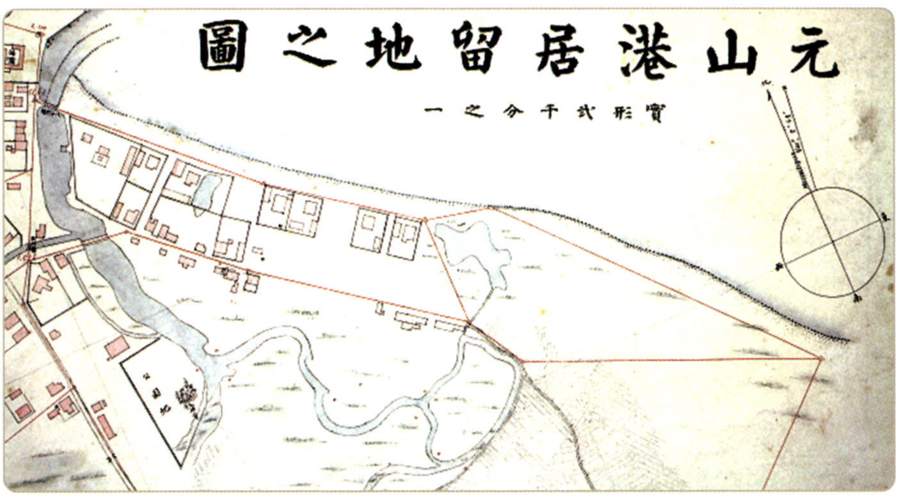

그림 2-51 카이즈의 원산항거류지지도(1883년)
출처: 미국의회도서관 지리 · 지도과.

사관 건물을 비롯한 해관 · 상법회의소 · 병원 등이 표시되어 있는 것으로 미루어 볼 때, 측량시점에는 대부분의 주요 시설의 공사가 완료된 것으로 생각된다.

「원산항거류지지도」는 흑색 · 적색 · 청색의 3색 지도로 작성되었다(그림 2-51). 카이즈는 1880년 일본의 도쿄지학협회보고(東京地學協會報告)에 자신이 조선을 정탐한 내용을 기록한 여행기를 투고한 것으로 보아 개항장으로 지정된 원산에 대하여 숙지하고 있었던 것으로 판단된다. 일본학자 무라카미는 카이즈가 원산에 파견된 시기를 1882년으로 추정하였으나(村上, 1981), 사실은 그보다 이른 시기에 원산답사를 마친 것이다.

상술한 도쿄지학협회는 1879년 4월에 창립되어 1893년 도쿄제국대학과 농상무성이 조직한 지학회(地學會)와 합병한 이래 오늘날까지 이어지고 있는 단체이다. 이 협회의 창립배경에는 오스트리아 주재 서기관으로 파견된 도쿄제국대학 총장 출신인 와타나베[渡辺洪基]의 역할이 컸으며, 조선을 비롯한 러시아 · 이탈리아 · 네덜란드 공사로 재직한 바 있는 외교관들의 도움이 있었다. 이 학회는 영국 왕립지리학회를 모방한 조직을 두었고, 학회의 목표는 해외조사(주로 조선과 중국)를 통하여 경제 · 정치 · 군사적 정보를 입수하기 위함에 있었다. 학회운영은 회비와 기부금 이외에도 궁내성의 은사금으로 충당되었는데, 이는 황실과 정부의 비호가 있었음을 의미하는 것이다. 창립회원은 유럽의 지리학회처럼 주로 귀족과 군인 및 관료들로 구성되어 '귀현학회(貴顯學會)'라 불렸으며, 협회에 공로가 있는 자는 참모본부 장교 카이즈와 같이 입회비를 면제하고 회원으로 위촉하는 경우도 있었다(石田, 1984). 이 학회가 입수한 정보는 일제에 한반도 침략루트를 제공하고 한국인에 대한 왜곡된 이미지를 일본인에게 심어주는 역할을 하였다.

(2) 인 천

조선은 원산항을 개항하는 대신에 인천의 개항은 거절하였다. 일본대리공사 하나부사는 1879년 5~6월에 걸쳐 인천개항을 집요하게 요구하였으나 뜻을 이루지 못하고 7월에 귀국하였다. 변리공사(辨理公使)로 재입국한 하나부사는 1880년 11월 인천개항 협의차 아마기 군함을 타고 인천에 도착하였다. 그의 강압으로 조선은 개항에 동의하였으나 백성들의 항의가 두려워 20개월 후에 실행에 옮기기로 합의하였다. 그러나 결국 1880년 12월 9일 강수관 김굉집과 변리공사 하나부사의 회동에서 인천개항이 결정되었다.

원산항보다 1년 뒤에 개항한 인천항의 개항장에도 청국의 전관거류지와 나란히 일본 조계가 조성되었다. 인천의 개항시기는 1880년이지만, 일본 전관거류지가 설정된 것은 그보다 3년 후인 1883년이었다(최영준, 1997). 1884년 1월 일본대리공사 시마무라가 인천조계의 확장을 강요하자, 조정은 다음날 그에 굴복하여 승인하고 말았다. 이와 동시에 일본인들의 통행허용구역을 인천 경계를 넘어 부평 · 파주 · 안성까지 확장해 줄 것을 조정에 강요하였다. 뒤이어 4월에는 청국 거류지조약을 체결하였다. 1884년 9월에는 교섭통상업무를 관장하던 김굉집과 각국 공사 간에 제물포 각국조계장정(各國租界章程)이 조인되었다. 나아가 다음 달에는 다케조에[竹添進一郎]가 일본인들의 행동반경을 확대하기 위하여 간

a. 원산 외국인 거류지(카이즈, 1883, 「元山港居留地之圖」)

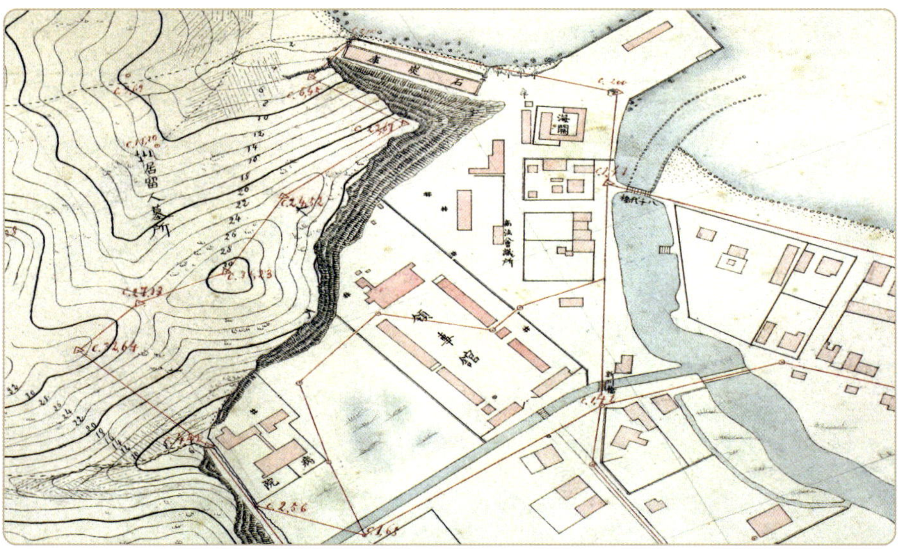

b. 인천 외국인 거류지(이소바야시, 1884, 「濟物浦居留地略圖」)

c. 인천 외국인 거류지(카이즈, 1885, 「自濟物浦至石川院略圖」)

그림 2-52 개항장(원산 · 인천)의 외국인 거류지 지도

출처: 남영우 · 이호상(2010).

행리정약조부록(間行里程約條附錄)을 강압적으로 체결하였다. 11월에는 일본이 갑신정변을 계기로 이노우에[井上馨]로 하여금 전권대신 자격으로 군함 3척을 이끌고 조선에 파견되어 조선 조정의 허락도 없이 불법적으로 2개 대대 병력을 인천에 상륙시켰다. 이에 대하여 청국도 3천 명의 병력을 이끌고 아산만에 상륙하였다. 한반도에서 일본과 청국 간의 전쟁조짐이 보이자 많은 시민들이 인천을 떠나는 사태가 발생하기도 하였다.

이소바야시는 1884년 「제물포거류지약도」를 작성하였다(그림 2-52). 그가 이 지도를 작성한 시기는 정확히 밝히지 않아 불분명하지만, 1884년 9~10월에 걸쳐 「마포근방노」와 「자마포지문수산성노상도」를 작성하고 있었으므로 1884년 상반기에 제작하였을 것으로 추정된다. 이 지도는 약도로 작성되어 축척이 표시되지 않았으나, 조계 초기의 경관을 엿볼 수 있다. 즉 조계의 도시계획 수립 시 블록의 배치를 알 수 있고, 해안가의 포대와 공동묘지 위치를 알 수 있다. 제물포에 포대를 구축한 것은 1878년 10월이었다(신석호, 1974). 이 지도가 약도로 작성된 이유는 갑신정변과 무관하지 않을 것이다.

이소바야시가 사망한 다음 해인 1885년 「자제물포지석천원약도」가 카이즈에 의해 재작성되었다. 전술한 「제물포거류지약도」와 비교하면 비록 1년밖에 차이가 나지 않지만, 지도 내용에서는 많은 차이를 발견할 수 있다. 즉 일본영사관 이외에도 청국영사관을 비롯한 미

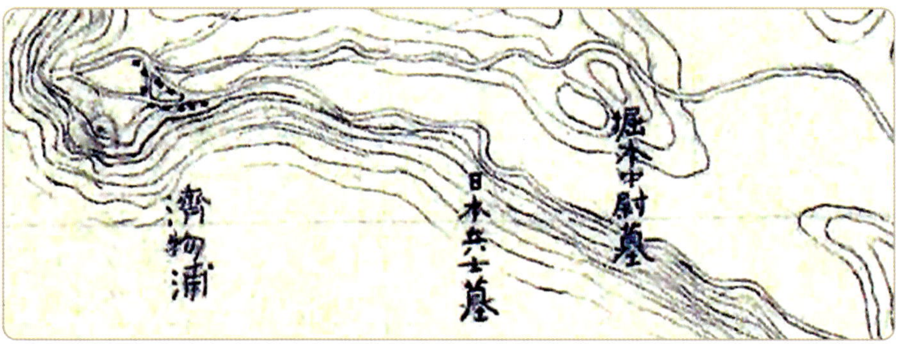

그림 2-53 제물포와 일본군 묘지가 표시된 작자미상의 「종제물포지경성노상도(從濟物浦至京城路上圖)」
출처: 남영우 · 이호상(2010).

국 · 독일 · 영국영사관의 위치가 묘사되어 있다. 원래 이 지도는 양화진으로부터 제물포에 이르는 루트를 측량한 노상측도의 형태로 제작된 지도였다. 수호조규속약 제1조에 1년 내에 양화진을 개시(開市)한다는 내용이 있는 것으로 보아 「자제물포지석천원약도」의 중요성을 가늠할 수 있을 것 같다.

1882년에 발생한 임오군란의 와중에 조선인에 의해 살해된 호리모토 중위의 묘지와 그 밖의 일본군 병사들의 묘지가 기재된 「종제물포지경성노상도(從濟物浦至京城路上圖)」가 간행되었다(그림 2-53). 그러나 제작자를 알 수 없는 이 지도는 1884년 갑신정변의 와중에 사망한 이소바야시 대위의 묘지는 기재되지 않았으므로 1883년에 제작된 것으로 추정된다. 이 지도에는 제물포 동쪽에 호리모토의 묘뿐만 아니라 조선에서 사망한 일본군 병사들의 묘도 표시되어 있다. 이 지도는 그림 2-54의 작자미상의 제물포묘지략도(濟物浦墓地略圖)와 대비해 보면 그 위치를 쉽게 짐작할 수 있을 것이다.

그림 2-54 작자 미상의 제물포묘지략도(濟物浦墓地略圖)
출처: 위키백과.

장교들의 측량은 전술한 것처럼 노상측도의 형식을 띤 것이 가장 많았다. 그러나 그들은 도시에 머무를 경우에는 약도의 성격을 띤 도시지도를 삽입하는 것을 잊지 않았다. 특히 그림 2-55에서 보는 것과 같이 중부지방 일대를 정탐한 카이즈는 1885~1886년에 간행한 「강원연해왕복도(江原沿海往復圖)」에 성곽이 그대로 남아있던 강릉 · 충주와 여주 등의 도시를 비롯하여 지평 · 양근 · 인제 등의 촌락지도를 삽입하였다. 이들 지도들은 모두 1 : 2 민 축척의 지도이나. 그들의 관심은 서울 동남쪽에 있는 남한산성에도 있었다.

강릉부

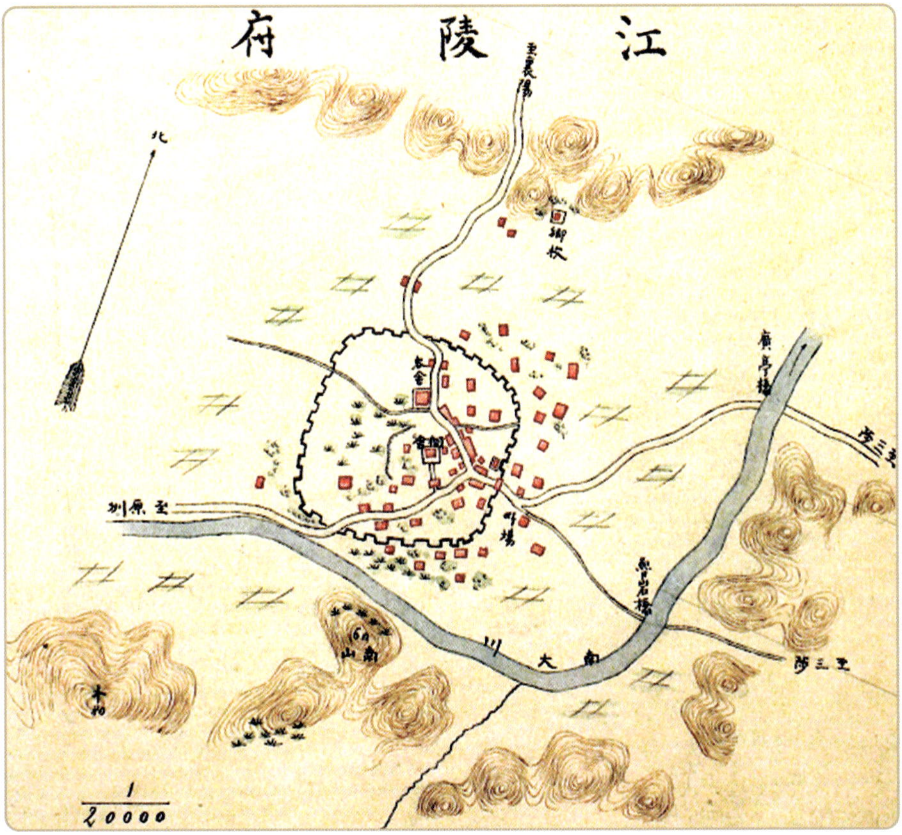

충주

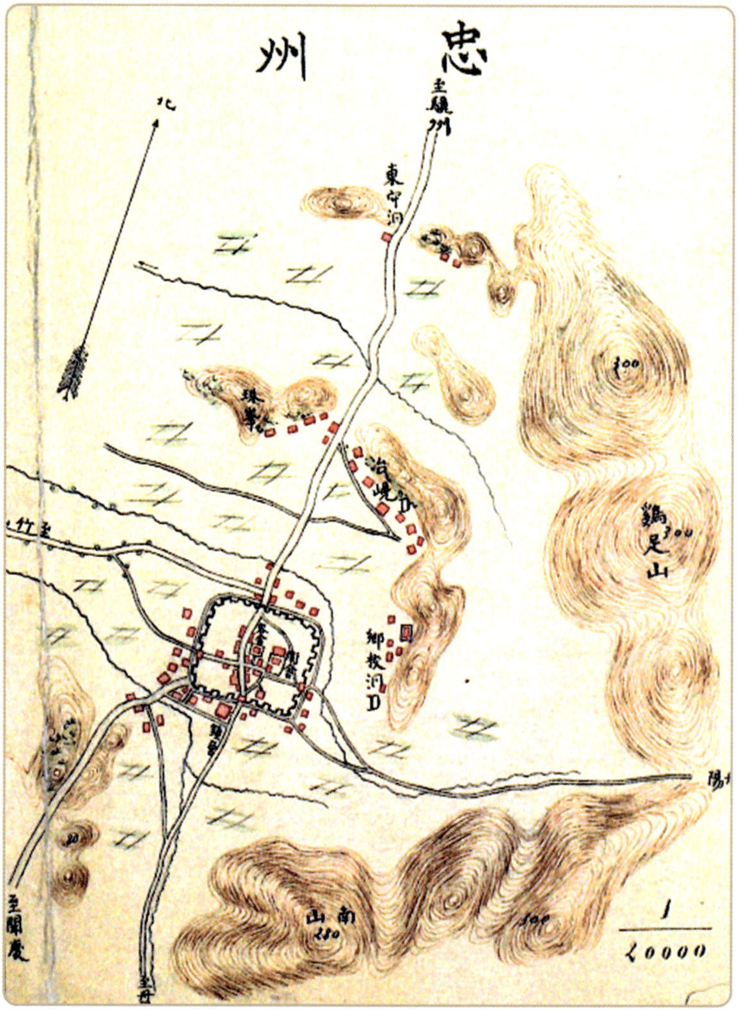

양양부

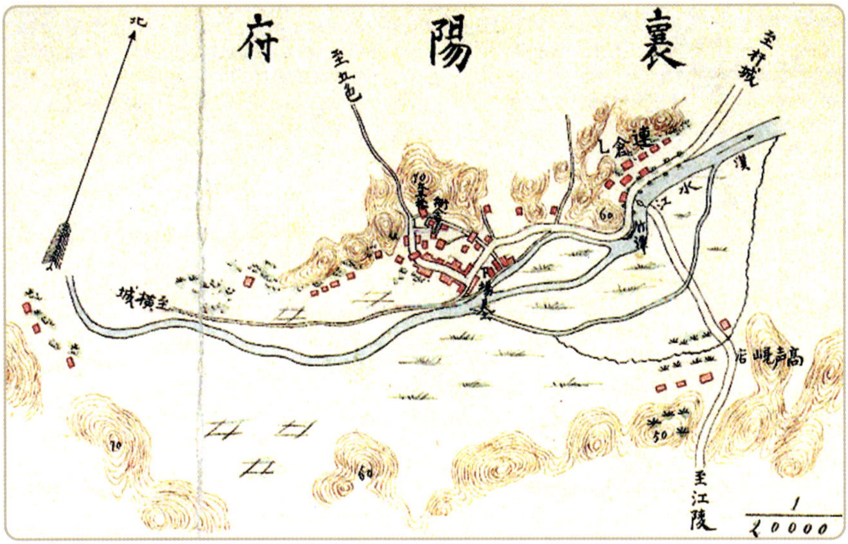

양근군

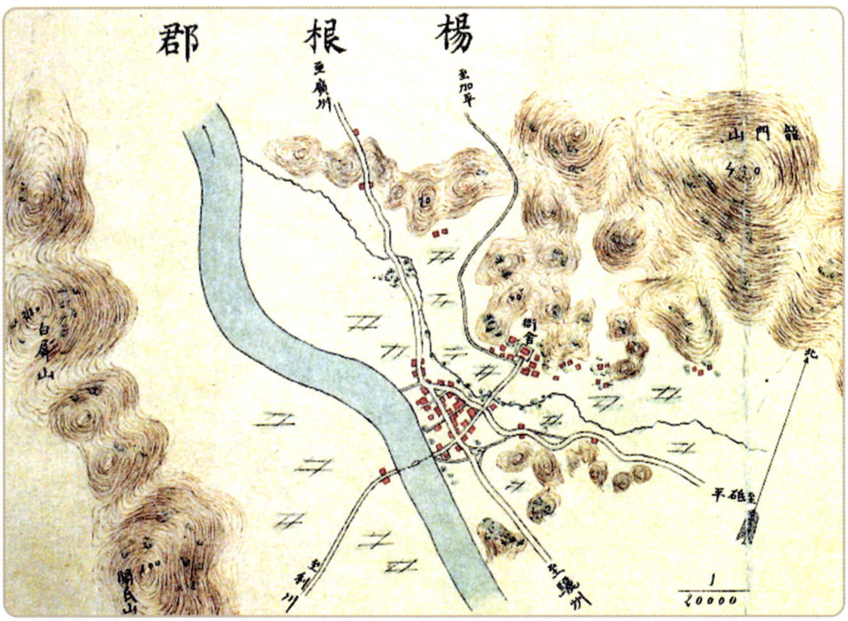

지평현

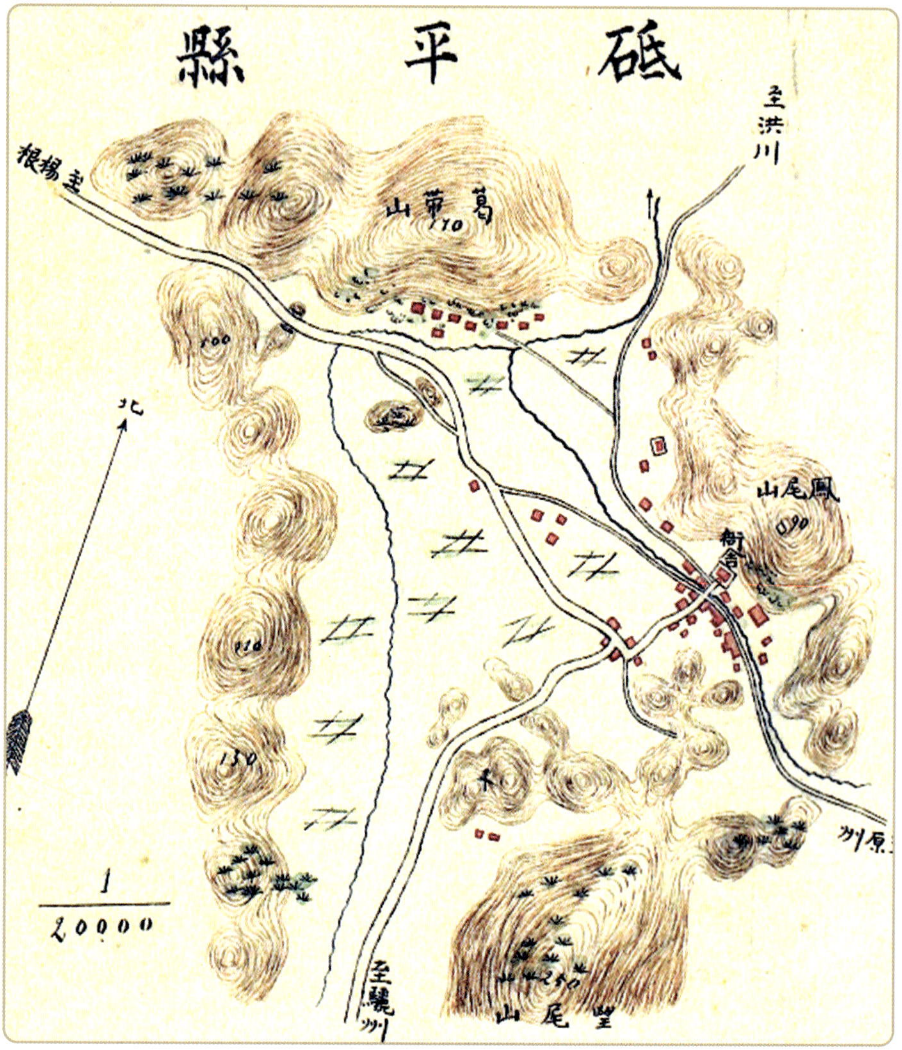

縣 平 砥
至洪川
根楊至
山帯葛
170
100
北
山尾鳳
090
衙舍
210
130
1
20000
至驪州
240
山尾望
州原至

여주

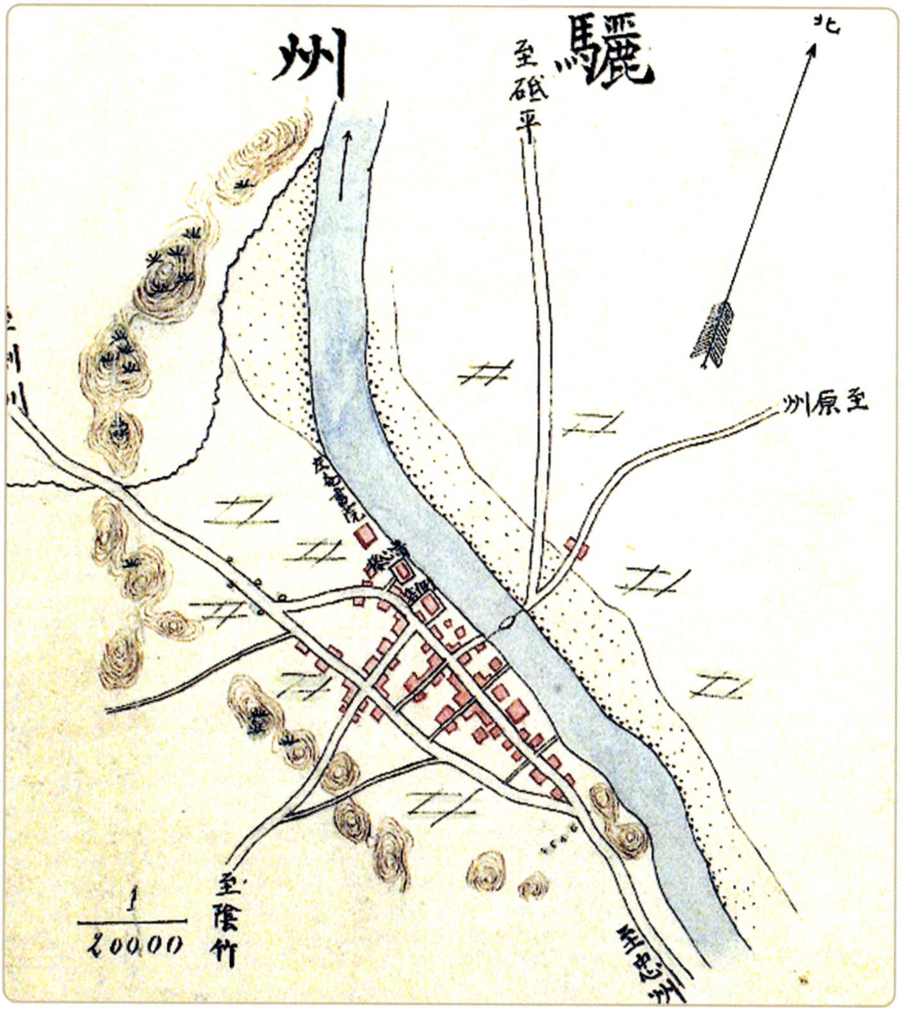

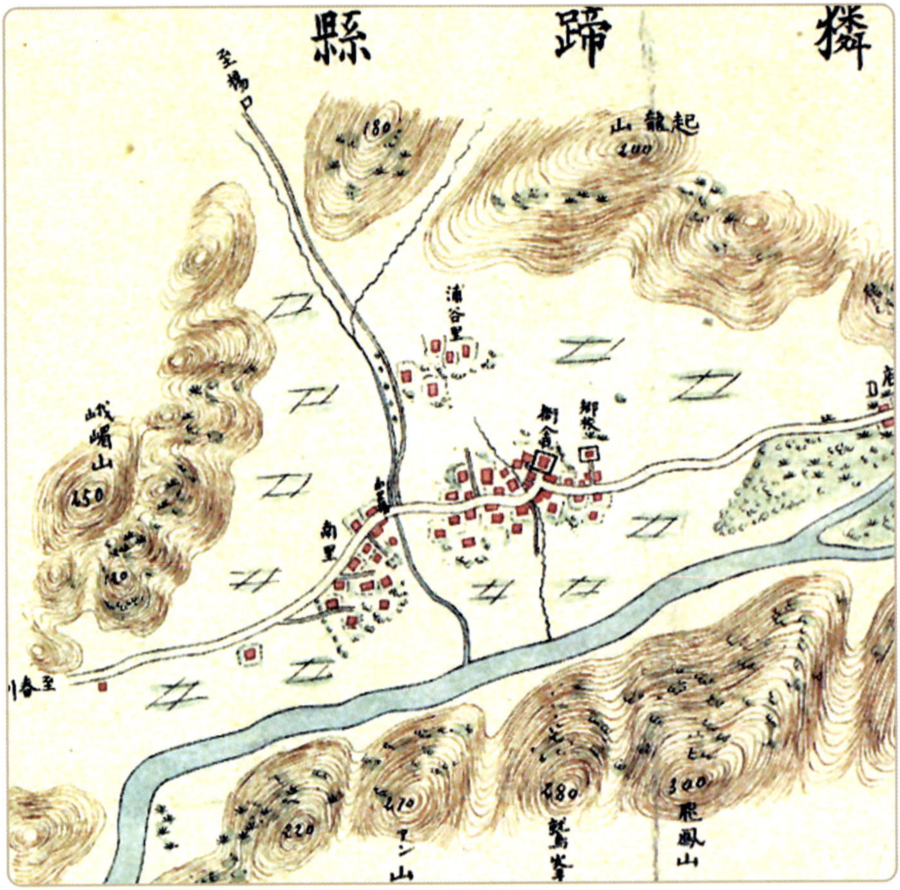
縣蹄麟
起龍山
200
180
浦谷里
鄕校
南里
峨嵋山
450
120
至春川
300
飛鳳山
280
270
220

삼척부

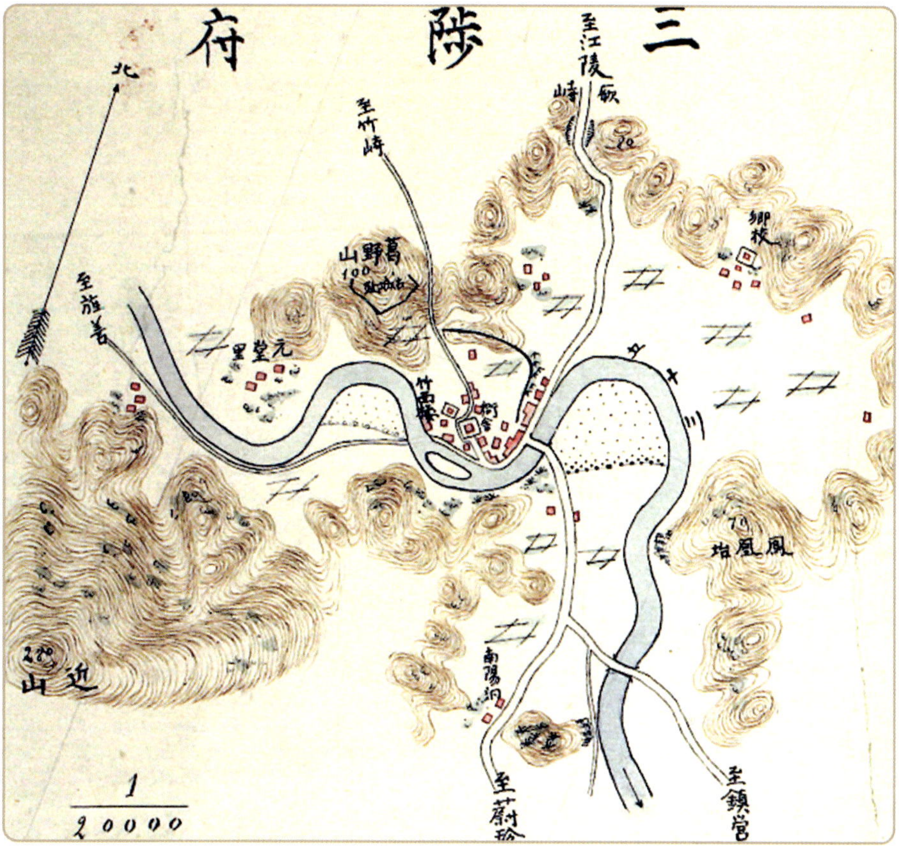

영천군

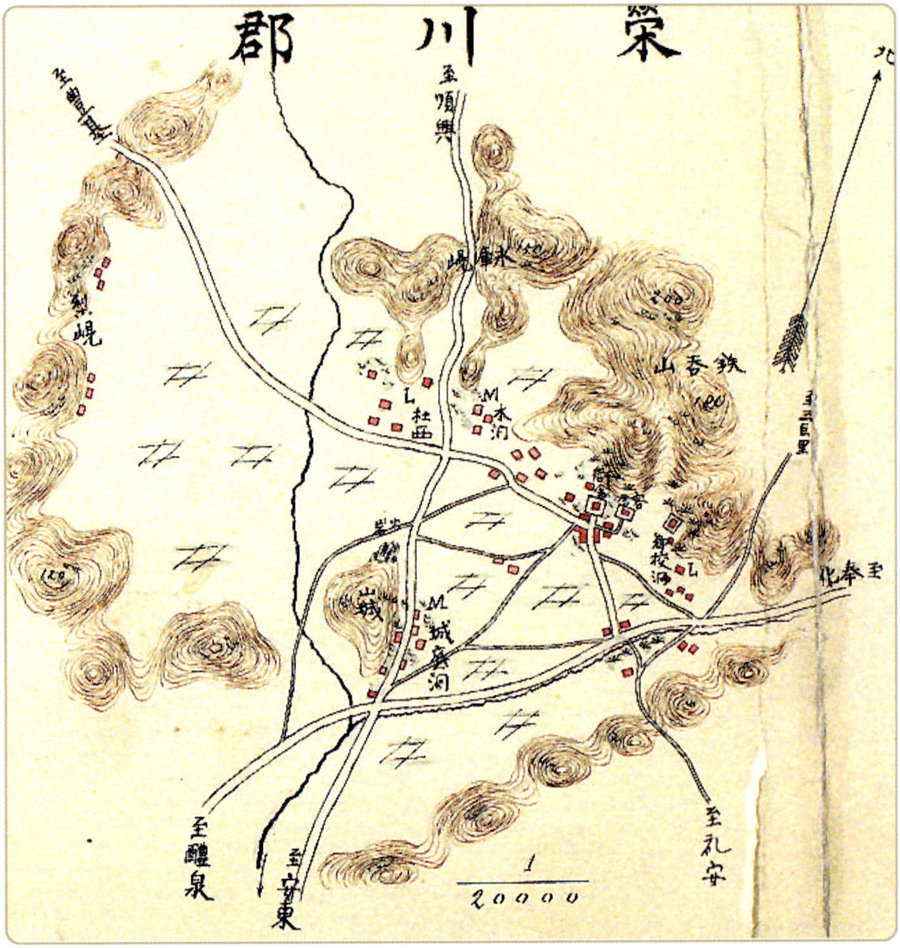

봉화현

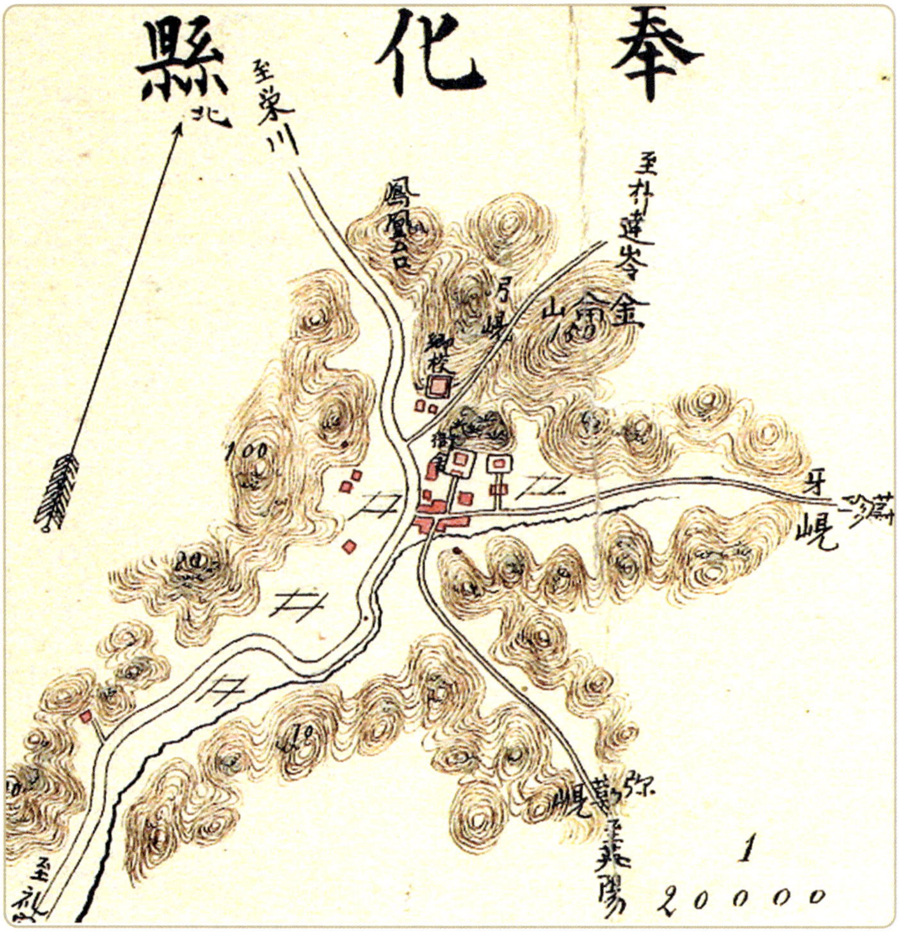

울진현

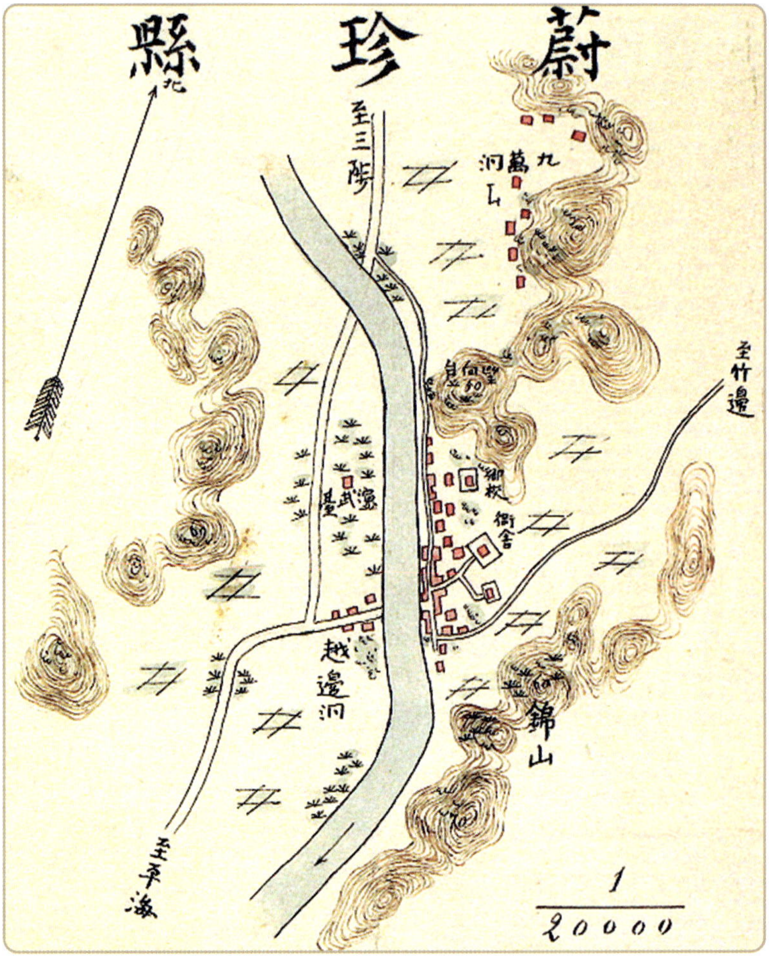

문경현

풍기군

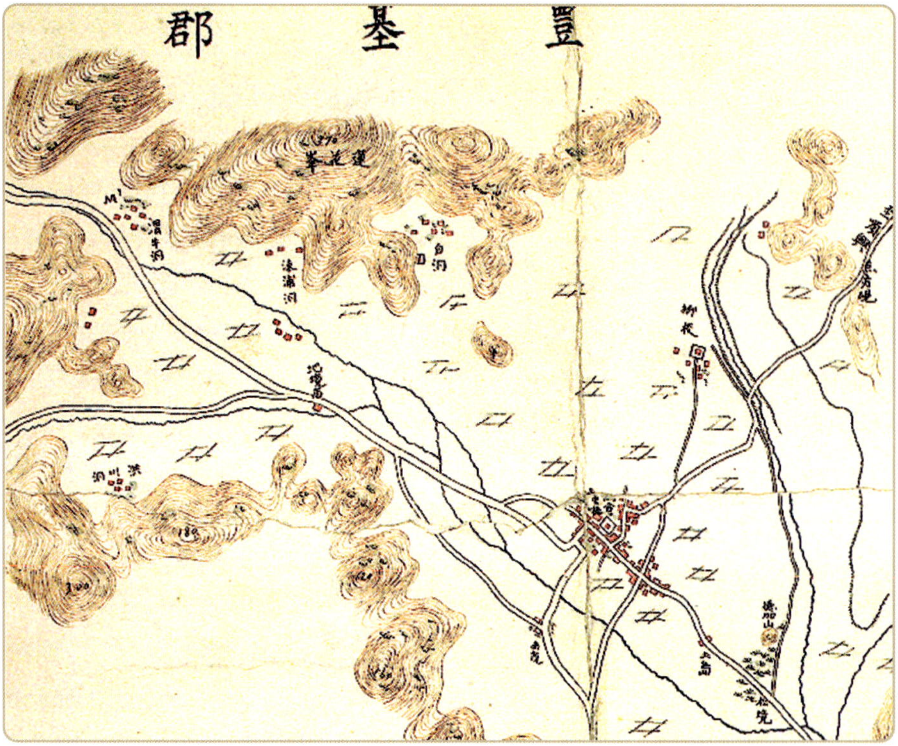

평해군

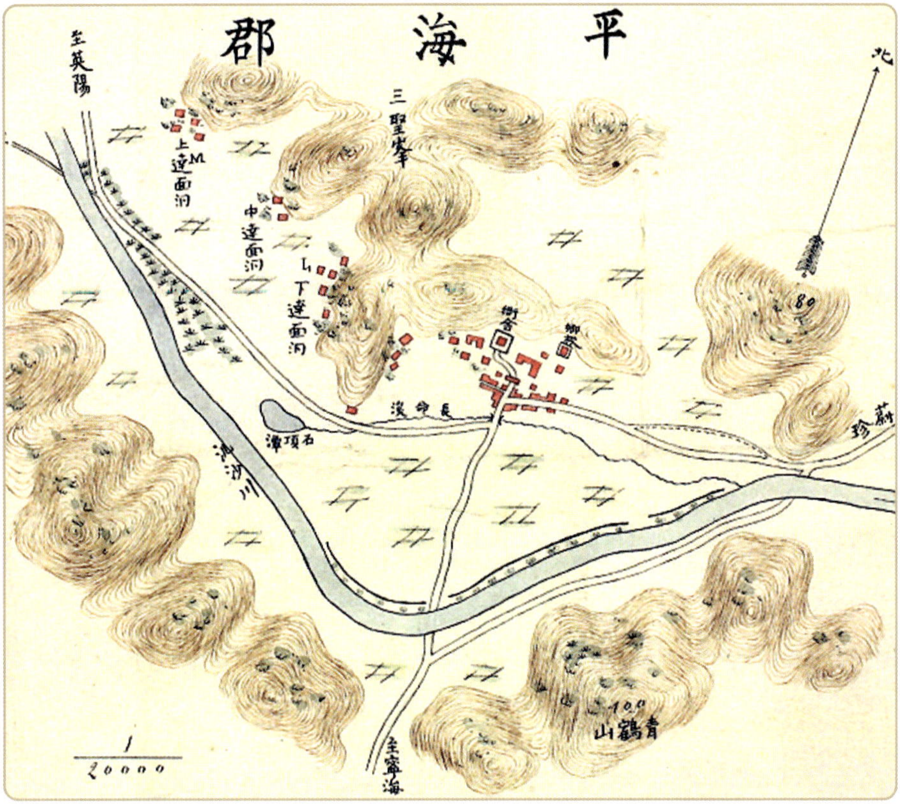

예안현

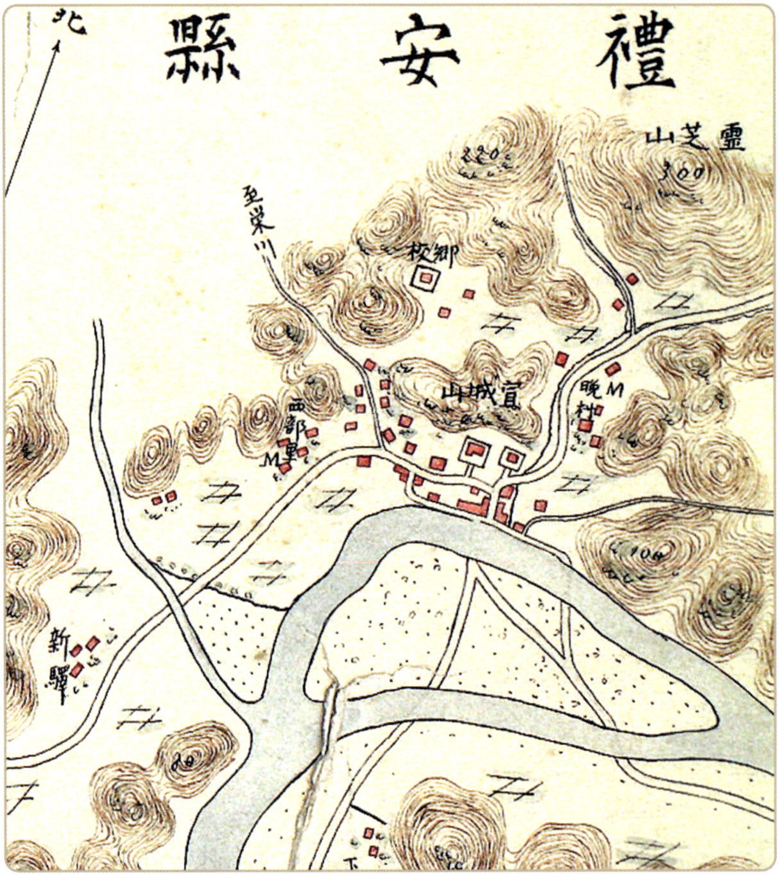

영양현

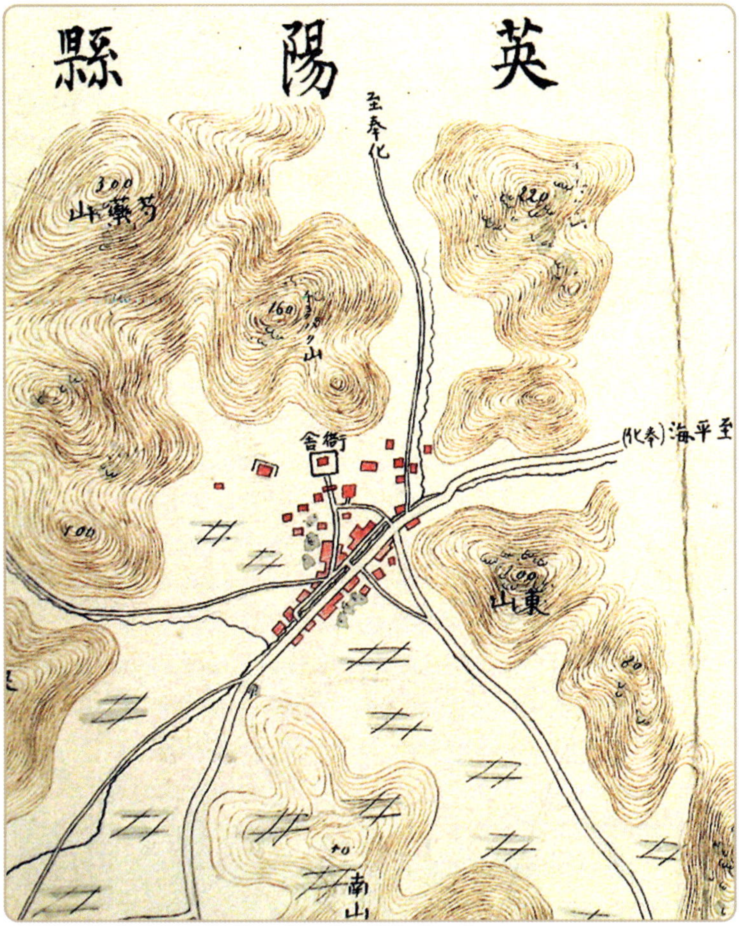

그림 2-55 지방도시의 삽입도(카이즈, 강원연해왕복도)

출처: 미국의회도서관 지리 · 지도과.

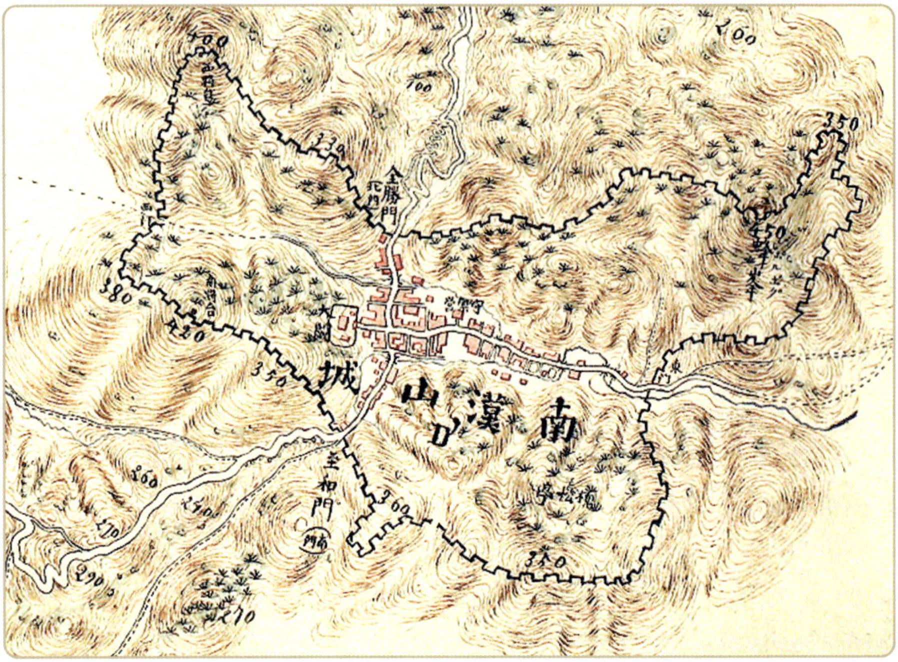

그림 2-56 남한산성(카이즈, 1885, 자전관지광주노상도)

출처: 미국의회도서관 지리 · 지도과.

그림 2-56은 카이즈가 1885년 작성한 「자전관지광주노상도(自箭串至廣州路上圖)」이다. 이 지도에서는 조선 말 산성취락의 경관을 알 수 있을 뿐만 아니라 당시의 인구가 500명(지도 속의 D') 정도였음을 알 수 있다. 카이즈 이전에도 외무대신 비서관이었던 나카다[中田敬義]는 남한산성과 북한산성을 지목하며 과거 승병의 활약상을 지적하면서 한성의 방어 상태를 조사한 바 있다(中田, 1883).

8. 병요지지서 조선지지략의 간행

(1) 병요지지서의 간행

여기서 말하는 병요지지는 연합군의 일본 본토작전에 대비하여 1945년 조직된 '병요지리조사연구회'가 작성한 보고서와 상이한 것이다. 일제 참모본부는 한반도와 중국 침략을 위한 준비책의 일환으로 지도를 작성하기 위한 측량침략뿐만 아니라 정보입수에도 주력하였다. 즉 군사작전을 펴기 위한 지역별 각종 정보가 필요했던 것인데, 그것이 바로 병요지지서(兵要地誌書)였던 것이다. 현대전뿐만 아니라 과거에도 첩보에 근거한 병요지지의 제작은 필수였다.

참모본부가 주관하여 작성한 대표적인 병요지지서는 그림 2-57에서 보는 바와 같은 1875년 간행된 자국의 지지서인 『일본지지략(日本地誌略)』이 최초이며, 이를 경험삼아 1887년 11월에 간행된 『지나지지(支那地誌)』 6권을 비롯하여 1888년 11월 간행으로 추정되는 『조선지지략(朝鮮地誌略)』 8권, 1889년 10월 간행의 『지나지지』 15권, 1893년 12월 간행의 『서백리지지(西伯利地誌)』 2권, 1894년 1월 간행의 『지나지지』 15권의 5종류이다. 지나지지 중 1887년의 것은 만주지지이며, 1894년의 것은 몽골지지이다. 이와 같이 19세기에 간행된 병요지지서는 모두 일제의 1차적 전쟁대상국이었던 조선·청·러시아 등의 인접국에 관한 지리서였고, 이것들은 군비확장의 분위기가 고조되던 상황에서 만들어졌다(藤原, 1961).

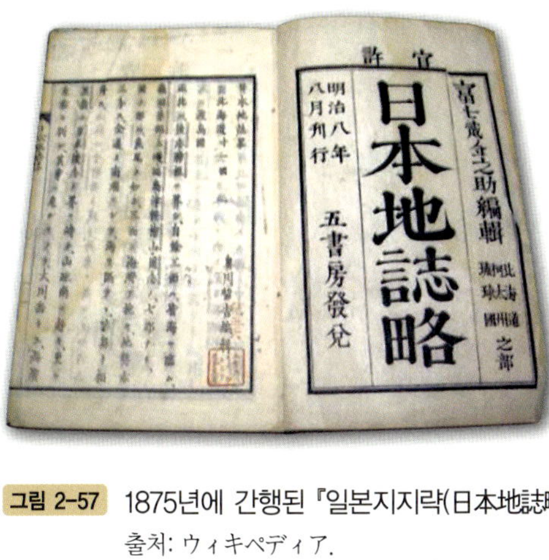

그림 2-57 1875년에 간행된 『일본지지략(日本地誌略)』
출처: ウィキペディア.

지나지지의 편찬자는 시다무라[下村修介], 교정자는 스기야마[杉山直矢] 소좌를 비롯한 오하라[大原里賢] 소좌와 후쿠시마[福島安正] 대위의 3명이었다. 이들 중 스기야마는 관서국 소속의 요원으로 참모본부에서 청국 파견장교를 지휘하다가 1884년 8월에 편찬과로 옮겨 1885년 1월에 편찬과장, 1889년 보병 제22연대장, 1891년 근위보병 제1연대장을 역임한 후 1894년 승진하여 마관병참겸정박장(馬關兵站兼碇泊場) 사령관에 임명되었고, 1896년 육군소장으로 퇴역하였다. 오하라는 파견장교 중 최고참으로서 1886~1891년간에 참모본부 편찬과장의 직위에 있었다. 그리고 후쿠시마는 『인방병비략(隣邦兵備略)』을 편수한 바 있고 다방면에 걸쳐 첩보활동에 종사하던 장교였다. 결국 지지서의 편찬은 군속(軍屬)이 담당하고 교정은 관서국과 관동국을 위시한 편찬과 소속의 장교들이 담당하였다. 조선지지략의 간행을 전후한 시기에는 오하라 과장을 중심으로 총 20명이 동원된 것으로 보인다. 조선지지략의 출판자 및 출판시기 등은 동서 8권 말미에 찍힌 판자인(判子印)으로 확인할 수 있다.

여기서 한 가지 유념해 두어야 할 것은 최초의 병요지지서인 『지나지지(支那地誌)』 6권의 발행시기가 매우 지체되었다는 점이다. 이 지지서의 편찬시기를 자세히 검토해 보면, 후에 간행된 『지나지지』 15권의 범례가 1884년 1월에 작성되었고 참모본부장의 서문이 1884년 12월에 씌어졌음에도 불구하고 『지나지지』 6권의 발행시기는 1887년 11월로 되어 있어 대단히 늦어졌음을 엿볼 수 있다. 그 경우, 범례와 서문이 작성된 시점에서는 이미 전 16권의 1차 원고가 완성되어 있었다고 생각하는 것이 자연스러울 것이다. 이처럼 중국지지의 간행이 지체된 까닭은 소요되는 경비에 비해 긴급을 요하는 사업이 아니었음은 물론 조선지지략과 지나지지(만주편)의 간행을 서둘렀던 때문으로 풀이된다.

(2) 조선지지략의 간행

전술한 다섯 종류의 지지서 가운데 조선지지략만이 유일하게 '略'이라는 제목을 붙인 점에 유의할 필요가 있다. 그것은 이 간행물이 잠정적이고 준비적이며 요약적이라는 사실을 암시하는 것이다. 이러한 추정은 이 간행물의 편찬자와 교정자 등의 기재가 누락되어 있을 뿐더러 출판자 및 출판연대도 기재되어 있지 않다는 점에서도 그 신빙성을 높일 수 있다. 이 간행물이 세상에 뒤늦게 알려진 것 역시 그와 같은 이유에 기인할 것이다(남영우, 1992). 그러나 조선지지략이 간행된 직후에 군 외부의 정부도서관에 소장된 것으로 보아 일단은 완성된 간행물이었다고 간주할 수 있다.

조선지지략의 편찬자와 교정자는 상술한 것처럼 미상이지만 중국지지와 동일한 것으로 추정되며, 양자의 차이점은 전자의 경우 한반도에 파견된 첩보원들에 의해 교정과정을 거쳤다는 점이다. 또한 8권으로 구성된 조선지지략은 동일한 시기에 간행되었다는 점을 들 수 있다. 총 8권의 내역은 권1: 경기도지부(京畿道之部), 권2: 충청도지부(忠清道之部), 권3: 함경도지부(咸鏡道之部), 권4: 평안도지부(平安道之部), 권5: 황해도지부(黃海道之部), 권6: 강원도지부(江原道之部), 권7: 경상도지부(慶尙道之部), 권8: 전라도지부(全羅道之部)로 구성되어 있다.

이들은 다른 지지서와 달리 각권이 별개의 독립된 서적으로 제본되었으며 한반도 전체를 개관한 총론 부분이 없다. 더욱이 권1～권8의 내용이 모두 매우 상세하게 기술되어 있어 전술한 것처럼 잠정적이거나 요약적 성격을 크게 뛰어넘는다는 점에 주목할 필요가 있다. 이것은 참모본부의 당초 계획이 한반도의 식민지화가 의외로 어렵다고 판단하였기 때문일 것으로 풀이할 수 있다(남영우, 1992).

조선지지략의 편찬방법은 권1의 서두에 있는 범례의 내용으로 상당 부분을 추정해 볼 수 있다. 먼저, 서술형식은 일본 태정관 정원(太政官正院) 지지과(地誌課) 편찬의 『일본지지제요(日本地誌提要)』와 동일하다. 이것은 일본 국회도서관에 소장되어 있는 태정관 정원 지지과 편찬의 『일본지지제요』(太政官正院, 1875)를 가리킨다. 그 내용은 강역 · 형세 · 연혁 · 군수(郡數) · 호수 · 인구 · 전포(田圃) · 조세 · 현치(縣治) · 군진(軍鎭) · 학교 · 각읍 · 역로(驛路) · 산악 · 하거(河渠) · 호소 · 폭포 · 신사(神社) · 불사(佛寺) · 물산의 20개 항목으로 되어 있다. 조선지지략 역시 그것과 거의 유사한 형식을 취하여 주(州) · 부(府) · 목(牧) · 군(郡) · 현(縣)별로 강역 · 연혁 · 면명(面名) · 호수 · 인구 · 전포 · 읍치 · 관직 · 성지관방(城址關防) · 창고 · 학교 · 명승고적 · 시장 · 역원 · 산악 · 하천 · 온천 · 봉수 · 교량 · 도서항만 · 사사(社寺) · 물산의 22개 항목을 다루고 있다. 그러나 지역에 따라 관계없는 항목은 누락시키거나 불명한 항목은 그 부분을 공백으로 남겨두었다. 읍치 항목의 경우에는 시가지 인구 기록란에 적당한 여백을 둔 경우가 있는데, 그것은 정해진 시한 내에 조사가 완료되면 추후 기입할 의도였던 것으로 생각된다.

조선지지략을 편찬하기 위해서는 기존의 많은 문헌들이 인용되었으며, 이들 문헌의 목록은 '인용서목'이라는 항목에 밝혀 놓았다. 그곳에 게재된 문헌은 동국통감 · 동국문헌비고 · 여지승람 · 팔역지(八域誌) · 조선여지지(朝鮮輿地誌) · 동여기략(東輿記略) · 도리표(道里標) · 고열여초(考閱餘抄)를 비롯하여 읍지와 통사로 불리는 일반서적 등이다. 또한 파출관지지(派出官地誌)도 포함되어 있는 것으로 보아 해외파견장교의 병요지지적 조사에 의거하였음을 숨기지 않고 있다. 도리표(道里表)는 후대에 복간된 도리표와 동일한 것으로 각 군현의 읍으로부터 서울까지의 거리가 기재되어 있다.

이와 같은 각종 문헌들은 대부분 오래 전에 간행된 것이므로 조선지지략이 간행될 시점에서도 통용되는 내용만을 발췌하여 인용한 흔적이 엿보인다. 그 밖에도 조선인의 저서와 일본인의 기행문 등을 참고로 하였으나, 본문 중에서 가장 많이 인용된 것은 『여지승람』이었다.

(3) 조선지지략의 특징과 자료적 가치

조선지지략이 지니고 있는 특징은 크게 다섯 가지로 요약될 수 있다(村上, 1981). 이것의 특징을 고찰해 보는 것은 곧 이 지지서가 병요지지서로서 어떤 성격을 지닌 것이며 그 자료적 의의가 무엇인지를 파악하는 지름길이 된다.

첫째, 조선지지략의 특징은 가능한 한 편찬시점의 상황을 기술하려고 노력하였을 뿐만 아니라 행정구역인 주 · 부 · 목 · 군 · 현별로 한반도 전역에 걸쳐 동일한 항목을 설정하여 조사했다는 점에 있다. 이러한 점에서 볼 때 동서는 일제가 편찬한 외국의 병요지지서 중 가장 방대한 최초의 지지서일 것이다. 이것보다 2년 앞서 간행된 『지나지지』는 조선지지략 만큼 방대하지 못할뿐더러 파견장교의 첩보활동에 의존한 부분이 적다. 특히 호수 · 인구 · 전포 항목의 통계는 비교적 전국적이며 통일적인 성격을 지닌다. 도시의 통계는 비록 굴뚝의 개수를 세어 호수를 추정하는 일이 있더라도 파견장교의 직접조사에 의존하였으나, 나머지 행정구역별 통계는 조선 조정의 조사결과를 이용하였을 것으로 짐작된다. 바로 그와 같은 점에서 조선지지략의 자료적 가치를 높이 평가할 수 있다. 왜냐하면 완벽하게 기재된 전포통계(田圃統計)보다 불완전한 인구통계가 당시 조선 조정의 통계와 비교해 보아도 더욱 흥미롭기 때문이다(統監府, 1907, p.41).

인구통계는 그림 2-58에서 보는 바와 같이 경상도, 충청도, 전라도의 순으로 자세하게 조사되었고, 그와 반대로 강원도, 평안도, 경기도의 순으로 기재상의 누락이 많아 조사가 불충분하였음을 알 수 있다. 이로써 농산자원이 풍부한 삼남지방과 광산자원이 많이 매장된 함경도 관북지방의 인구조사가 집중적으로 이루어졌음을 알 수 있다.

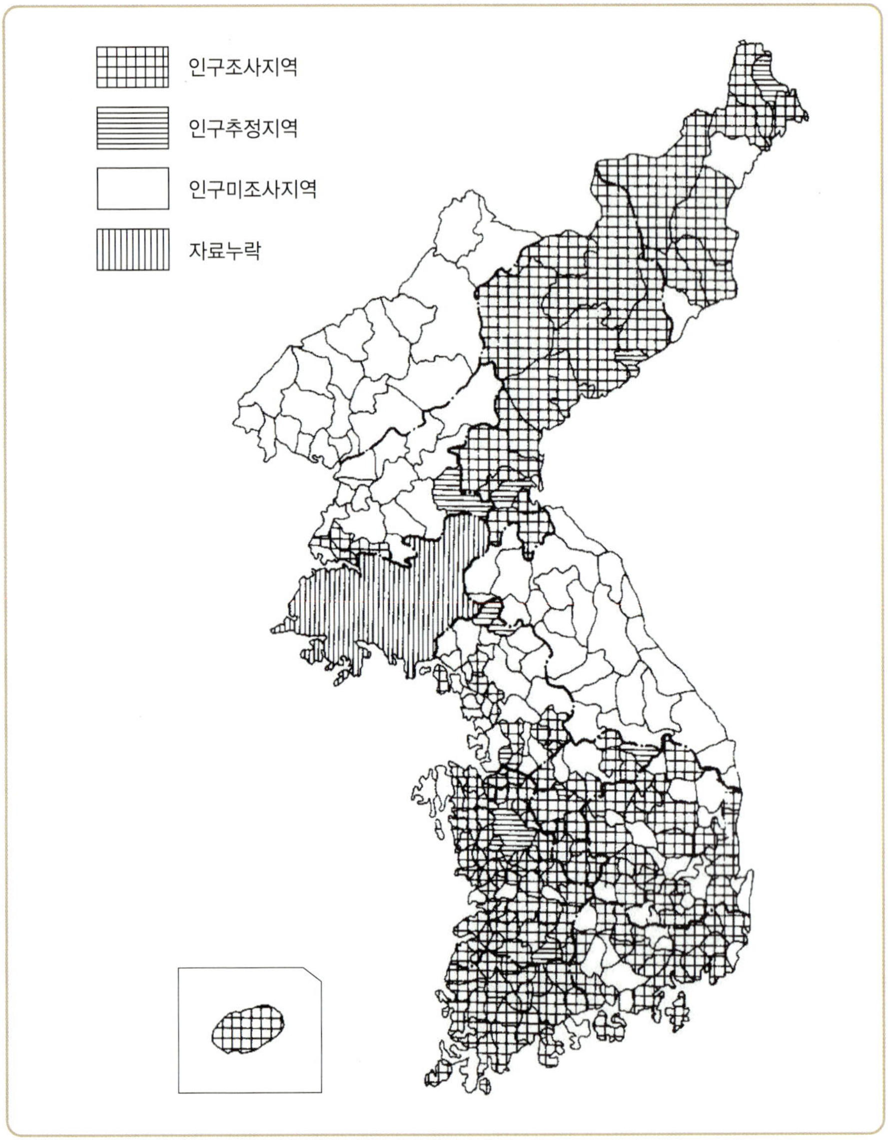

그림 2-58 조선지지략의 지역별 인구통계 기재유무
출처: 남영우(1992).

둘째, 조선지지략은 일반 지지서와 달리 뚜렷한 목적 하에서 발간된 군사용 지리서이므로 풍물의 설명보다 군사적 관점에서 조사되었다는 점에 특징이 있다. 예를 들면, 대청선전포고(對清宣戰布告) 직전에 일본군이 재빨리 점령한 충청도 아산 항목에는 그곳이 군사거점의 후보지로 기술되어 있다. 군사기지의 건설을 위하여 파견장교의 정보수집과 일본해군에 의한 연안조사와 해안측량 등의 결과가 이용되었을 것으로 추정된다. 특히 거리 · 고도 등과 같이 군사작전상 유념할 필요가 있는 내용일수록 상세하게 기재되어 있다. 가령, 거리의 경우는 측정단위를 미터와 보폭으로 동시에 표시하였다. 그러므로 조선지지략은 일제의 한반도 침략은 물론 중국 침략을 위한 준비작업으로 간행된 것임을 알 수 있다. 이러한 사실은 이미 전술한 바와 같이 1879년 당시 카이즈 소위가 아산만 일대의 수심을 조사하여 「아산강약도」를 작성하였고, 일본 대리공사 하나부사가 타고 온 측량선 다카오마루[高雄丸]가 충청도 연해의 바다 수심을 측량하였다는 기록과도 일치한다. 참모본부가 작성한 병요지지서 가운데 다른 지지서보다 동서의 내용이 상세한 것은 구라쓰지[倉辻明俊] 대위의 역할이 컸음을 참모본부(1882) 역사초안(歷史草案) 1894년 6월 1일 자료편에 밝혀져 있다.

셋째, 조선지지략의 항목은 한반도 파견장교의 첩보활동에 의해 수집된 내용으로 사회사적 연구의 소재가 된다. 이 항목에는 시가지의 경관 · 굴뚝 수 · 도시풍경의 인상 등이 기재되어 있다. 그러나 읍치 항목이 모든 도시(읍)에 걸쳐 기재된 것은 아니다(그림 2-59). 파견장교가 직접 순회하며 수집한 정보가 없을 경우에는 기술하지 못했을 것이므로, 읍치 항목의 기재여부는 첩보원들의 활동범위를 추적해 볼 수 있는 자료가 된다.

읍치의 기재율이 높은 순서대로 나열하면 전라도(85.7%), 경기도(77.0%), 함경도(72.0%), 평안도(69.0%), 경상도(43.2%), 강원도(34.6%), 충청도(31.5%)의 순이다. 전술한 바 있듯이 황해도 부분이 아직 발견되지 않아 누락되어 있으나, 대체로 서해안에 면해 있는 황해도 · 경기도 · 전라도의 읍치기재가 비교적 충실한 편이다. 그러나 함경도의 기재율이 높은 것은 의외의 일이며, 갑산 · 장진 · 무산 등의 만주 국경지대와 내륙오지는 누락된

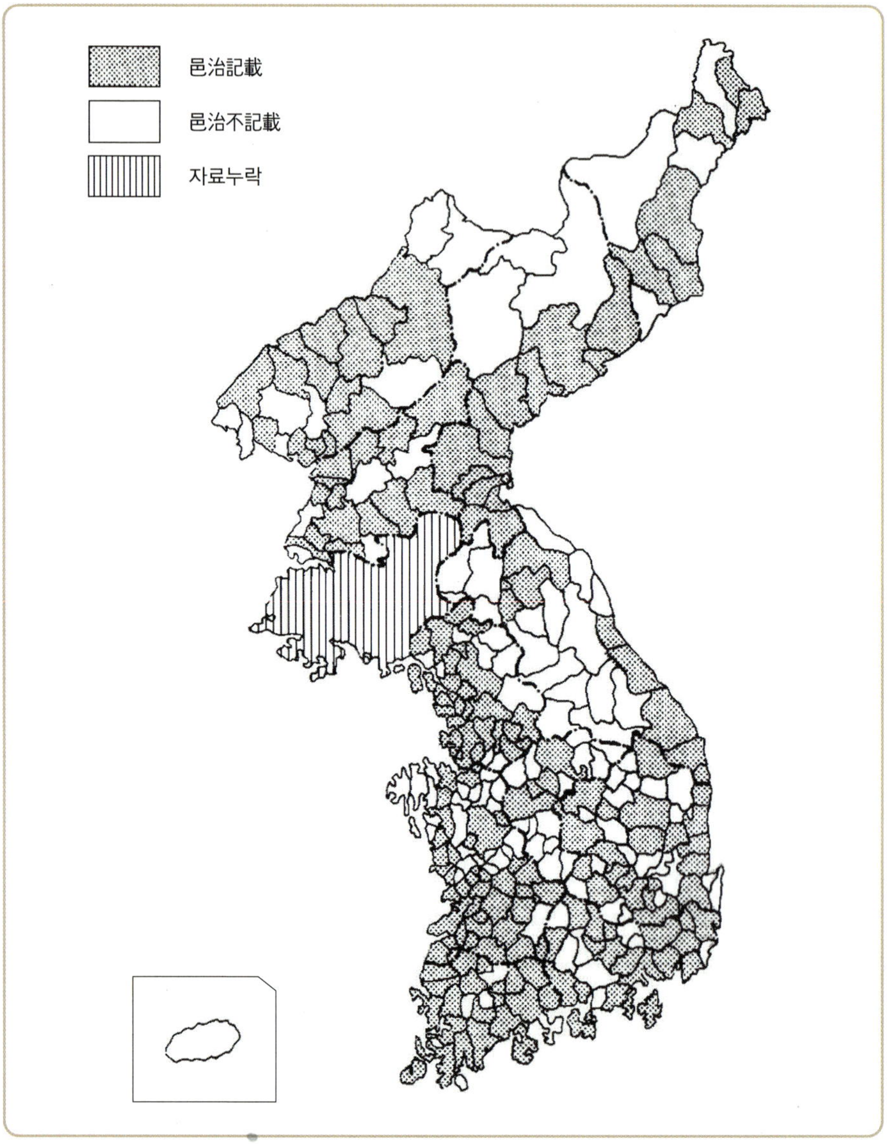

그림 2-59 조선지지략의 지역별 읍치 기재유무
출처: 남영우(1992).

곳이 거의 대부분이다. 이러한 결과로 미루어 볼 때, 1893년 구라쓰지 대위가 조중국경을 중심으로 한 전국정찰을 실행에 옮긴 이유를 간파할 수 있다. 여기서 또 하나 주목해야 할 것은 경기도 강화부의 읍치 항목 중 성벽의 높이 · 두께 · 길이 등이 비교적 상세히 기록되어 있고, 동문과 남문 사이의 경비상황이 파악되었다는 점이다.

다섯째, 첩보활동 시 유념할 사항은 무엇보다도 정확하고 객관적인 정보를 파악하는 데에 있는 바, 참모본부 장교들로 구성된 첩보원들은 첩보대상국인 조선에 대한 편견과 우월감이나 차별의식을 완전히 배제하려고 노력하였다. 그러나 객관적 서술 가운데 주관적 서술이 약간 발견된다. 예를 들면, 경상도 총론에서 경상도 사람들은 대개 염치없고 가난할 뿐더러 허풍만 떨며 우둔하다고 묘사하였다. 이러한 내용은 총론뿐만 아니라 읍치 항목에서도 가끔 발견된다. 경상도 사람들에 대한 이와 같은 비난은 동국여지승람을 위시하여 택리지 및 임관정요(臨官政要) 등의 국내문헌에서 찾아볼 수 없는 내용들로 첩보원들이 입수한 정보인지, 무엇에 근거한 것인지 확인할 수 없다.

이와는 달리 강원도 총론에서는 강원도 사람들을 순박하다고 평하였고, 이 지방에서는 예로부터 빼어난 선비들이 간혹 배출된다고 묘사하였다. 이는 이율곡을 염두에 둔 평가일 수 있다. 그리고 전라도는 기후가 온화하고 토지가 비옥하다고 평하였고, 충청도는 토지가 비옥하여 부자가 많으며 청주가 영남지방에서 서울로 들어가는 요충지라 기술하였다.

제3장

구한말 측량침략

참모본부 장교들이 비밀리에 측량하여 제작한 지형도
출처: 남영우(1997).

1. 대한제국의 측량조직과 제1차 임시측도부
2. 군용비도의 제작
3. 을사늑약 전후의 측량사업
4. 목측 약도의 제작방법

1. 대한제국의 측량조직과 제1차 임시측도부

(1) 대한제국의 측량조직과 측량교육

고려 공민왕 1356년 조정에서는 6조(曹) 가운데 호조(戶曹)에서 재정과 양지(量地)를 관장케 한 것이 조선 후기까지 이어져 왔으나, 1894년(고종 31) 갑오개혁이 추진되면서 6월 28일 군국기무처(軍國機務處)에 의해 세정된 새로운 관제는 의정부관제와 궁내부관제를 구별하여 중앙정부는 의정부 및 내무 · 외무 · 탁지 · 군무 · 법무 · 학무 · 공무 · 농상의 8개 아문으로 구성되는 것을 기본으로 하였다. 그 중 탁지아문(度支衙門)은 이전의 호조를 기본적으로 계승하여 전국의 재정 · 출납 · 조세 · 국채 · 화폐 등의 사무를 통괄하고 지방의 재정을 감독하는 것이 주된 업무였다.

탁지아문의 구성은 탁지대신 아래 협판(協辦) 1명을 두고, 그 밑에 총무국 · 주세국(主稅局) · 주계국(主計局) · 출납국(出納局) · 국채국(國債局) · 저치국(儲置局) · 기록국 · 은행국 · 회계국 등 10국을 두었다. 그러나 어디에도 양지업무를 다루는 부서는 없었고, 같은 해 1895년 3월 26일(칙령 제53호) 내부관제가 공포되어 양전사무(量田事務)를 맡았던 곳으로 판적국(版籍局) 외에 5국을 두었다. 당시 내부대신은 박영효, 초대 판적국장에는 윤진석이 임명되었다. 판적국에는 호적과와 지적과를 설치하여 호구, 토지, 조세, 부역, 공물 등의 업무를 관장하였다.

1895년 4월 17일 관보에 게재된 내부분과 규정 제13조에 따르면 특히 지적과에서는 ① 지적, ② 무세(無稅) 관유지의 처분 및 관리, ③ 관유지의 명목변환에 관한 사항을 관장하였다. 명목변환에 관한 사항은 관유지의 지명변경이라기보다는 지목변경에 관한 업무일 것으로 생각된다. 이때부터 우리나라에서 최초로 지적(地籍)이란 용어가 사용되었다. 그리고 내부분과 규정 제8조에는 토목국 내에 토목과와 지리과를 두고, 제10조에는 ① 토지측량, ② 토지수용, ③ 수면진평(水面塡平)에 관한 사항을 관장한다고 규정하였다.

이와 같은 제도개혁의 배후에는 강화도조약의 일본측 부대표 이노우에[井上馨]의 영향이 있었던 것으로 추정된다(이진호, 1989). 그는 이토[伊藤博文]와 영국 유학동기로 내상(內相)과 장상(藏相)을 역임한 인물이며, 1894년에는 뜻한 바 있어 장관을 그만두고 스스로 주한공사를 희망하여 고종을 알현하고 내정개혁을 권한 바 있다.

1898년 7월 6일 양지아문직원 및 처무규정(處務規定)이 칙령 제25호로 공포되었다. 양지는 지적측량을 의미하고 아문은 중앙부처이니 오늘날 용어로는 지적측량청에 해당된다. 이 규정대로라면 양지아문은 막강한 기구이며 측량부서의 기관장 3명에 대한 예우가 장관급이었으니 놀라운 일이었다. 처무규정 제9조에 따라 1898년 9월 15일 미국인 수석기사(技師)로 R. Krumm이 초빙되었다. 그는 최초의 외국인 측량기사이며 교수였다. 정부는 영어와 일본어를 공부한 20명의 학생을 선발하여 측량교육을 시작하였다. 최초의 근대적 측량은 1899년 4월 1일부터 남대문 일대를 대상으로 시작되었다. 그 이듬해에는 경복궁을 비롯한 서울시 전역으로 측량연습을 확대 실시하였다.

대한제국의 중추원은 양지아문 개설과 외국인 측량기사를 초빙하는 문제에 대하여 부정적이었다. 양지아문이 개설된 지 약 8개월에 불과하고 측량교육을 실시한 지 5개월밖에 지나지 않았는데, 중추원은 단기간 내에 많은 결과물을 기대했던 모양이다. 그리하여 양지아문은 사실상 그 업무가 휴면상태였고, 1901년 11월 11일자 관보와 1902년 1월 7일자 관보에 의하면 양지아문은 지계아문(地契衙門)에 통폐합되었음을 알 수 있다. 양지아문 총재는 사직하였고 학생들은 해산되었으며, 측량기사 Krumm은 탁지부로 전속되었다. 1904년 4월 21일자 관보에는 탁지부 양지국관제가 탁지부대신 박정양 명의로 반포됨으로써 지계아문의 처무규정은 폐지되었다.

고종은 영국인 J. M. Brown을 1903년 8월 해관총세무사에 임명하고 1896년 4월 그를 재정고문을 겸하게 하였다(김원모, 2002). 그는 영국의 지리학자 I. B. Bishop 여사가 한국기행문 『한국과 이웃사람들』을 저술할 때 도움을 주기도 하였다(이인화, 1994). Brown은 취임 후 재정의 기초를 확립하기 위하여 우리나라 지적 정리의 필요성을 느꼈다. 그 사업을 위하여 국민들에게 토지측량의 필요성을 알리고 양반들에게 측량술을 습득시켜야 했다. 1905년 6월 일본인 기사를 고용하여 견습생을 속성으로 배출하였다. 양성기간이 짧은 탓에 측량술 중 가장 초보적인 부분측량을 습득하는 것으로 만족할 수밖에 없었다. 이것으로는 장차 시행될 토지조사사업에 대비하기에는 역부족이었다. 이에 따라 1907년 12월 양지과 수업규정(量地課修業規程)을 제정하고 우수한 인재를 선발하여 도근측량과 소삼각측량술을 강습하였다. 그리하여 1905년 이래 양지과에서 양성한 측량기술자는 총 420명에 달하였나.

양지과와 함께 대구 · 평양 · 전주 출장소별로 측량연습용 지도가 작성되었다. 양지과 및 각 출장소는 1908년부터 소삼각측량을 개시하였다. 측량술이 조금씩 발전함에 따라 민간에서도 사립측량학교를 설립하기에 이르렀다. 측량학교나 강습소가 서울을 비롯한 전국 각지에 설립되어 측량교육이 활발해진 이유는 신교육 구국운동과 삼림법의 시행에 있었다. 당시의 교재는 1908년 양지과에서 한문으로 편찬한 『토지측량술』을 한글로 번역한 것과 민간에서 개인이 만든 교재가 몇 권 있었을 뿐이었다(이진호, 1989).

측량학교의 설립은 학회와 개인으로 구분할 수 있다. 신민회는 교육활동의 일환으로 학회를 설립하여 그곳에서 교육을 진행하였다. 그들 중 서우학회와 한북흥학회를 통합하여 만든 서북학회는 1908년 1월 서북협성학교를 설립하였고, 기호흥학회는 기호학교를 설립하여 측량술을 교육하였다. 흥사단에서는 유길준이 수진측량학교를 세워 측량교육을 하였다.

개인이 설립한 학교는 더 많지만, 주요한 것만 열거하면 민영환의 흥화학교 양지과, 민영기의 중교의숙, 엄주익의 양정의숙, 이용익의 보성학교, 안창호의 대성학교, 한용운의 경성명진측량강습소 등을 들 수 있다. 한용운은 일제에 국토를 빼앗길지라도 개인소유의 토지와 사찰소유의 토지만큼은 반드시 지켜야 한다는 소신으로 1908년 12월 10일 측량강습소를 설립하였다.

당시 1908년 6월 11일자 황성신문에 게재된 보성학교 임업속성과의 학생모집 광고에 의하면 교과과정에 '측량학술 및 실습' 과목이 있었음을 알 수 있다. 이 사실은 우리나라에서 측량 및 지도학이 처음 개설된 교육기관이 보성학교 후신인 현재의 고려대학교라고 할 수 있을 것이다. 고려대학교 사범대학 지리교육과와 대학원 지리학과의 교과과정에는 그 전통을 이어받아 오늘날에도 지도학 · 지리조사법을 비롯하여 지도디자인 · 지리조사연습 등이 교과과정에 포함되어 있다.

학회의 경우는 운영자금의 압박을 덜 받았지만, 개인의 경우는 찬조금을 받는 등 어려움이 뒤따랐다. 특히 자금이 없는 무명인사들은 더 많은 경영난을 겪어야만 하였다. 이것으로 사립학교가 측량교육에서 차지한 비중이 매우 컸음에도 불구하고 재정적 어려움이 있었음을 알 수 있다. 당시 민족 언론과 간행물은 한결같이 조상이 물려준 토지를 일본인에게 빼앗기지 않고 지키기 위해서는 측량이 필요함을 강조하였다.

대한제국의 재정고문이었던 메가다[目賀田種太郎, 1853~1926]는 1905년 6월부터 측량기술견습소를 설치하고 쓰쓰미[堤慶藏]를 일본으로부터 교사로 초빙하여 측량을 가르치도록 하였다. 양지과의 경우, 1907년 1월 4일 60명의 견습생을 모집하는 등 출장소 견습생을 합하여 수백 명에 달하는 기수를 배출하였다. 1908년 현재 양지과 직원은 한국인 300명,

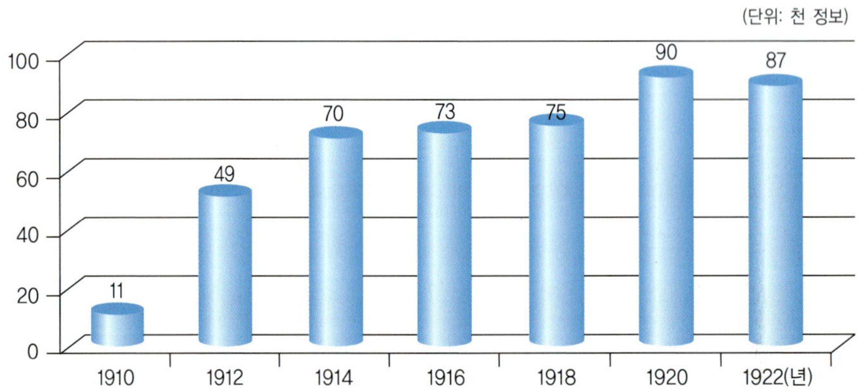

그림 3-1 동양척식주식회사의 토지소유지 증가추이
출처: 시사상식사전의 도표를 저자 수정.

일본인 23명을 합쳐 총 323명에 달하였다. 이들은 한일합병 전까지 대한제국의 토지조사를 수행하였다.

일제는 토지조사사업을 실시하면서 1908년 의회에서 동양척식회사법을 통과시키고, 1,000만 원의 자본금으로 회사를 설립하였다. 본사는 서울에 있었으며, 주로 토지매수에 주력하여 1920년대 후반에는 9만 정보 이상의 토지를 소유하게 되었다. 이 토지는 소작을 두어 고율의 소작료를 받고, 빌려 준 곡식에서도 2할 이상의 고리(高利)를 받았다. 동양척식주식회사는 일본의 식민지 개척과 전쟁에 필요한 자금을 조달하였으며, 식민지에서의 실효적 지배를 높이는 역할을 수행하였다. 토지조사사업을 계기로 하여 우리의 농민들은 경작지를 잃었고 일본의 농업이민자들이 토지를 소유하게 되었다. 당시 동양척식주식회사의 토지소유지는 한일병합 초기에는 규모가 작았지만 1912년부터 급증하기 시작하여 1920년에 이르러서는 9만 정보에 달하였다(그림 3-1).

이상에서 살펴본 바와 같이 우리나라 정부는 1895년 지적과를 설치하였고 1898년에 양지아문을 만들어 서양인 측량사를 초빙하여 견습생을 배출하였음을 알 수 있다. Krumm과 견습생 20명이 작성한 경성지도는 대한제국 최초의 지도제작 혹은 토지조사라고 할 수 있

그림 3-2 동양척식주식회사 서울본사

출처: 위키백과.

다(이진호, 1989). 그러나 조선 조정이나 대한제국 정부는 지도제작을 위한 인재등용에 소홀하였고 측량의 중요성을 인식하지 못하였다.

우리나라와 달리 일본의 측량교육은 1887년 측량기술자를 양성하는 수기소가 참모본부 측량국 내에 비공식적으로 설치되어 이듬해인 1888년 제1기생에 대한 교육을 시작함으로써 첫걸음을 내디뎠다. 그로부터 50여년 후에는 육군사관학교 구내로 이전되었고, 명칭은 교육부로 개칭되었다. 1943년 교육부는 다시 아카사카[赤坂]의 보병연대로 이전되었고, 1944년에는 메이지 대학교 구내로 옮겨졌다.

표 3-1에서 보는 바와 같이 측량과 관련된 사항에서 우리나라와 일본 사이에는 10~24년의 시기적 차이가 존재하고 있다. 더욱이 이 시기는 양국 모두 세계적 정세가 급속도로 변화하는 세계사적 격동기였다는 점을 감안하면 적은 차이가 아니다. 이미 전술한 것처럼 측량술과 지도제작 능력은 역사적으로 우리나라가 앞서 있었기 때문에 불교의 전파와 더불어 우리나라로부터 일본으로 전승되었다. 적어도 18세기까지는 그러하였다. 그러나 일본은 19세기 후반 서구식 근대측량기술을 도입하여 우리나라를 앞지르기 시작한 것이다. 이는 과거 우리 정부의 지도에 대한 인식도가 낮았음을 시사하는 대목이다.

저자의 연구에 의하면, 일본에서 제작된 최초의 한반도 지도는 유성룡 지도의 1698년 일

표 3-1. 우리나라와 일본의 측량관련 대비표

측량관련 항목	조선~대한제국	일본	시기 차이
개항	1876년	1854년	22년(조선<일본)
측량허가	1876년	1861년	15년(조선<일본)
측량기관의 설치	1895년	1885년	10년(조선<일본)
최초의 해외유학	1897년	1875년	22년(조선<일본)
외국기사초빙	1898년	1872년	24년(조선<일본)
측량교육	1898년	1888년	10년(조선<일본)
미터법 도입	1902년	1885년	17년(조선<일본)

출처: 이진호(1989).

본판 번각본이었다. 그러나 그 지도는 일본인들의 조선에 대한 지리적 이해를 돕기 위해 서적에 첨부된 부도에 불과하였다(남영우, 1995). 따라서 사실상 일본 최초의 한반도 지도는 1785년 하야시[林子平, 1738~1793]가 만든 「조선팔도지도(朝鮮八道之圖)」라고 할 수 있다. 그림 3-3에서 보는 이 지도는 조선 선조 때 제작된 원도가 16~18세기경 어느 역관(譯官)에 의해 일본으로 유출된 것으로 추정되며, 이것을 나가사키에 유학 중이던 하야시

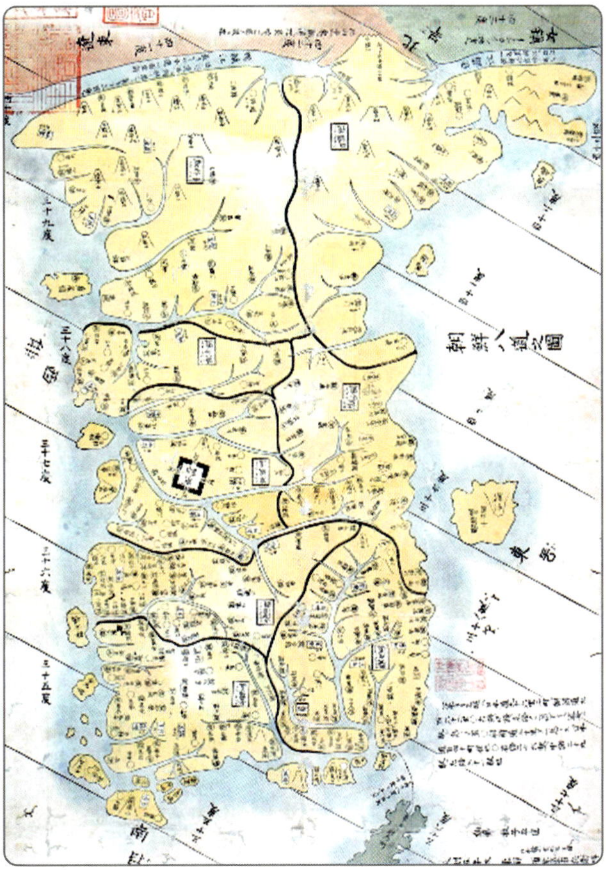

그림 3-3 하야시의 조선팔도지도(朝鮮八道之圖, 1785년)
출처: sites.google.com/site/japanseamerdujapon/Home/

나가다의 조선팔도지도(1850년)

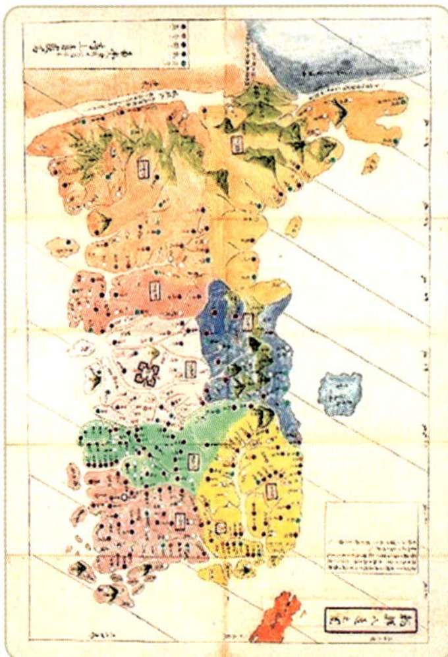

다지마의 조선팔도전도(1873년)

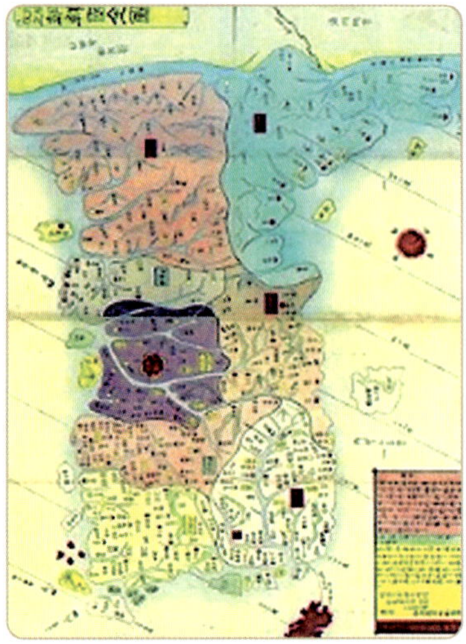

그림 3-4 일본에서 출간된 하야시의 조선전도

좌측의 하야시 지도는 나가다[長田愚候], 우측은 다지마[田島象次]의 수정본으로 일본 고서점에서 발행된 것으로 추정됨(남영우, 1995).

출처: 岐阜縣 圖書館.

가 1785년에 모사하여 「조선국전도」라 개칭한 것이다. 시기적으로 볼 때 이 지도는 임진왜란 시 군사적 목적으로 왜군에 의해 탈취된 것이거나 임진왜란 직전에 조선통신사에 의해 전달되었을 것으로 추정된다. 이와 같은 조선전도는 일본 국내에서 여러 사람들에 의해 필사되어 유포되었기 때문에 그림 3-4에서 보는 바와 같이 대부분 대동소이하다.

여기서 저자는 잠시 하야시라는 인물에 관하여 부연설명을 하고 싶다. 그는 에도(도쿄)에서 차남으로 출생하여 19세 되던 해인 1757년 센다이[仙臺]로 옮겨 일본의 교육정책과 경제정책을 막부에 진언하였으나 외면당하자 전국을 떠돌다 나가사키와 도쿄에서 공부를 하여 『삼국통람도설(三國通覽圖說)』을 비롯하여 『해국병담(海國兵談)』과 『부국책(富國策)』 등을 저술하였다. 그러나 막부는 그의 저술내용이 위험하다고 판단하여 발매금지와 판목의

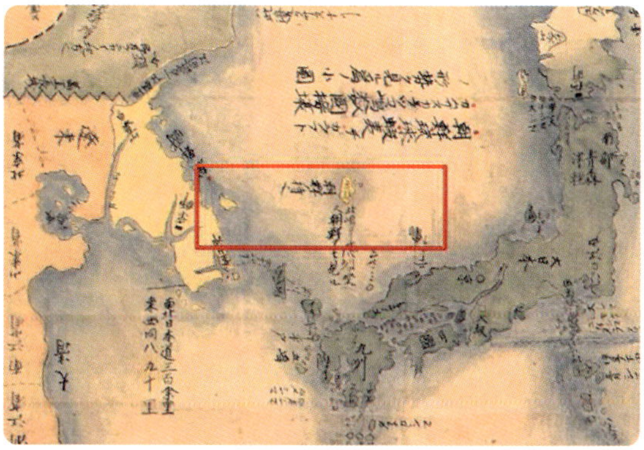

그림 3-5 하야시의 삼국접양지도(三國接壤之圖)와 확대도(1785년)

울릉도와 독도를 한국영토임을 표시하기 하기 위해 일본과 색깔이 다른 노란색으로 칠하고 "朝鮮ノ持チ(조선의 소유)"라 기재되어 있다.

출처: 日本國會圖書館.

몰수처분을 내렸다. 그의 일본에 대한 우국충정이 막부에 받아들여지지 않은 것이다.

여기서 주목해야 할 것은 그의 저서 『삼국통람도설』인데, 이 속에 「삼국통람여지노정전도(三國通覽輿地路程全圖)」 혹은 「삼국접양지도(三國接壤之圖)」가 들어 있다. 이 지도는 나가사키로부터 네덜란드와 독일로 건너가 러시아에서 유럽 각국어판으로 번역되기도 하였다. 비록 지도의 정확성은 결여되었으나, 일본열도와 한반도를 위시하여 중국과 오키나와 등이 포함된 동아시아 지도이다. 일본은 후에 1854년 일본과 미국(페리 제독)이 오가사와라(小笠原) 제도에 대한 영유권 논쟁을 벌일 때에도 막부의 공식 지도인 삼국접양지도를 제시해 미국의 주장을 꺾는 데 성공하였다.

일본은 도쿠가와[德川家康]가 오가사와라 제도의 이름을 '小笠原'으로 명명했다는 1691

년의 고문서와 하야시가 작성한 1786년의 삼국접양지도를 내놓았으나 미국은 일본어로 쓰인 문서는 국제법상 증거능력이 없다며 무시하였다. 이에 일본은 프랑스어로 번역된 삼국

① 독도가 포함된 지도

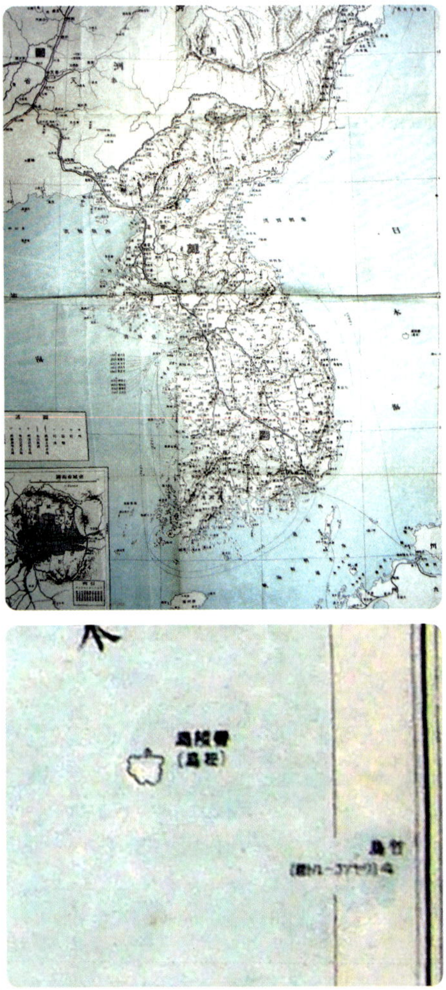

② 독도가 삭제된 지도

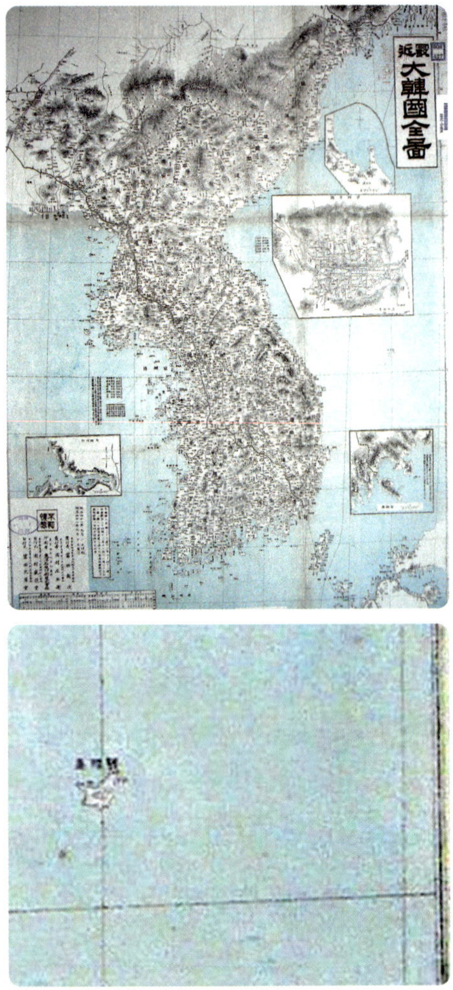

그림 3-6 한국전도(1905년)와 최근대한국전도(1908년)의 비교
출처: ウィキペディア.

접양지도를 제시해 미국의 주장을 꺾고 오가사와라를 국제법상 일본령으로 확정한 것이다. 그런데 이 지도에는 그림 3-5에서 보는 바와 같이 독도가 한국령으로 명시되어 있다(남영우 · 최재헌 · 손승호, 2009, p.42). 즉 지도상에 울릉도와 독도를 한국영토임을 분명히 하기 위해 일본과 색깔이 다른 노란색으로 칠하고 "조선의 소유(朝鮮ノ持チ)"라 기재되어 있다는 것이다. 동일한 증거물을 놓고 자국의 필요에 따라 대응하는 일본의 태도는 어처구니 없는 노릇이다. 그럼에도 불구하고 일본은 오늘날까지 그것은 울릉도이지 독도가 아니라고 주장하면서 이를 외면하는 모순을 범하고 있다.

일본은 1905년까지만 하더라도 그들의 한국지리 교과서에 독도를 한국령으로 간주하여 지도를 제작하였다. 그러나 일제는 1910년 한일병합을 앞둔 1908년부터 한국지도에서 독도를 의도적으로 삭제하기 시작하였다. 그림 3-6①은 1905년 출간된『한국신지리(韓國新地理)』교과서에 부록형식으로 게재된「한국전도」이다. 이 지도에는 동해 울릉도 서남단에 독도를 도곽을 넘어 난외를 사용하면서까지 한국령임을 분명히 밝혀 놓았다. 그러나 그로부터 3년 후에 제작된 1908년의「최근대한국전도」에는 울릉도만 기재하였을 뿐 독도는 삭제해 놓았다. 그뿐만 아니라 1905년 지도에는 한반도와 일본열도 사이를 모두 조선해협으로 인식하고 있었으나, 1908년 지도에는 모든 것을 삭제하였다. 이들 지도는 모두 민간이 제작한 지도이지만 일본정부가 검열한 것들이다.

그러나 동해를 둘러싼 표기는 한일 지도와 서양 지도들마다 상이하다(이기석, 1998; 오일환, 2004). 일제는 이미 1870년대에 제작된 한반도 지도 또는 한반도와 일본열도가 함께 제도된 지도부터 일본해로 표기하기 시작하였다(후술하는 그림 4-12~16을 참조할 것). 물론 일본에서 제작된 지도 가운데에도 동해를 '조선해'로 표기한 지도도 있다(김호동, 2010). 그러므로 일본이 지도에 동해 또는 조선해를 일본해로 표기하기 시작한 것은 독도와 달리 메이지시대에 들어와 대두된 정한론과 궤를 같이 한 시기로 보는 것이 타당할 것이다. 한일 간에 동해/일본해를 둘러싼 논쟁은 양국이 동해/일본해를 역사적으로 공해(公海)로 인식하기보다는 자국의 영해로 인식한 결과에 기인한다고 볼 수 있다(김호동, 2010).

(2) 제1차 임시측도부의 비밀측량

청일전쟁이 발발하면서 한반도에 대한 측량이 본격화되고, 1895~1910년의 기간은 육지측량부 및 제1차 임시측도부에 의한 측량이 행해진 기간이다. 당시의 한반도 정세는 청일전쟁과 러일전쟁의 와중에서 일본을 위시한 청 · 러시아 군대가 파병하는 등 혼란한 상태였다. 이런 상황 하에서 일제는 군사용 한국지도를 서둘러 제작할 필요를 느꼈다.

육지측량부는 1896년 10월 경 10명의 간첩대를 재차 한반도에 침투시켰다. 그들의 임무는 제1차 임시측도부의 측량사업을 계승하는 것이었다. 충청도에 침투한 간첩대는 3개 조로 흩어져 여행객 · 의사 · 상업시찰단으로 위장하여 약 1개월 동안에 2,000㎢에 걸친 지역을 측량하였다(參謀本部北支那方面軍司令部 編, 1979a). 1897년 5월에 귀국한 그들의 업적은 성환 · 평양의 1 : 2만 지형도와 의주 · 순안의 1 : 5만 지형도 제작이었다. 1898년 2~7월에는 전라남도와 경상남도를 측량하였다. 남부지방에 파견된 간첩대는 4개 조로 나뉘어 목포와 부산부터 측량을 시작하였다. 그러나 당시 한국의 정세불안과 반일감정으로 인하여 그들의 측량작업은 여의치 않았다.

1898년 11월~1899년 6월에 걸쳐 함경북도에 대한 측량이 2개 조로 나뉘어 행해졌다. 길주로부터 명천에 이르는 지대에는 토양이 철분을 다량 포함하고 있었던 탓에 정확한 방위를 측정할 수 없었다. 또한 동절기에는 강설량이 많아 야외작업이 곤란하여 일본 수비대가 주둔하는 원산으로 옮겨 실내작업을 하였다. 그들은 공학사 · 농림학사 · 대학교수 등의 신분으로 위장하여 우여곡절 끝에 6,596㎢에 달하는 측량을 완료하였다.

1898년 이후 측량을 완료한 지역은 함경북도, 함경남도의 북부, 충청북도 및 충청남도, 전라북도 및 전라남도, 경상남도의 서부이며, 이것들은 주로 1 : 5만 지형도에 반영되었다. 이 지형도는 1911년 3월~12월에 걸쳐 발행된 것으로 기재되어 있으나, 실제 제작시기는 이보다 훨씬 빠른 시기에 제작되었을 것으로 짐작된다. 이 지형도를 보통 「약도」 또는 「조선약도」라 부르는데, 가장 뒤늦게 측량된 도엽은 1905~1906년으로 추정되기도 한다(谷

屋, 2004).

제1차 임시측도부가 한국에 침투한 것은 1895년 9월 24일부터의 일이었다. 총 200여 명의 간첩들이 4개 반으로 나뉘어 1반은 원산 일대, 2반은 서울 일대, 3반은 평양 일대, 4반은 대구 일대를 비밀리에 측량하였다(谷屋, 2004; 小林, 2005). 각 반은 다시 7~8개 조로 분산하여 주요 지역부터 측량을 실시하였다. 그들은 신분을 여행자로 위장하였다. 그들의 측량임무에는 이미 1870년대부터 첩보장교들이 축적해 놓은 정보가 도움이 되었을 것이다. 그들은 은밀하게 측량하였으나 경우에 따라서는 신분이 발각되어 한국인들의 강력한 저항을 받기도 하였다.

1896년 2월경부터 한국인들의 반일감정이 격화되자 1, 2, 4반의 측량작업이 어려움에 봉착하게 되었다. 그것은 야만적인 명성황후의 시해에 대한 우리 민족의 반발이었다. 백성들은 국모를 살해한 일본에 대하여 분노하였다. 상황이 악화되자 2반 반장은 육지측량부장에게 간첩대의 소수정예화를 건의하기도 하였다. 그리하여 육지측량부의 제1차 임시측량은 1896년 5월 20일 중단되고, 한반도에 파견된 간첩대는 모두 귀국하였다. 그들이 한반도에서 약 6개월간 암약하면서 거둔 성과는 56,952 ㎢에 걸친 1 : 5만 축척의 지형도를 제작한 것이었다(谷屋, 2004).

한편, 군부와 별도로 철도부설을 위한 준비작업의 일환으로도 측량이 개시되었다. 그 중 부산에 주재하던 총영사 무로다[室田義文]의 행적이 주목을 끌었다. 그는 본국의 외무대신에게 훗날 필연코 한반도를 종단하는 경부선 철도건설의 시기가 올 것이니 사전에 그 코스를 답사할 필요가 있다고 역설하여 양해를 구하였다. 그것은 침략의 전초기지가 부산이 될 것이고, 조선의 수도가 한성부이니 누구나 예상할 수 있는 코스였다.

철도국장의 추천을 받은 철도기사 코노[河野天瑞]는 1892년 8월에 측량반을 조직하여 답사에 돌입하였다. 그들은 부산을 출발하여 착수한 지 약 2개월 만에 조사를 완료하였다. 코노는 동년 10월에 보고서와 선로부설 예정지도를 완성하여 외무성과 참모본부에 제출하였다(朝鮮總督府鐵道局, 1920). 경부선 철도 예정노선에 대한 답사는 코노 이외에도 1894

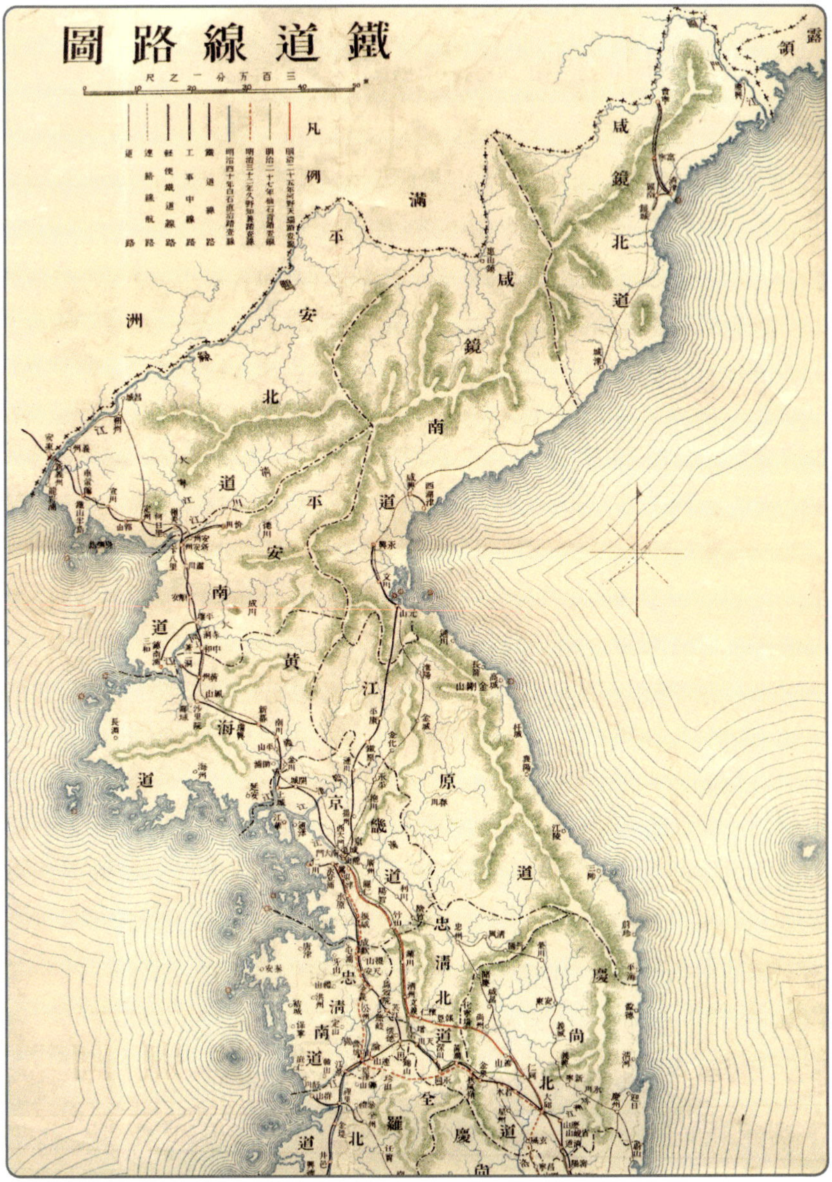

그림 3-7 철도선로도(1907년)

출처: nekonote.jp/korea/old/tr/index-rail.html

년 센고쿠[仙石貢]에 이어 1899년 히사노[久野知義]에 의해 이루어졌고, 최종적으로는 1907년 시라이시[白石直治] 철도기사에 의해 완성되었다. 이들 중 공학사 출신인 센고쿠는 한때나마 남의 나라를 몰래 측량하는 행위가 싫다며 거부하기도 하였다(朝鮮總督府鐵道局, 1920, 93–94). 코노의 노선은 상주의 반대에, 히사노의 노선은 공주의 반대에 부딪쳐 무산된 것으로 추정된다(그림 3–7).

무로다 총영사는 훗날 하나부사 공사를 따라 1882년 제물포조약에 참여하였고 1884년 갑신정변에 대처하기 위한 교섭을 위해 외무권대서기관(外務權大書記官) 자격으로 이노우에 전권대사와 동행하여 한성조약을 맺은 인물이다. 이듬해 1888년 대리공사로 승진한 그는 두 척의 군함을 이끌고 인천항에 도착하여 해군 소장과 함께 고종을 압박하였다.

이에 앞서 한국통인 이노우에 참모가 조선시찰이라는 명목으로 1891년 여름에 조선에 입국하여 무로다 부산 총영사와 철도부설을 위한 측량사업에 대하여 숙의하였다. 그들은 조선의 외무특판 민종욱을 만나 새를 사냥한다고 속여 금줄을 치고 깃발을 꽂아 놓겠다고 하였다. 대부분의 조선인들은 그들의 교활한 술책에 넘어가 새를 사냥하는 곳에 현지 확인 조사차 가볼 생각조차 못하고 감쪽같이 측량하는 것을 모르고 있었다. 일본인들이 어떤 음모를 꾸미고 있는지 민종욱이 확인해 보았다는 기록이 어디에도 없다. 그는 병조판서와 예조판서를 비롯하여 후에 탁지부대신과 농상공부대신 등을 두루 역임한 인물이었다. 그는 한일병합 시에 일제로부터 남작 칭호를 수여받았다. 측량사업에 친일파와 협조자들이 자의 또는 타의로 동원되긴 하였으나, 참모본부의 한반도 측량사업은 후술하는 바와 같이 결코 순탄하지 않았다. 같은 해 무로다는 질병으로 귀국한 후, 1892년 도쿄에서 병사하였다.

2. 군용비도의 제작

(1) 도식의 변천

조선약도에는 측도시기가 기재되어 있지 않고 단지 "메이지 28년식의 지형도 도식(圖式)에 따른다."라고만 밝혀 놓았다. 이 지형도에는 측도연대가 기재되어 있지 않은데, 당시에 공개된 지도에는 측도연대를 밝히는 것이 상식이었다. 일본에서 지형도가 극비문서 취급을 받기 시작한 것은 태평양전쟁이 발발한 1941년부터의 일이다. 여기서 저자는 이 지도가 공개되기 직전에 참모본부가 고의적으로 측도연대를 원판에서 삭제하였음을 규명하여 국내외에 발표한 바 있다(남영우, 1992; Nam, 1996). 측도연대를 삭제한 이유는 을사늑약 이전에 인접국에 대한 첩보활동이나 지도측량과 같은 주권침해 사실을 은폐하기 위함이었다. 그리하여 저자는 군사적 목적으로 간첩대에 의해 은밀하게 제작된 지도이므로 '군용비도(軍用秘圖)'라 칭하였다.

군용비도가 발행연도인 1911년보다 훨씬 빨랐을 것이라는 증거는 도식에서도 찾아볼 수 있다. 일본 지형도의 도식변천은 그림 3-8에서 보는 바와 같이 메이지[明治] 13년식과 메이지 18년식을 포함하여 메이지 28년식→메이지 33년식→메이지 42년식으로 개량되어 나아갔다(大森, 1963). 메이지 13년식 도식이 처음 적용된 지 2년 후부터 참모국의 노상측도는 시작되었으나 강화도조약이 체결된 시점에는 어떤 도식도 정해진 바 없었다. 독일의 도식이라 할 수 있는 메이지 18년식은 다사카의 독일유학을 계기로 도입되었다. 문제의 제1차 지형도인 군용비도는 메이지 28년식 도식이 채택되었다. 당시에 간행된 지형도 가운데 측도가 메이지 41~42년에 행해진 것이라면, 그 지형도는 상식적으로 메이지 33년식의 도식을 채택하기 마련이다. 따라서 군용비도의 도식이 메이지 28년식이라면 제도(製圖)는 적어도 메이지 33년(1900) 이전에 행해졌을 것이 분명하다.

1868	메이지 1		【메이지유신】	
	3	↑ 홋카이도측량 ↓	● 내무성 영국인 측량사 초빙	
			● 대한 첩보활동 개시	
	4		⊙ 징병령(국민개병제) 실시	
	5		● 도쿄부내 13점 삼각측량	
	6		⊙ 정한론 대두	
			● 참모조직(제6국) 설치	
	7		● 참모국 부활	
1876			【강화도조약】	〈도시의 변천〉
	10		【세이난전쟁】	
1882	15		● 노상측도 개시	◎ 메이지 13년식(프랑스)
			● 다사카[田坂]의 독일 유학	
	17	측량국	● 신속도 · 가제도 제작	
	21		● 수기소 발족	◎ 메이지 18년식(독일)
	24	육지측량부발족	● 수준점 설치	
			● 기본 지형도 변경(1:2만→1:5만) →	1:5만 기본도
1894	27		【청일전쟁】	
1895	28		【명성황후 시해】	◎ 메이지 28년식
			● 군용비도 측도	
1897	30		【대한제국 성립】	
1904	37		【러일전쟁】	◎ 메이지 33년식
1905		↑ 조선토지조사사업 ↓	【을사늑약】	
	41		● 통감부 설립	
1909	42		● 제2차 지형도 측도	
1910			【한일합방】	◎ 메이지 42년식
			⊙ 총독부 설립	
1912	45		● 토지조사사업 시작	
	다이쇼 1		● 군면제 개정	
1914	3		● 제3차 지형도 측도	
				◎ 다이쇼 6년식
	13		● 일본 전국 기본측량 완성	

그림 3-8 일본 육지측량부의 연표와 도식의 변천

출처: 남영우(1992), p.91을 수정.

이 지형도의 측도시기가 1895~1989년 사이라는 증거는 경상남도 삼가(三嘉) 도엽에만 유일하게 측도시기를 삭제하지 않은 점에서 찾을 수 있다(그림 3-10, 그림 3-11). 그들은 측도시기의 삭제작업에서 결정적인 실수를 범한 것이다. 거꾸로 저자는 그와 같은 실수를 실마리로 군용비도의 측량시기를 밝혀내어 일제의 불법행위를 세상에 고발할 수 있었다.

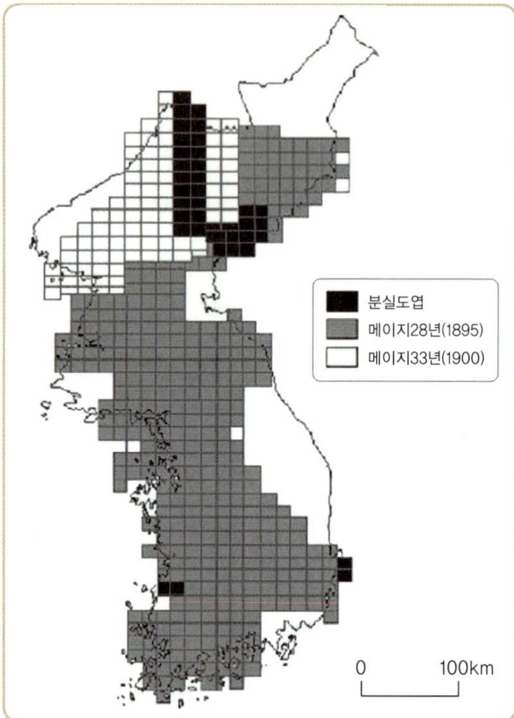

그림 3-9 군용비도의 측도년(測度年) 분포
상세한 도엽명은 그림 4-24를 참고할 것.
출처: 남영우(2007).

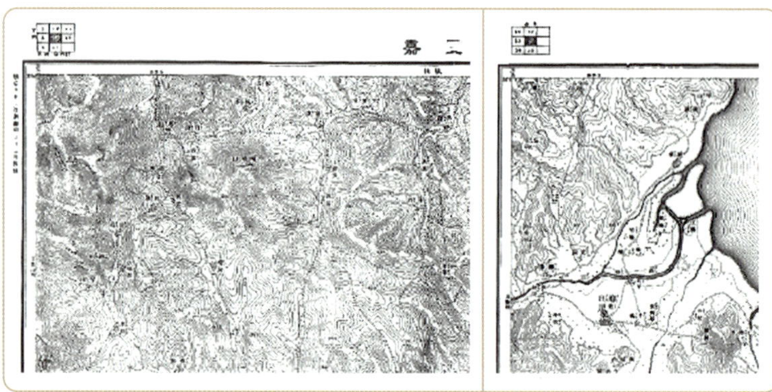

그림 3-10 측도시기가 삭제되지 않은 삼가 도엽과 삭제된 포항 도엽
출처: 남영우(2007).

그림 3-11 삼가 도엽의 지형도

좌측 상단에 메이지[明治] 31년 측도, 메이지 33년에 제판이라 표기되어 있음.

일본에서 역사조작이 고고학계에서 발각된 적이 있지만, 지도 분야에서도 그와 같은 역사적 사실의 은폐가 자행되었던 것이다.

그림 3-12는 제1차 지형도인 군용비도 중 충주 도엽의 우측란에 기재된 내용을 확대한 것이다. 이 지형도는 메이지 28년식 도식에 의거 측도된 지도인데, 지도의 우측 하단에 "본도는 약측도, 목산측도 등의 집성에 의한 것으로 현재 시행중인 1 : 5만 지형도가 완성되면

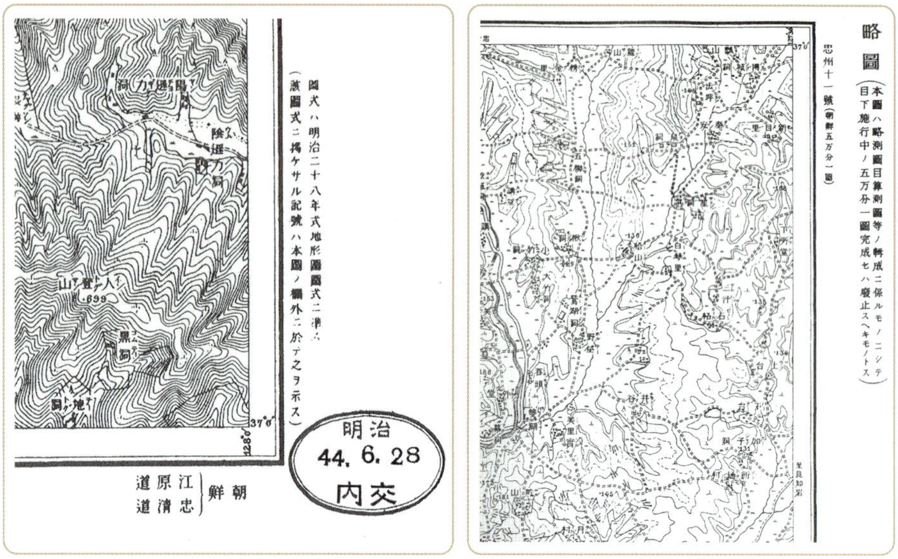

그림 3-12 제1차 지형도(군용비도)의 우측란 주기
출처: 남영우(2007).

폐지할 것임."이라 설명되어 있다. 이는 장차 진행될 간측도를 염두에 둔 설명일 것이다. 그리고 우측 상단의 설명에는 "도식은 메이지 28년식 지형도 도식에 준한다. 해당된 도식에 포함된 기호는 본도의 난외에 나타내기로 함."이라고 밝혀 놓았다. 그리고 '내교(內校)' 도장이 날인된 것은 메이지 44년(1911년) 6월 28일 참모본부에서 교정한 것임을 의미한다. 이 시기는 한일병합 이듬해에 해당되므로 측량침략 사실을 은폐하려는 시도로 판단된다.

(2) 지도의 특징

상기한 사실로 미뤄 볼 때, 군용비도의 측량은 1895년부터 시작되었으며, 제작시기는 발행기관이 육지측량부로 인쇄되어 있으므로 1899년으로 추정된다. 이 시기는 을사늑약이

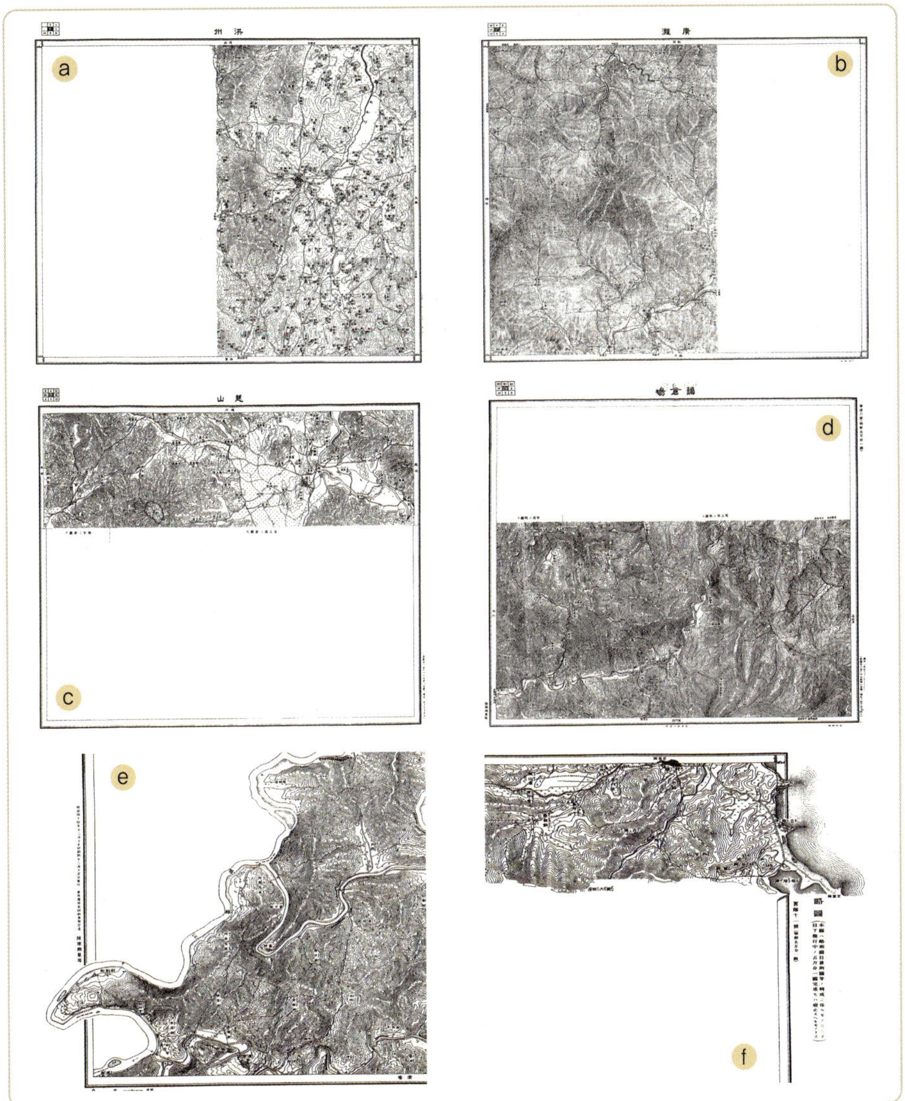

ⓐ 도곽이 작은 도엽(우단부) ⓑ 도곽이 작은 도엽(좌단부) ⓒ 도곽이 작은 도엽(상단부) ⓓ 도곽이 작은 도엽(하단부)
ⓔ 도곽이 큰 도엽(좌단부) ⓕ 도곽이 큰 도엽(우단부)

그림 3-13 도곽이 불일치하는 도엽의 사례
출처: 남영우(2007).

체결되기 15~11년 전에 해당한다. 일제는 당시 주권독립 국가였던 대한제국에 대하여 범법행위를 저지른 셈이었다. 참모본부 육지측량부는 전술한 바와 같이 이미 1870년대 초부터 1895년경까지 지도제작을 위한 정보수집과 측량을 거의 완료한 상태였으므로 단기간에 지도제작이 가능하였던 것이다. 종래에 국내학계에서는 한반도 최초의 지형도가 후술하는 제3차 지형도인 것으로 보고되어 왔다(김의원, 1987).

군용비도의 300개 도엽 중 도곽(圖郭)의 차이로 일부만 인쇄된 지형도가 북부지방의 지형도에서 다수 발견된다. 도곽에 포함되지 않은 부분이 공백으로 남아 있는 이유는 군용비도가 출판되기 이전에 북부지방과 만주지방을 통틀어 제작된 「가제동아오만분일도(假製東亞五萬分一圖)」에 조선약도를 편입시키려 하였기 때문이다. 도곽과 지도가 일치하지 않는 것은 그림 3-13에서 보는 것과 같이 도곽이 지도보다 작은 경우와 반대로 도곽이 지도보다 큰 경우로 나뉜다. 이들은 상황에 따라 상하 혹은 좌우로 제도된 것들이다.

3. 을사늑약 전후의 측량사업

(1) 도근삼각측량

1904년 11월 서울 일대의 축척 1 : 5,000 지도와 1 : 1,200 지도의 측량을 실시하라는 참모본부의 명령에 따라 도요타[豊田四郎] 측량사와 6명의 육지측량부 측량기사가 서울에 파견되었다. 일제는 1904년 2월 23일 한일의정서(韓日議定書)가 강제적으로 체결된 후였으므로 서울에 한국주둔군을 편성해 놓았다. 그들은 종전과 달리 한국주둔군 병사들의 호위를 받으며 당당하게 측량하였다.

이들 두 종류의 지도는 도근삼각측량(圖根三角測量)을 하기 위해 기선(基線)을 설정하고 그 남단에서 자오선 측량을 행한 후 경위도를 결정하여 삼각측량과 수준측량으로 도근점(圖根點)을 확정하였다. 지형측량의 한 방법인 도근측량 혹은 도근삼각측량은 기준점으로 이용 가능한 기존 삼각점의 수가 적거나 서로 멀리 떨어진 경우, 또는 측량지역이 너무 광대한 경우에 주로 사용된다. 측점의 위치는 도로와 하천의 교차점이나 주위에서 잘 보이는 고지대로 정하는 것이 보통이다. 이는 장차 필요에 따라 추가로 설치할 도근점으로부터 관측이 용이한 지점을 찾기 위함이었다. 한반도에서 삼각측량을 실시했다는 사실은 저자의 조사로는 이것이 최초일 것이다. 이들 지도는 각각 1904년 12월 20일~1905년 1월 6일과 1904년 12월 21일~1905년 1월 28일에 완성되었다.

1904년에 편성된 제2차 임시측도부는 1905년과 1906년에 걸쳐 평안북도 전역과 평안남도 및 함경남도 일부에 걸쳐 축척 1 : 5만의 지형도를 제작하였다. 이 지형도의 측량에 동원되었던 무라카미[村上千代吉]의 수첩기록에 따르면, 1905년 육군성 외방측량사(外邦測量師)로 고용된 그는 평안도 일대를 측량함에 있어 평양 · 강계 등의 도시지역에는 일본 수비대가 배치되어 있는 까닭에 측량이 용이하였으나 농촌지역의 경우는 사정이 달랐다고 술회한 바 있다. 무라카미는 1905년부터 한반도와 중국의 지도를 만들기 위하여 약장수 등으로 변장하여 신분을 감추고 간첩활동을 행한 인물이다(牛越, 2005).

그는 1905년 7월 중순부터 12월 중순에 걸쳐 1895년 제1차 임시측도부가 제작한 평양 일대의 지형도를 수정하는 작업을 행하였다(谷屋, 2004). 1907~1908년에는 축척 1 : 2만 지형도를 제작하였다. 이것은 군사요새인 나진 일대의 지도로서 139쪽에 달할 정도로 광범위한 지형도였다. 이 지형도는 한반도뿐만 아니라 국경을 넘어 만주와 러시아도 포함된 것으로 미뤄 볼 때 만주담당 요원들이 비밀리에 측량한 것으로 짐작된다.

(2) 간측도 제작

1908년 이후 제2차 임시측도부는 이른바 간측도(簡測圖) 제작에 돌입하였다. 이것은 기존의 지형도를 재측량하여 지형도의 정도(精度)를 높인 1 : 5만 축척의 지형도이다. 임시측도부는 한국반 · 남청반(南淸班) · 만주반 등으로 나누어 작업에 임하였다. 이들 중 한국반은 함경도 일부와 경상남도 및 전라남도 남부에 걸친 총 34,080㎢에 달하는 면적을 재측량하였다. 강원도 일대는 제1차 임시측도부의 지도(군용비도)제작에서도 누락되었으나 제2차 임시측도부 역시 의병이 두려워 측량을 하지 못하였던 것이다. 그들은 도근측량을 행한 후에 삼각측량을 실시하여 기존의 약도(略圖)를 수정해 나아갔다. 1909년에는 경상북도 경주 부근을 비롯한 경상남도 · 전라남도 · 전라북도 남부를 대상으로 간측도를 제작하였다. 이때에도 강원도의 측량은 이뤄지지 않았다. 이와 같은 기존 지형도의 수정작업은 한일병합 직후인 1911년까지 지속되었다.

4. 목측 약도의 제작방법

일반적으로 지도제작의 기술이란 구체적으로 측지법 · 도식 · 제판의 세 부분을 가리킨다. 이것에 의거하여 일본 육군참모본부 육지측량부의 조직 역시 삼각과 · 지형과 · 제도과가 중심이 되어 편성되어 있었다. 이들 중 삼각과는 대삼각망의 위치를 결정하고 2등 · 3등 삼각점 및 수준점을 정하여 측량한 후에 한 폭의 도엽에 도근점의 위치를 결정하는 업무를 담당하였다.

대략 2km 간격으로 설정된 도근점 중에서 가장 가까운 곳에 지형도에 기입해야 할 물체가 있다면 이것을 알리다드(alidade)라는 기계를 사용하여 도면 위에 기입한다. 조준의(照準儀)라고도 불리는 알리다드는 평판측량에 사용하는 방향시준기(視準器)로서 정규의 중앙에 기포관이 있어 수평을 유지하고 정규의 후방에 부착된 시준공으로 방향을 조준하여 방향선을 그린 후 거리에 따라 측점을 지도화하는 기구이다. 이것을 이용한 알리다드 스타디아법(alidade stadia method)에 따라 지도를 작성하는데, 구체적으로 이것은 알리다드에 의하여 목표점에 대한 방향선을 긋고 거리나 높이를 표척점에 세운 표척상의 일정한 길이를 전방시준판의 눈금차를 이용하여 구한 후 평판 상에서 도면을 간단하고 신속하게 작도하는 방법이다.

지형과는 삼각과가 작업한 도엽을 넘겨받아 지형의 표기와 표고를 기입하는 작업을 담당하는 부서이다. 그리고 제도과는 지형과로부터 넘겨받은 자료를 종합하여 원도(base map)를 만들어 동판이나 아연판을 뜨는 업무를 맡았다. 제도를 함에 있어서 가장 중요한 것은 지도의 표현방식이라 할 수 있는 도식의 결정에 있다. 지도란 땅의 그림인 동시에 땅 그대로의 표현이 아니라 기호로서 표현되는 것이므로 도식과 기호에 대하여 사전지식을 터득해야 한다. 이에 대해서는 후술하기로 하겠다.

메이지유신 이후 홋카이도의 측량사업을 전개한 일본은 지도제작의 노하우를 축적해 나

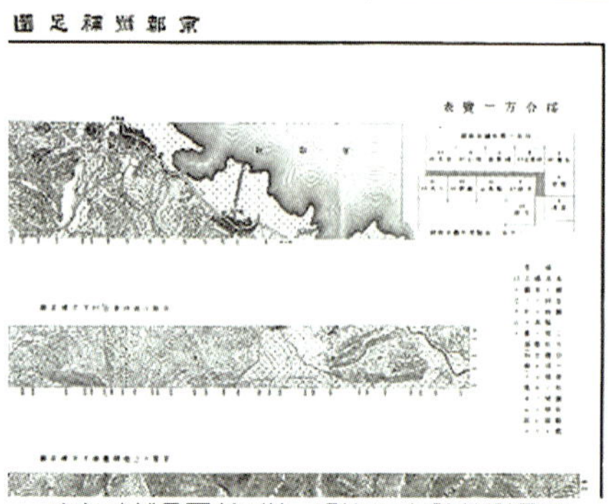

京都號補足圖(部分) 明治28年陸地測量部

그림 3-14 가제도(假製圖)의 예(1895년 교토)
출처: uenishi01.at.infoseek.co.jp/j664sanbou.html

아갔다. 일본은 이미 1884년 신속도(迅速圖)와 가제도(假製圖)를 제작하여 단기간에 지도를 제작할 수 있는 능력을 키우고 있었다. 신속측도가 간토 지방에서 측량되어 지도가 발행된 것과 마찬가지로 간사이 지방에서는 제4사관(第四師管)에서 정식 지형도에 준하는 측도가 실시되었다. 이것을 간토 지방과 달리 간사이 지방에서는 '가제도'라 불렀다(그림 3-14).

전술한 바와 같이 메이지 정부에 측량국이 설치되면서 측량기사를 양성하는 수기소가 1877년에 발족되었다. 여기에서 많은 측량기사가 배출되었음은 물론이다. 일본의 유명한 육지측량사였던 스기야마[杉山正治] 역시 수기소 출신이었다. 그는 이누마에서 중학교를 졸업한 후 1877년 공부성 전신수기교(電信修技校)로 진학하였으나 반년 후 스스로 학업을 중단하고 내무성 지리국에 근무하면서 일본 최초로 근대적 일식(日蝕)관측을 한 인물로 알려져 있다(藤井, 1979). 당시 지리국에서는 교토 · 오사카 · 나가사키에서 도쿄와의 전신경위선을 측량하고 있었다. 스기야마는 1875년에 내무성 지리료에서 착수한 일본 최초의 본격적 수준측량사업에 참여한 인물이다. 『육지측량부연혁지』에 의하면, 스기야마는 1889년 육지측량부 삼각과에 소속된 육지측량수였다(陸地測量部 編, 1921). 그 후 그는 센다이로 옮겨 경위도를 관측하는 업무를 맡았다.

일본에서는 스기야마와 더불어 이와나가[岩永義晴] 육군측량사를 높이 평가하는데, 그는 1906년 중국의 측량학교인 베이징 육군부측회학당(陸軍部測繪學堂)에 파견된 바 있는 일본인 최초의 측량사였다. 그 이후 1910년까지 중국에 파견된 측량사는 30여명에 달하였

표 3-2. 측량교육기관 수기소 연표

연도	명 칭	위 치	비 고
1877	수기소	참모본부 측량국	비공식 기구
1888	수기소	육지측량부	공식기구(제1기생 입학)
1939	수기소	육군사관학교	
1941	교육부	육군사관학교	
1943	교육부	아카사카[赤坂] 보병연대	
1944	교육부	메이지대학 구내	
1945	지리조사소	내무성	육지측량부로부터 업무인계

출처: 國土地理院 測地部(1979).

다. 육지측량부 수기소에는 1898년 이후부터 중국과 한국으로부터 외국인 유학생들을 받아들이기 시작하였다(國土地理院測地部, 1979, pp.12-49).

당시 수기소를 졸업한 타이완 출신자들의 명단을 밝힌 연구는 있지만(Kobayashi, 2006), 한국인 명단을 추적한 연구는 없다. 다만 육지측량부연혁지에는 1898년 6월 27일 한국인 이주환이 초등지형측량학과를 외국인으로서 최초로 졸업한 것으로 기록되어 있을 뿐이다. 오늘날에는 지도제작기술이 발달되어 항공사진이나 위성사진에 의거하여 지도를 제작하고 있지만, 당시에는 주로 스케치에 의존하였다. 수기소는 1941년 교육부로, 패전하면서 지리조사소로 명칭이 바뀌었다(표 3-2).

전술한 제1차 지형도인 군용비도를 '약도'라고 부르는 것은 단기간에 신속하고 은밀하게 만들어진 신속도였기 때문일 것이다. 그러나 비록 스케치 자체가 약도일지라도 최대한 정확성을 기해야 도엽 간의 오차를 최소화할 수 있다. 이를 위해 측량사들은 맹렬한 훈련을 받았다. 스케치에 의존하는 목측도(目測圖)는 방향선의 결정 여하에 따라 오차 정도를 줄일 수 있다. 왜냐하면 관측지점으로부터 목표물이 멀어지면 멀어질수록 약간의 방향오차가 누적되어 커다란 오차를 발생시키기 때문이다. 그리고 거리는 정확한 측량이 불가능한 경우 보측(步測)에 의존하였으며, 그것도 곤란한 경우에는 목측으로 측량하였다.

그림 3-15 수기소를 졸업한 중국 유학생들(1910년)
출처: 軍人データベース, サクラタロウDB(Purunus DB).

목측에 의한 지도를 제작할 경우 산악지대에서 많은 오차가 발생하게 된다. 특히 해발고도와 산사면의 측량에서 난관에 부딪히게 된다. 고도계(高度計)나 경사계(傾斜計)를 사용할 수 없을 경우에는 삼각측량으로도 가능하겠지만, 은밀하게 측량해야만 하는 간첩의 신분으로서는 불가능한 일이다. 대체로 거리는 목측으로도 어느 정도 가능하지만, 고도에 대한 목측은 정확성을 기하기가 매우 힘들다. 그러므로 볼트본 지형도와 군용비도에 나타난 고도는 현대지도와 비교할 때 많은 차이를 보이고 있다.

군용비도의 측도는 측량사가 계곡 입구에 위치한 200~300m의 산정에 올라 조감하면서 지형을 묘사하는 목측술에 의존했던 것으로 추정된다. 조선말에 제작된 지형도에는 고도와 경사를 정확히 측량할 수 없던 탓에 우모식으로 표현하거나 불완전한 약식 등고선식으로 표현한 지도가 많았다. 또한 군용비도를 면밀히 분석해 보면, 계곡의 입구부분과 주요도로의 위치관계는 비교적 정확하지만 골짜기의 깊숙한 부분은 오차가 많아 왜곡되어 나타남을 알 수 있다. 이 지형도에는 도근점으로 여겨지는 지점에 표고(標高)가 기재되어 있다. 그것은 물론 정상적인 수준측량에 의거한 것이 아니라 약식목산측도(略式目算測圖)로 산출된 것이다.

고도측량은 간단한 사각의(斜角儀)와 수평목측거리에 의거하여 산출된 것에 불과하지만, 한 장의 도엽에 20개 전후의 표준점을 설정한 것은 비교적 정확성을 기한 편이라고 평가할 수 있다. 일부 등고선은 각 도엽 간의 연결이 부자연스러운데, 이는 측량사의 통일된 작업이 소홀했었던 때문일 것이다(京釜鐵道株式會社, 1903). 목측의 경우에는 다음과 같은 경험적 기준에 의존하는 경우가 많았다.

4,000m: 높은 곳에서 바라볼 때 군중의 움직임을 육안으로 확인할 수 있다.
2,200m: 사람, 말, 소 등이 까만 점으로 보인다.
1,500m: 사람은 검은 선으로 보이고, 금속물 종류에서 반사되는 광채를 볼 수 있다.
900m: 행렬하는 부대를 확인할 수 있다.
800m: 손발의 움직임, 단추, 버클을 식별할 수 있다.
700m: 말이나 소 다리의 움직임과 대열의 수를 헤아릴 수 있다.
450m: 머리, 모자, 윤곽을 구분할 수 있다.
400m: 말의 색깔, 사람의 손과 발을 구분할 수 있다.
250m: 얼굴의 윤곽을 알아볼 수 있다.
150m: 단추의 구분을 할 수 있다.
100m: 눈과 입의 구별이 가능하다.

이상에서 열거한 기준은 청명한 날씨인 경우에 해당하는 조건이며, 시력이 나쁘지 않은 정상적 시력인 경우에만 판단기준이 될 수 있다. 상황에 따라서는 실제거리보다 멀게 보이거나 혹은 가깝게 보일 때도 있다. 먼저 실제거리보다 가깝게 보일 경우를 열거하면 다음과 같다.

① 하늘이 개여 있고, 특히 폭풍우가 지나간 직후처럼 공기가 맑을 때.

② 측량 당사자가 태양을 등지고 햇빛에 비치고 있는 어떤 물체를 바라볼 때.

③ 목측하려고 하는 대상이 그 배후의 경치나 혹은 어떤 물체의 보색관계에 따라 선명하게 그 모양이 드러날 때.

④ 목표물이 다른 물체와 떨어져 있어 혼동되지 않게 독립적으로 위치해 있을 때.

⑤ 골짜기 또는 평탄지를 사이에 두고 있을 경우이거나, 목표물보다 가까운 앞쪽 물체에 가려서 보이지 않을 때.

⑥ 어떤 물체를 올려다보거나 혹은 내려다 볼 때.

이와는 달리 실제거리보다도 멀리 보일 경우는 다음과 같다.

① 날씨가 매우 무더울 때.

② 태양을 앞에 두고 물체를 바라볼 때.

③ 목표물이 배경의 색깔 등에 의해 희미하게 보일 때.

④ 흐린 날, 안개 낀 날, 저녁놀이 질 때와 삼림 속 또는 좁고 긴 골짜기에 서 있을 때.

⑤ 낮은 자세로 어떤 물체를 바라볼 때.

이들 경우는 목측이 부정확해지기 때문에 측량사들은 실제 야외에 나가 반복된 훈련을 통하여 경험적으로 익숙해질 때까지 훈련하였다.

제4장

일제강점기 토지조사사업과 지형도 제작

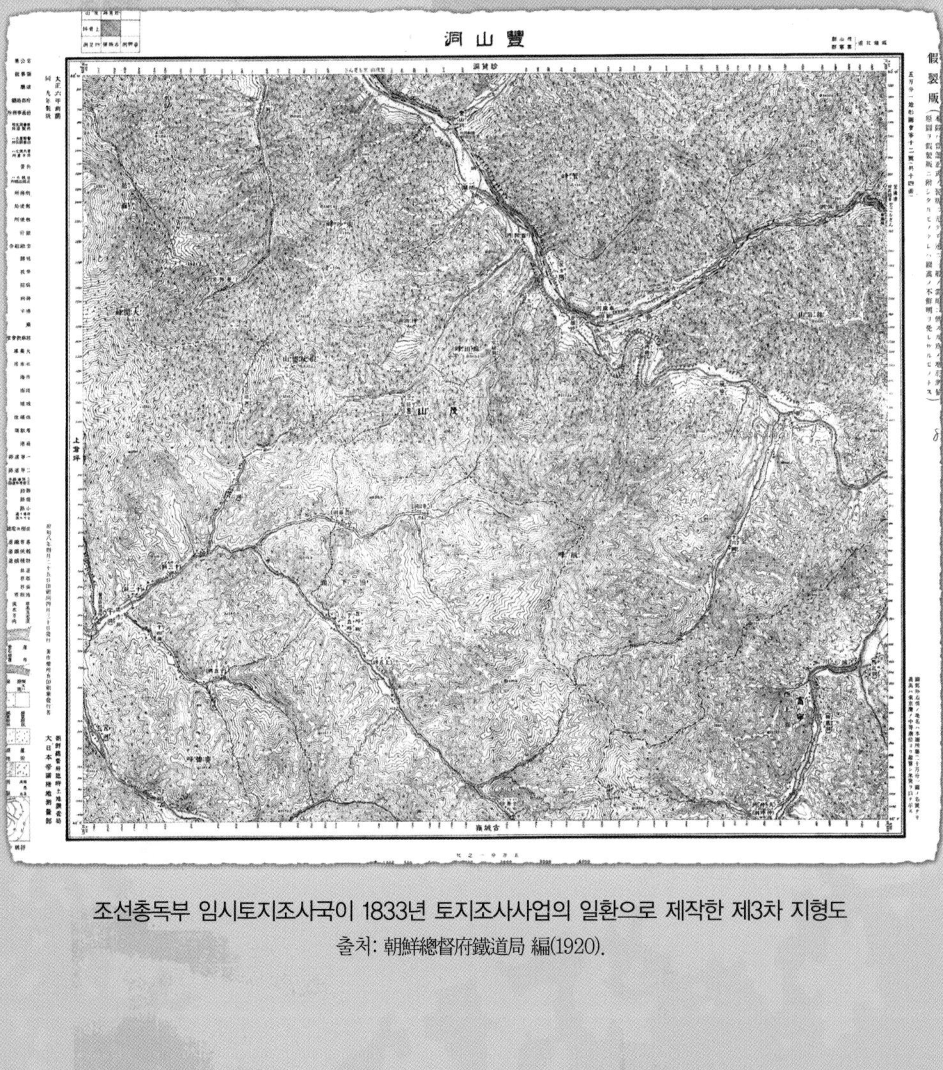

조선총독부 임시토지조사국이 1833년 토지조사사업의 일환으로 제작한 제3차 지형도

출처: 朝鮮總督府鐵道局 編(1920).

1. 일제강점기 토지조사사업
2. 토지조사사업과 한반도 지형도 제작
3. 육지측량부의 삼각측량
4. 식민지 지배를 위한 지도의 제작 및 이용
5. 한반도 지형도의 목록

1. 일제강점기 토지조사사업

(1) 임시토지조사국

한일병합이 되자 일제는 1910년 9월 조선총독부 칙령 제361호로 임시토지조사국을 개설하여 토지조사사업에 착수하였다. 그것은 먼저 한반도에 들어온 일본인들의 토지취득을 돕기 위함이었으며, 타이완에서 토지조사를 주도한 구마다[熊田信太郎]의 계획안을 토대로 한 것이었다(김의원, 1987). 임시토지조사국은 8년여에 걸쳐 사업을 시행하고 종료할 때까지 '임시'라는 명칭을 그대로 사용하였다. 이는 1898년 타이완에서 토지조사를 시작할 때 명명된 명칭을 그대로 본 딴 것이었다. 임시토지조사국은 총무과 · 조사과 · 기술과 · 측지과 · 제도과 · 정리과의 6과에 3,400여명의 직원을 거느린 거대한 조직이었다.

구한말 토지조사사업에는 전술한 메가다[目賀田]가 등장한다. 그는 대장성에 근무하던 중 대한제국 재정고문으로 서울에 부임하여 1904~1907년까지 3년간 근무한 자이다. 그는 한국 재임기간 중 장차 예상되는 토지조사사업의 준비를 의식하여 측량학교(양지학교)를 전국 각지에 설치하고 삼각측량을 포함한 측량규정을 제정하는 작업에 착수하기도 하였다(松本, 1938). 삼각측량의 도입은 타이완이나 오키나와와 달리 일본본토의 삼각점망과 연결하는 대삼각측량을 포함한 본격적인 것이었다는 점에 의미가 있다. 또한 타이완 · 오키나와에서 토지조사사업에 종사하던 관료와 기술자들을 파견했다는 점도 주목할 만하다.

측량업무를 담당한 직원은 육지측량부에서 차출된 일본인과 병합 전부터 양성된 한국인들이었다. 그들은 1905년에 설립된 강습소 졸업생 외에도 1911년 임시토지조사국원 양성소가 배출한 기술원을 합쳐 2,488명에 달한다. 토지조사국이 한국인을 측량사업의 전면에 내세운 이유는 비용절감과 원활한 의사소통 외에도 한국인과의 마찰을 피하기 위함이었을 것이다.

토지조사사업이 시작되면서 당초의 측량은 민유지(民有地)를 대상으로 한 지적도(地籍

圖) 제작과 일본인의 토지취득에 목적이 있었다. 이 시기에는 대삼각측량과 소삼각측량에 의한 지적조사가 함께 이루어졌다. 지적은 토지에 관한 여러 가지 사항을 등록하여 놓은 기록으로, 토지의 위치 · 형질 · 소유 관계 · 면적 · 지목(地目) · 지번(地番) · 경계 등이 체계적으로 정리되어 있다. 지적조사는 토지소유권과 지가(地價) 조사를 목적으로 하였으며, 이를 통해 한반도의 지적도가 제작되었다. 지적도 제작을 위한 조사와 측량에서는 각 필지별로 소유권과 연고를 조사하고 경계까지 설정하였으며, 동시에 지목의 등급까지 조사하였다(이용석, 2002).

측량업무는 대삼각측량, 소삼각측량 및 도근측량(圖根測量), 일필측량(一筆測量)의 순으로 진행되었다. 한반도 전역에 걸쳐 삼각측량이 행해진 것은 이것이 최초의 일이었다. 도근점의 측정을 위하여 소삼각측량과 도근측량이 병행되었고, 일필측량에서는 도근점을 기준으로 농경지의 경계선과 면적을 측정하였다. 이와 같이 지적측량과 동시에 지형측량을 실시한 이유는 차후에 발생할지도 모를 토지분쟁에 대비하기 위함이었다.

측량업무는 1910~1915년에 걸쳐 한반도 전역이 불과 6년이란 단기간에 종료되었다. 측량을 행한 것은 임시토지조사국이었지만, 측량원도(測量原圖)의 베이스 맵은 육지측량부가, 제판작업은 민간 하청업자가 담당하였다. 토지조사사업과 병행하여 실시되었던 지형도 정비사업은 해당 사업이 종료된 후에도 부대사업으로서 육지측량부원을 중심으로 계속되었다. 지형도는 전국을 망라하는 1 : 5만 축척의 지형도 이외에도 주요도시 부근의

표 4-1. 토지조사사업의 시기와 지도별 축척

지역	조사시기	기간	지형도간행 개시연도	축척	
				지적도	지형도
오키나와	1898-1903	5	-	1 : 1,200	-
타이완	1898-1905	7	1902	1 : 1,200	1 : 2만
한국	1910-1918	8	1913	1 : 1,200	1 : 5만
간토지방	1914-1924	10	1918	1 : 1,200	1 : 2.5만

주: 小林 · 渡辺(2009), p.252를 수정.

1 : 2.5만 축척의 지형도와 경제적으로 중요한 지역 45개소를 대상으로 1 : 1만 축척의 지형도가 제작되어 총 925 도엽이 간행되었다.

일제는 한반도뿐만 아니라 오키나와를 비롯하여 타이완 등지에 걸쳐 토지조사사업을 단행하였다. 이들을 비교해보면 제작된 지형도의 축척이 일본본토의 표준축척을 채용하였음을 알 수 있다(표 4-1). 다른 지역에 비해 한반도의 토지조사사업이 지체된 것은 그만큼 측량침략에 대한 저항이 컸음을 의미하는 것이며, 간토지방의 경우는 예산문제와 토지권리관계가 복잡하여 빚어진 일이었다.

(2) 제2차 임시측량부

제2차 임시측량부 내의 임시측도부에서는 제3장에서 전술한 것처럼 1908년 이후부터 간측도(簡測圖)를 제작해 왔다. 그러나 1910년부터는 주둔군의 호위를 받으며 군사작전의 일환으로 공공연하게 측량하기 시작하였다. 임시측도부는 1 : 5만 지형도 제작을 위한 측량을 1912~1913년에 계속할 것을 제안하였으나 받아들여지지 않았다.

전술한 1908년 간측도가 발견되지 않는 이유는 바로 여기에 있다. 즉 1908년에 재측량된 지형도는 우리나라 백성들의 저항으로 정밀측량이 사실상 곤란하여 정확도가 떨어졌기 때문에 추후에 보측(補測)과 수정(修正)작업을 하였다는 것이다. 그림 4-1에서 보는 평양 도엽의 간측도는 경의선이 부설되기 이전에 측량되었음에도 불구하고 철도가 표시되어 있다. 이는 추후에 보측과 수정작업이 가해졌음을 의미하는 것이다.

그림 4-1 제2차 임시측도부가 제작한 간측도(평양)

2. 토지조사사업과 한반도 지형도 제작

(1) 토지조사사업과 측량

1) 임시토지조사국의 측량

한반도에 대한 조선총독부의 통치가 시작되면서 시행된 조선임시토지조사사입의 목적은 "① 토지소유권과 지적(地籍)을 분명히 하고 매매를 촉진하며 지조(地租)를 정한다. ② 주둔지 등을 공유지로 확보하고 일본국 척식민(拓植民)에게 제공한다. 또한 삼림과 광산의 개발계획을 추진한다. ③ 기존의 지방행정조직을 개편하고 총독정치 산하의 지방단체에 사회 · 경제적 기반을 마련하여 정착시킨다."라는 데에 있었다. 이를 위해서라도 지도제작은 가장 먼저 착수해야 할 긴급과제였던 것이다. 러일전쟁이 종료되면서 측량기사들의 왕래가 빈번해짐은 당연한 일이었다. 1908년 서울 남산 아래에 통감부가 설립되면서 측량기사의 활동이 공공연해졌고, 도요타[豊田四郎]를 주관으로 한 기본측량계획이 수립되었다. 육지측량부가 참모총장 예하부대였던 만큼 대응은 신속하였고, 마치 군부가 외교정치를 주도하는 것처럼 보였다.

여기서 잠깐 일본으로부터 한반도에 건너온 최초의 육지측량사 도요타의 이력을 살펴보기로 하겠다. 그는 1870년 일본 효고현[兵庫縣]에서 평민으로 태어나, 1888년 신설된 수기소(修技所) 제1회 신입생으로 입소하여 1890년 제1기 학생반 · 지형과를 졸업하였다. 그는 졸업과 동시에 한반도로 건너와 청일전쟁의 제1군 사령부에 소속되어 의주에서 활약한 경력을 지닌 인물이다.

귀국 후, 도요타는 1904년 한반도의 근방측도(近傍測度) 명령을 받고 다시 한반도로 들어왔다. 1908년에는 임시재원조사국 양지과(量地課) 대구출장소의 수석기사가 된 그는 임시토지조사국이 설치되면서부터 기술과장으로 근무하였다. 도요타는 1910년에는 대구농

그림 4-2 통감부 청사
출처: 위키백과.

그림 4-3 토지조사사업에 동원된 일본인
출처: 위키백과.

림학교 교수가 되어 학생지도를 담당하였다. 그는 1921년 귀국할 때까지 모두 13년간 한국에서 활동하였다(李鎭昊 · 全炳德, 2007).

을사늑약이 조인된 불과 2주 후에 『토지측량표규칙』이 공포되었고, 그로부터 2주 후에 칙령 361호 『조선총독부 임시토지조사국관제』가 반포되었다. 이 대목에서 일제가 한반도 토지조사사업을 얼마나 서둘렀는지 알 수 있다. 임시토지조사사업의 기술적 측면을 담당한 것은 모두 육지측량부원이었다. 그 중 측지과는 나카다[中田三郎], 제도과는 아베[阿部惠三郎]가 담당하였다. 지도제작을 위해 참모본부 육지측량부로부터 다수의 기술자와 측량기사 등이 차출되었음은 물론이다.

토지조사사업이 시작되면서 당초의 측량은 민유지(民有地)를 대상으로 한 지적도 제작은 물론 전술한 바와 같이 일본인의 토지취득에 목적이 있었다. 여러 가지 난관이 있었으나 소기의 임무는 거의 달성된 셈이다. 토지조사사업이 한창일 때에는 정식 조사국원이 5천 명을 상회하였고, 작성완료한 지적의 필지 수는 1,900만 필지에 달하였으며, 그 1필지 확정을 위해 동원한 인원만 하더라도 5년간 연 400만 명에 달하는 대규모 사업이었다. 완

그림 4-4 토지를 측량하는 일본인
출처: 위키백과.

성한 지적도는 80만 장, 기본지형도는 640만 장에 달하였다. 작성완료한 지적의 필지 수는 사업개시 전 추정필지 수가 1,377만 필지였으니 예상보다 늘어난 것이다(光岡, 1982).

토지조사사업이 비교적 단기간에 종료되었다고 하여 난관이 없었던 것은 결코 아니었다. 난관은 기술적 요인 이외에도 토지분쟁과 지명구획의 혼란이 최대 요인이었다. 토지조사사업은 단순한 측량과 제도만으로 끝나는 것이 아니다. 필지당 토지소유권을 조사하고 행정구역을 확인하는 작업이 병행되어야 한다. 1필지당 여러 명의 소유권자가 나타나기도 하였고, 불분명한 지명과 불명확한 경계선이 작업속도를 지연시켰다.

2) 제2차 임시측량부의 측량

제2차 임시측도부로서는 다른 부서와 달리 한반도 전역을 총망라한 1 : 5만 축척의 지형도를 기본도로 완성시킬 것을 희망하였다. 그러나 경비와 시간 절약을 위하여 임시토지조사국이 행한 삼각측량 결과를 이용하여 『조선오만분지일지형도』를 출간할 수밖에 없었다. 1912년 이후, 제2차 임시측도부가 한반도에서의 활동이 중단되면서 이 조직은 1913년에 해산되기에 이르렀다.

그러나 2007년 일본의 오차노미즈[お茶の水] 대학에서 소장하고 있는 외방도 목록으로부터 백두산 일대의 지형도가 발견되었다. 이들 10장의 지형도는 한반도와 중국의 국경지역인 두만강 남쪽의 지도이다. 이들 1 : 5만 축척의 지형도는 조선총독부의 임시토지조사국이 제작한 지형도의 일부이며 일반 지형도의 성격을 갖는 것임이 남영우 · 이호상(2008)에 의해 확인되었다.

이들 지형도는 민수용 지도를 군수용으로 제공하기 위해 기존의 지형측량으로 제작된 원도(原圖)를 가제본한 것이다. 또한 이 지형도는 일본군 간첩대가 은밀히 측량한 신속목측도인 군용비도보다 나중에 삼각측량으로 제작된 지형도임이 밝혀졌다. 이들 지도의 제작년도는 다이쇼 5년, 즉 1916년으로 주기되어 있는데, 이 시기는 군용비도가 마지막으로 인쇄된 시기에 해당되므로 「조선약도」인 제1차 지형도와는 관계가 없는 것으로 생각된다.

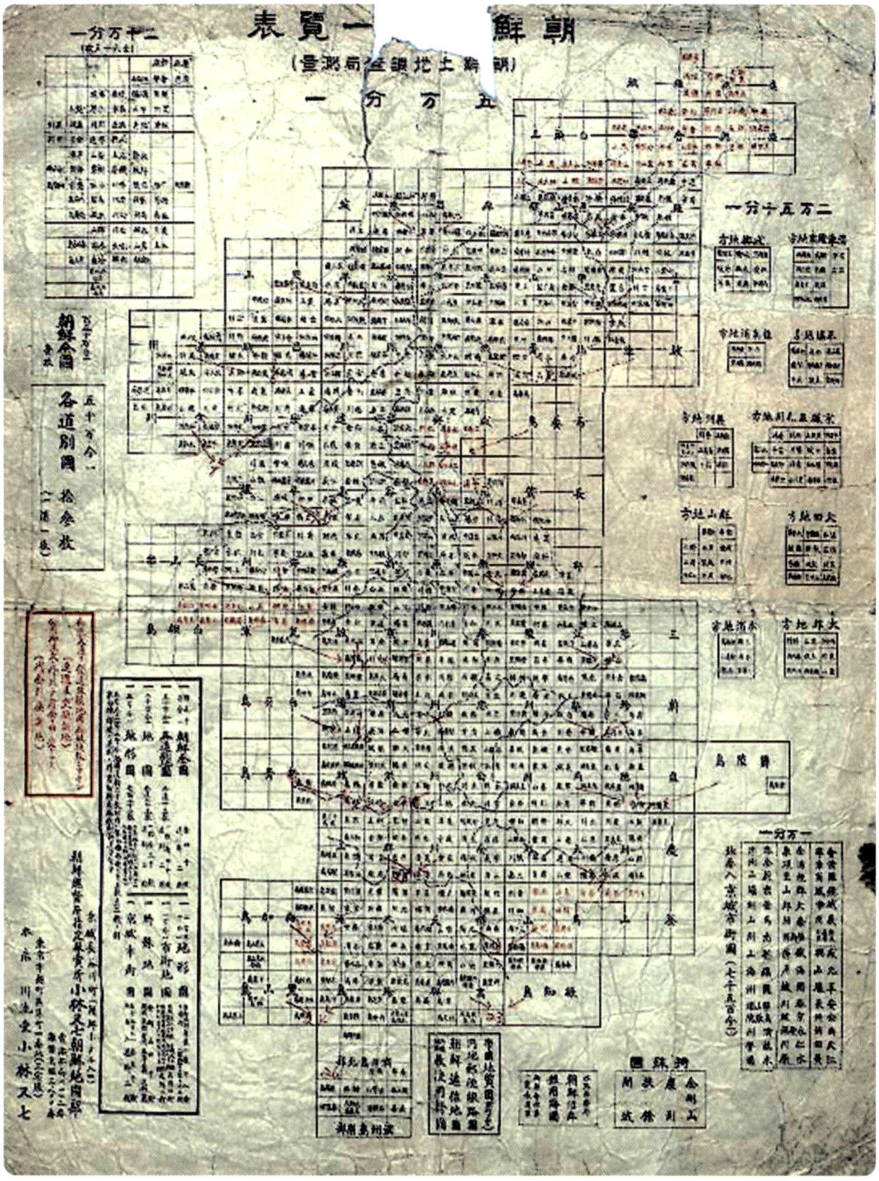

그림 4-5 조선토지조사국 측량의 1 : 5만 지형도 일람표(색인도)

출처: 국사편찬위원회(1970).

이 무렵, 일제가 제작한 지도는 1 : 5만 축척과 1 : 2.5만 축척의 지형도를 비롯하여 1 : 2만, 1 : 1만, 1 : 5천 축척의 지도가 주류를 이루었다. 일제는 이들 각종 지도를 기초로 건설사업을 전개하기 시작하였다. 첫 번째로 철도사업에 이어 항만사업에 착수하였고, 이보다 조금 뒤에 도로건설과 수리사업 및 치수사업의 순으로 진행해 나아갔다.

3. 육지측량부의 삼각측량

육지측량부는 1936년 다시 한반도 측량을 실시하기로 결정하였다. 이 무렵은 만주 측량이 급속히 진행되던 시기였다. 그리하여 2월에는 「조선토지측량표령(朝鮮土地測量標令)」이 공포되고 측량 체세가 정비되었다. 일등삼각측량을 행할 때에는 임시토지조사국 시절에 정해진 대삼각본점(大三角本點)의 가운데부터 일등삼각점을 선정하는 작업과 기선을 설정하는 작업부터 시작되었다(그림 4-6). 삼각점이란 삼각측량에 따라 결정된 위치와 고도의 기준점을 일컫는 것이며, 그 중요도에 따라 1등부터 4등까지의 등급으로 분류된다. 일등삼각점은 각각 일등본점(一等本點)과 일등보점(一等補點)으로 나뉘며, 일등본점은 40㎢에 1점으로 삼각점 간 평균거리는 45㎞이다. 일등보점은 40㎢에 2점으로 평균거리는 25㎞이다.

측량작업은 전체적으로 관동군 측량대와 협력하여 행해졌다. 일등삼각점의 선정과 기선의 설정은 삼각망을 일본과 연결시키기 위해 남부지방부터 착수되었다. 1943년에 들어와 연합군의 반격으로 궁지에 처한 일본군 전황이 불리해지면서 측량사업은 중지될 수밖에 없었다. 일등삼각측량은 실질적으로 1941~1942년의 2년간에 10개 점에 불과하였으나, 임시토지조사국이 설정한 대삼각점을 병용함으로써 도쿄 원점과 만주 원점을 연락하는 데에는 성공하였다. 그러나 정확성에 문제가 있었던 것이다. 즉 도쿄를 원점으로 한반도를 측량한 까닭에 세계표준 측지계 기준으로 한반도의 위치가 동쪽으로 494m나 어긋났으며 형상 또한 왜곡되었다.

일등수준측량에서는 1934년 조선총독부가 영흥만 요새사령부 내에 원산수준점을 기점으로 하여 설치하였으나, 임시토지조사국이 설치한 수준점 표석은 그 대부분이 훼손되어 사용할 수 없게 되었다. 그리하여 육지측량부에서는 새로운 수준점을 설치하고 일등수준망을 완성하여 북부지방과 만주를 연결하려고 시도하였다. 그러나 전황이 일본군에 불리하게 돌아가자 1943년부터 중지되고 말았다. 육지측량부가 설치한 일등삼각측량과 일등수준측량의 결과가 지형도에 어느 정도 반영되었는지는 분명치 않다.

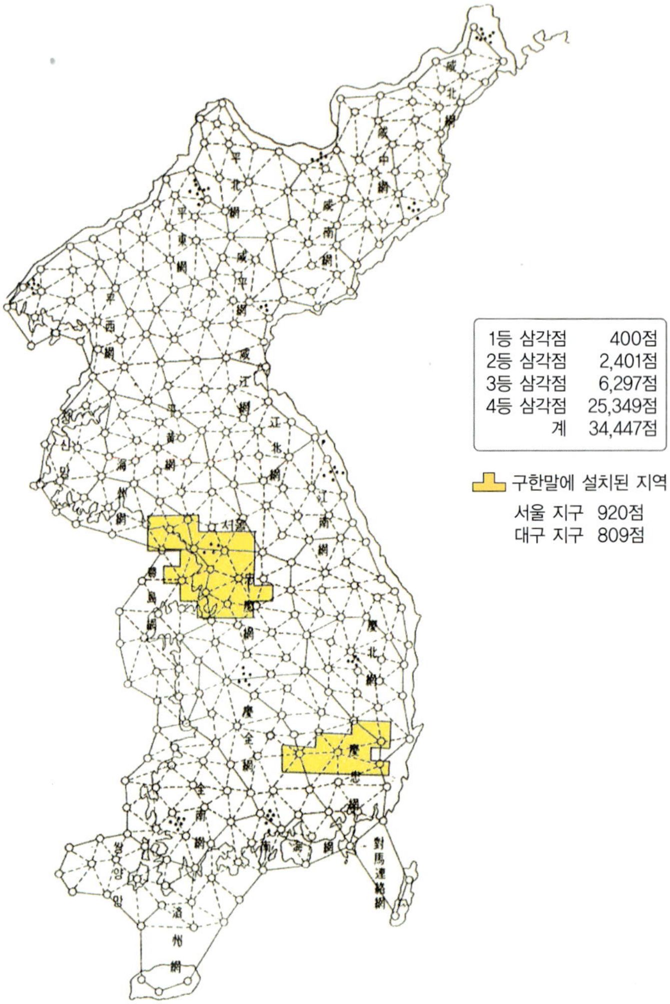

그림 4-6 한반도의 일등삼각망

출처: 김의원(1987).

4. 식민지 지배를 위한 지도의 제작 및 이용

(1) 군사지도의 필요성

참모본부 측량국 및 육지측량부는 참모본부 내에서 독립기구이면서도 타부서와의 협조하에 일반지도와 군사지도를 제작하면서 그 기술을 축적해 나아갔다. 그 당시에 제작된 기본도는 모두 일본을 대상으로 한 지도였다. 일본은 세계 및 아시아 정세가 긴박해지고 자국 내에서는 1873년 유신정부에 불만을 품은 사족(士族)들이 정한론(征韓論)을 주장하게 되자 대한반도정책에 강경책을 취하기 시작하였다. 그때부터 참모본부의 전신인 제6국은 최초로 해외에 대한 첩보활동을 개시하였다. 특히 한반도에 대해서는 운요호사건을 일으켜 가면서 측량활동을 강행하였다. 그것이 바로 전술한 강화도조약의 체결이었다. 그 무렵, 민간인에 의해 제작된 한국지도가 여러 종류 간행되었으나, 외국의 군대가 출간한 것도 있었다. 한국지도학사상 직접측량시대라 할 수 있는 1787년 이후에 제작된 한반도 지도로는 영국 해군성이 간행한 「조선해도」를 비롯하여 독일인이 만든 「조선도」 등이 있으나 지도의 정확도가 떨어진다.

1875년 11월 일본 육군참모국에서 출간한 「조선전도」는 기존의 『조선팔도전도』 등의 지도와 영국 · 미국 · 프랑스 등지에서 간행된 해도(海圖)들을 종합하고 함경도 출신 한국인 김인승의 협조를 받아 제작한 것이었다(日本陸軍參謀局, 1875). 같은 시기에 일본 해군 수로국에서 간행한 「조선전안(朝鮮全岸)」지도는 그림 4-9(1)에서 보는 것과 같은 아오키[靑木住眞] 대위와 요시다[吉田重親] 중위가 러시아 · 영국 등의 해도를 참고하여 측량한 것이다. 이 지도에서 주목할 것은 그림 4-9(2)에서 보는 것처럼 독도를 포함시켰다는 사실이다. 이는 당시의 일본해군이 독도를 한국영토로 인식하고 있었음을 시사하는 것이다.

그림 4-7 메이지 시대의 참모본부 청사와 육지측량부 건물(우측)
출처: 日本 國會圖書館.

1876년에 일본해군 수로국이 간행한 「월미도해협약측도」는 나카무라[中村雄飛] 대위 등 3명의 장교가 측량한 지도이다(日本陸軍參謀局, 1876). 또한 같은 해에 상술한 수로국의 아오키 대위가 측량한 「전라도순천포약측도」(日本海軍水路局, 1876)와 가네키[金木十一郎] 소위와 미우라[三浦重鄉] 소위가 측량한 「거제도 및 한산도」(日本海軍水路局, 1876), 1877년에 나카무라 대위 등이 제작한 「조선국부산항」(日本海軍水路局, 1877) 등은 모두 일본 해군의 한반도 침략을 위한 지도사업의 일환이었다.

일본 해군은 서구의 군사체계를 배우기 위하여 1870년 영국식 병제통일을 포고하였고 해군사관을 영국에 유학시키거나 교관을 초빙하였다. 후일 청일전쟁과 러일전쟁을 승리로 이끈 해군사령관이 된 도고[東鄕平八郎, 1847~1934]는 1871년 영국 유학을 통하여 항해술을 배웠고, 후일 해군중장으로 승진한 쓰보이[坪井航三, 1843~1898]는 1872년 미국 컬럼비아대학에 유학 후 미군 함정에 승선하여 항해술을 배우고 귀국하였다. 이들 이외에도

해군 사령관 도고

해군 중장 쓰보이

그림 4-8 일본해군의 근대화에 공헌한 인물
출처: ウィキペディア.

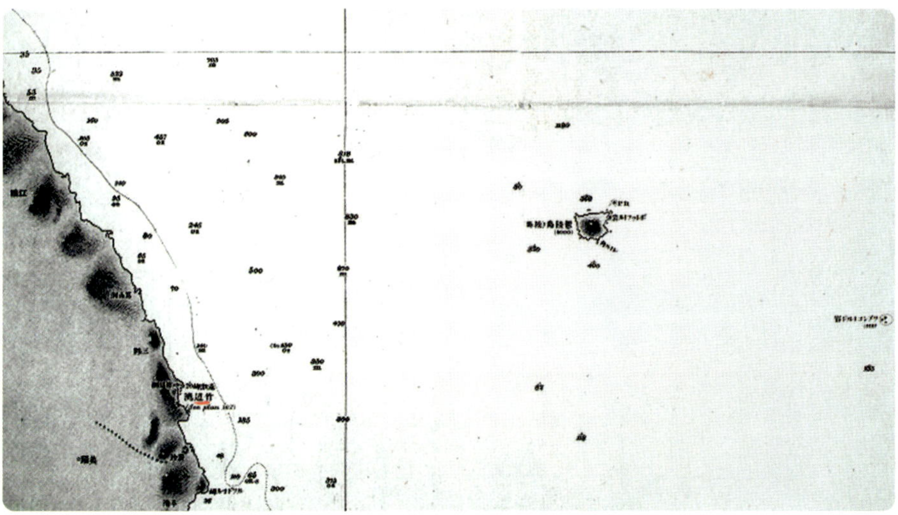

그림 4-9(1) 「조선전안」의 동해안 확대도
출처: 위키백과.

그림 4-9(2) 해군 수로국의 조선전안(朝鮮全岸) 지도(1874년)
출처: 위키백과.

많은 해군 유학생들을 유럽에 파견하거나 해외로부터 해군 관련 교관과 기술자들을 초빙하는 등 서구의 선진군사체제를 적극적으로 도입하였다(박영준, 1997). 일본해군의 이와 같은 근대화 시도는 19세기 후반 한반도의 해안지도를 제작하는 데 밑거름이 되었을 것이다.

해군과 달리 육군의 지도제작은 내륙을 측량해야 하기 때문에 측량상 난관이 따르게 되므로 실측에 의한 전도(全圖)의 간행이 불가능하였으며, 「한성근방지도」와 「부산근방지도」 등과 같은 부분도는 1883년 이후부터 출간되기 시작하였나. 그리고 지형도는 1890년대 후반에 들어와서 20여 년간에 걸친 한반도 파견장교들의 첩보활동에 힘입어 제작에 착수할 수 있게 되었다. 1895년에 측량된 전술한 군용비도가 바로 그것이다. 그리고 이 무렵 간행된 것으로 추정되는 「자제물포지한성노상도(自濟物浦至漢城路上圖)」는 제물포에서 한강에 이르는 지형을 측량한 1 : 4만 축척의 약측도이다.

일본 참모본부는 전술한 「조선팔도전도」가 그러했던 것처럼 군용비도의 제작을 위해 현지 한국인들을 비밀리에 동원하였다. 지도제작을 위해서는 참모본부 소속의 파견장교로 구성된 첩보원의 정보수집이 큰 역할을 하였으나, 일본에서 훈련받은 한국인과 현지주민의 협조 없이는 무엇보다 지명을 알 수 없기 때문에 많은 친일분자와 협조자를 포섭해야만 하였다(남영우, 1992).

(2) 군사지도의 제작

일반적으로 지도제작의 기술이란 구체적으로 측지법 · 도식 · 제판의 세 부분을 뜻하므로 육지측량부의 편성 역시 삼각과 · 지형과 · 제도과를 두었다. 삼각과는 대삼각망의 위치를 결정하고 2등 삼각점 및 3등 삼각점과 수준점을 정하여 측량한 후에 한 폭의 도엽에 도근점의 위치를 결정하는 업무를 담당하였다. 지형과는 삼각과가 작업한 도엽을 넘겨받아 지형의 표기와 표고를 기입하고, 제도과는 그 자료를 종합하여 원도를 만들어 동판과 아연

표 4-2. 도식의 내용

구분	항목	내용
세부(細部)	지물(地物)	취락, 교통, 수계, 경계, 기호지물(건물, 소물체, 장지, 식생, 수부에 속하는 기호)
	지형	등고선
		변형지
주기(注記)	내측도곽내: 표면, 선상지물, 집단지물 및 단독지물의 주기	
	도곽 간 및 외측도곽외의 주기	
정식(整飾)	정식: 도곽, 방위, 척도, 기타	
	총칙: 기호범례, 도명, 출판사항, 기타 용도상 필요한 일반사항	

출처: 남영우(2009).

판을 뜨는 작업을 맡았다. 제도를 함에 있어서 가장 중요한 것은 지도의 표현방식이라 할 수 있는 도식의 결정에 있다.

도식(圖式)이란 지도를 그릴 경우의 구체적인 약속을 의미한다. 그러나 단지 도식이라고 하면 투영법과 적용규정 등을 제외하고 도식기호만을 가리켜 부를 때가 많다. 지형도의 도식은 도식마다 다소 차이가 있으나 오늘날에는 표 4-2에 나타낸 것과 같은 요소들로 구성되어있다(大森, 1963). 도식에는 지도에 표기되는 기호범례만 사용되는 것이 아니라 지물과 지형을 포함한 세부내용과 도곽 내부와 외부의 지물에 대한 주기(注記)도 사용된다.

은밀하게 측량된 군사지도는 측량사가 계곡 입구에 있는 200～300m의 산정에 올라 조감하면서 거리와 고도 등의 지형을 묘사하는 목측술(目測術)에 의존했던 것으로 추정된다. 그런 이유 때문에 군용비도와 같은 군사지도는 계곡 입구부분과 주요도로의 위치관계는 비교적 정확하지만, 골짜기의 깊숙한 부분은 왜곡이 많은 편이다. 또한 군사용 지형도에는 도근점으로 여겨지는 지점에 표고(標高)가 기재되어 있다. 그것은 물론 정상적인 수준측량에 의거한 것이 아니라 약식으로 산출된 것이다.

고도측량은 간단한 사각의(斜角儀)와 수평목측거리에 의거하여 산출된 것에 불과하지

그림 4-10 한일병합 후 측량을 하는 일본인(경기도 고양군)
출처: 위키백과.

만, 한 장의 도엽에 20개 전후의 표준점을 사용한 것은 정확도를 기하기 위한 나름대로의 노력이었다. 등고선 일부는 각 도엽 간의 연결이 부자연스러운데, 이는 측량사의 통일된 작업이 결여되었기 때문일 것이다(京釜鐵道株式會社, 1903).

각 연대별 도식 기호는 표 4-3에서 보는 것과 같이 분류되었다. 즉 일본의 도식분류는 시대에 따라 변화를 거듭해 왔으나 커다란 변화는 없었던 것으로 생각된다. 그러나 초기의 신속도식(迅速圖式)에는 여러 가지 지물과 경계 등이 생략되었다. 신속도식은 메이지 13년식이며, 가제도식(假製圖式)은 메이지 18년식으로 추정된다. 최초의 도식인 신속도식은 매우 기본적인 요소인 가옥과 교통로만을 나타냈을 뿐이다. 도식이 정착된 것은 표 4-3에서 보는 것과 같은 다이쇼[大正] 6년(1917)~쇼와[昭和] 17년(1942)에 이르러서의 일이다.

일본은 1884년 미국 워싱턴에서 개최된 만국측지박람회의에 도쿄대학의 키이케[菊池大麓] 교수를 참가시킨 바 있다. 이 회의 이후, 일본의 경도는 영국 그리니치 천문대를 기점으로 하게 되었고, 전술한 이노우[伊能] 지도에서 채택하였던 교토 및 도쿄의 기점은 폐지되었다(中野, 1978). 그리하여 지형측량의 대부분은 기존의 도해도근(圖解圖根)을 삼각점

표 4-3. 일본 도식의 연대별 분류표

도식(圖式)	취락 및 기호 지물	교통 · 경계 · 식생	수부(水部)	지형	기타
신속도식 (메이지 13년)	가옥, 물체	도로, 철도 및 경계	수상통로 및 수부공업	유지(囿地) 및 천연지	
측도기호 (메이지 18년)	가옥, 구조물, 가옥에 달린 기호, 물체	도로, 철도, 경계, 농경지, 황무지	하천, 하천에 속한 물체, 수로에 딸린 물체, 늪지, 해빈에 속한 물체	기복지(수평곡선법)	범례로 시가지, 촌락, 원유(園囿), 진, 보, 고성(古城)이 기재됨
가제도식	가옥, 구조물, 부기호(副記號), 물체	도로, 철도, 경계, 농경지, 황무지	하천, 하천에 속한 물체, 복개천에 속한 물체, 호수 및 바다	고지(高地)	상동
메이지 24년 제정	가옥, 구조물, 부기호, 지시기호	도로, 철도, 경계, 경작지	하천, 하천에 속한 물체, 복개천에 속한 물체, 호수 및 바다	수평곡선, 변형지	상동(원유가 공원으로 변경)
메이지 28년식	가옥, 구조물, 부기호, 소물체, 지시기호, 주거지	상동	하천, 하천에 속한 물체, 복개천에 속한 물체, 호수 및 바다	상동	상동
메이지 33년식	가옥, 구조물, 부기호, 소물체, 지시기호, 주거지에 속한 땅	상동	상동	상동	상동
메이지 42년식	상동	도로, 철도, 경계, 농경지	상동	상동	상동(구역 도식: 한반도 추가)
다이쇼 6년식	상동	상동	상동	상동	구역도식 삭제
쇼와 17년 제정	가옥 및 주거지, 부기호, 소물체, 지시기호, 성벽 및 피복	교통 및 통신, 경계, 농경지(기경지, 미경지)	수면(호수, 바다)에 속한 물건	변형지, 등고선, 범례	각 축척별로 범례 및 문양표, 기재법, 주기례를 기재, 기호설명
쇼와 30년 제정	주거지 및 이에 속한 것, 부기호, 소물체, 지시기호,구조물	도로, 철도, 경계, 경작지	하천, 복개천, 수로 및 이에 속한 물체, 하천 및 이에 속한 물체	지형, 등고선	3색 인쇄(흑색, 갈색, 남색)
쇼와 35년 가제식	취락(가옥, 건물기호, 취락에 딸린 토지), 소물체(기준점), 토지 및 수면에 관한 것)	도로(기호도로, 도로폭, 도로와 관련한 지물), 철도, 경계, 경작지	하천, 호수 및 연못, 바다	지형 (등고선, 변형지)	채색은 상동, 선의 명칭을 변경

1) 쇼와(昭和) 17년 제정과 쇼와 35년 가제식의 괄호는 중분류임.

2) 신속도식~쇼와 17년 제정까지의 도식 설명은 모두 한자 및 일본어(히라가나)를 사용.

출처: 남영우(2009).

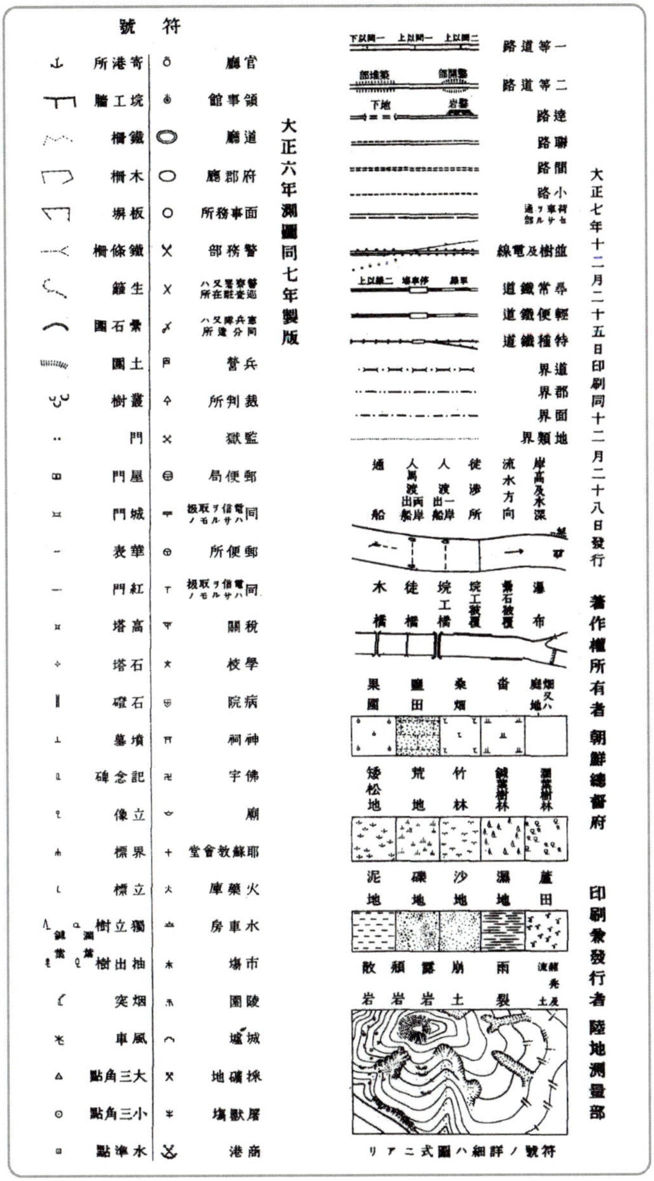

그림 4-11 제3차 지형도(1917년)의 도식

출처: 남영우(2009).

으로 변경하였고, 얼마 후에는 '가제도지형도'라 부르게 되었다. 이에 따라 기존의 모든 측도는 '신속도식'으로 부르게 된 것이다. 도해도근측량은 도근점의 수가 부족할 경우 평판측량과 전방교차법으로 직접 도근점을 현장에서 설정하는 방법이다.

(3) 지도제작의 목적

한반도 지형도는 1864년 고산자 김정호가 전근대적 지도를 완성한 지 불과 19년 후인 1883년부터 일제의 참모국 또는 참모본부의 장교들로 조직된 간첩대에 의해 제작되기 시작하였다. 각종 지도가 여러 가지 축척으로 제작되었으나, 국가기본도라 할 수 있는 축척 1 : 5만 지형도는 1895~1906년에 최초로 측도되었고, 뒤이어 1909~1911년, 마지막으로 1914~1918년에 3차에 걸쳐 측도되었다. 이들 지형도보다 더 빠른 시기에 복제되거나 측도되고 간행된 지도는 1875년의 「조선전도」 등을 비롯하여 상세지도인 「동해안전도」와 1876년의 「월미도해협약측도」 등이 있고 1877년의 「조선국부산항」이 있다. 그리고 1880년대에 들어와서는 1882년의 「조선국전도」를 비롯한 「조선경성도」와 1883년의 「한성근방도」 등과 1884~1885년의 「부산근방지도」, 「원산근방약도」를 꼽을 수 있다.

이들 중 「조선전도」와 「조선국전도」를 제외한 나머지 대부분의 지도들은 1 : 10만 이내이며, 더 상세한 것은 1 : 1만 이내의 소축척지도들도 있다. 한 가지 특기할 사실은 당시 일제는 그림 4-12에서 보는 것처럼 독도를 한국령으로 표기했다는 점이다. 일제는 한반도 식민지경영에 대비하여 이와 같은 상세부분도(詳細部分圖)보다 한반도 전체를 망라하는 기본도를 필요로 하였다. 그것이 바로 제1차 지형도라 할 수 있는 '군용비도'였다. 이 지형도는 일시적 공개를 위해 공식적으로 '약도' 또는 '조선약도'라 불렸으며 명목상으로는 철도부설을 위한 지도제작이라는 구실을 내세웠다. 참모본부 육지측량부는 한반도를 병합한 후 이 지도를 일시 공개할 때에 간첩행위를 은폐하기 위하여 고의적으로 측도연대를 삭제하고 출판하였다.

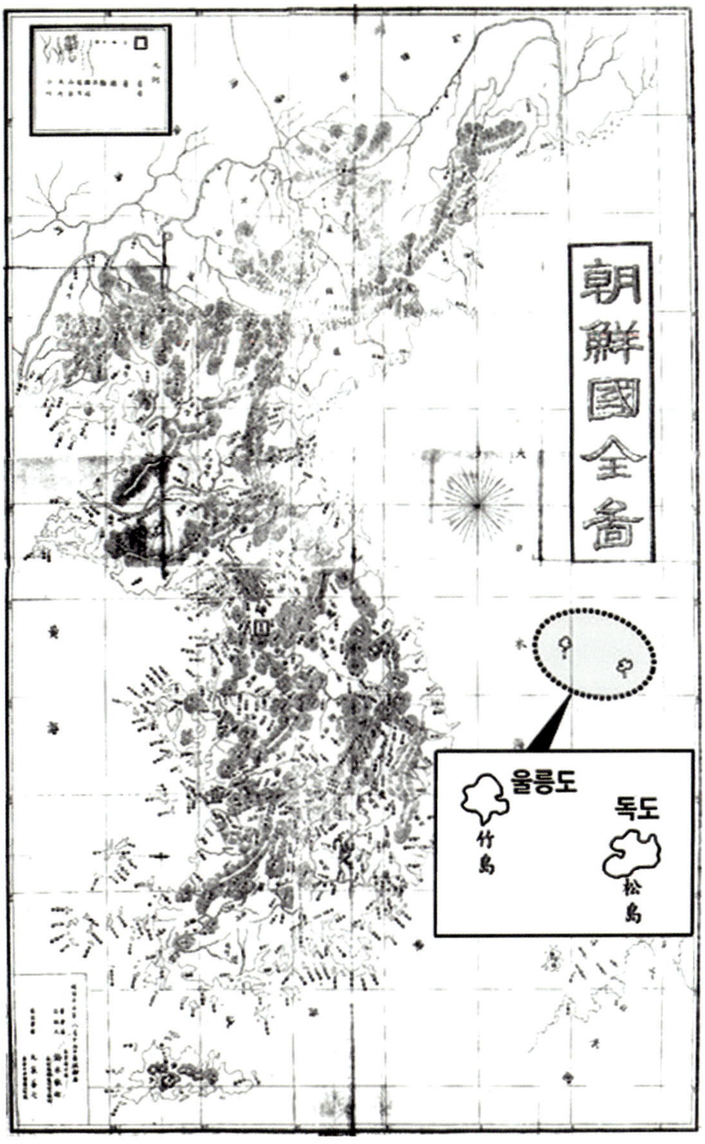

그림 4-12 조선국전도(1882년)
출처: 영남대 박물관.

한반도 전체를 제도한 조선전도 종류는 비교적 많은 편인데, 특히 1875년에는 그림 4-13에서 보는 것과 같은 여러 장의 조선전도가 간행되었다. 이들을 그림 4-14와 비교해보면 서로 유사함을 알 수 있다. 이는 이들 지도가 일본인들이 1875년 대동여지도를 모사하여 간행된 지도를 바탕으로 수정하여 작성된 지도이기 때문일 것이다. 그러나 그로부터 12년이 지난 1894년에 간행된 그림 4-15의 조선전도 역시 이전의 틀로부터 크게 벗어나지 못하였다. 그 당시까지 한반도에 파견된 참모본부 요원들은 국지적인 스케일의 지형도 제작에 몰두하였으므로 한반도 전체를 표현하는 조선전도로 합성하지는 못한 상태였다. 그림 4-15⑤의 「조선해륙전도」는 하나부사의 서문을 비롯한 각종 삽입도가 많이 들어 있고 수심이 표기되어 있어 초기 수략측량(水略測量)의 발달단계를 보여주는 지도이다. 비교적 정확한 조선전도는 그림 4-16에서 보는 것과 같이 1900년대에 들어와서 간행되었다. 특히 독일유학을 거친 일본 지질학자 고토[小藤文次郎] 도쿄제국대학 교수가 1903년 제작한 「조선전도」와 도미다[富田能次]가 제작한 1908년의 「최신대한국전도」에 이르러서 정확해졌다고 볼 수 있다. 그 중 고토가 제작한 지도는 그가 한반도를 14개월간에 걸쳐 행한 지질조사를 토대로 간행된 것이었다. 그의 저서 『조선기행록』에 의하면, 1901년 1월 3일 군산을 출발하여 1월 19일 부산에 도착한 후, 1월 24일 부산을 출발하여 남해안을 따라 2월 16일 목포에 도착하고, 2월 20일 내륙을 거쳐 3월 19일 다시 부산에 이르는 총 69일에 걸쳐 한반도 남부를 동서로 횡단하며 지질학적 조사를 하였다(손일 역, 2010). 그는 한반도 가운데 특히 진해만을 비롯하여 거제도와 두만강 · 압록강의 중요성을 역설하였다(小藤, 1902). 그의 조사결과는 순수한 학술조사라기보다는 어용학자로써 정치적 목적을 내포한 것이었다. 이들 20세기 이전에 간행된 조선전도에서 알 수 있는 것은 지도 제작자들이 독도를 한국영토로 인식하고 있었다는 사실이다.

① 關口備正　② 市源政樹　③ 澤井萬燁

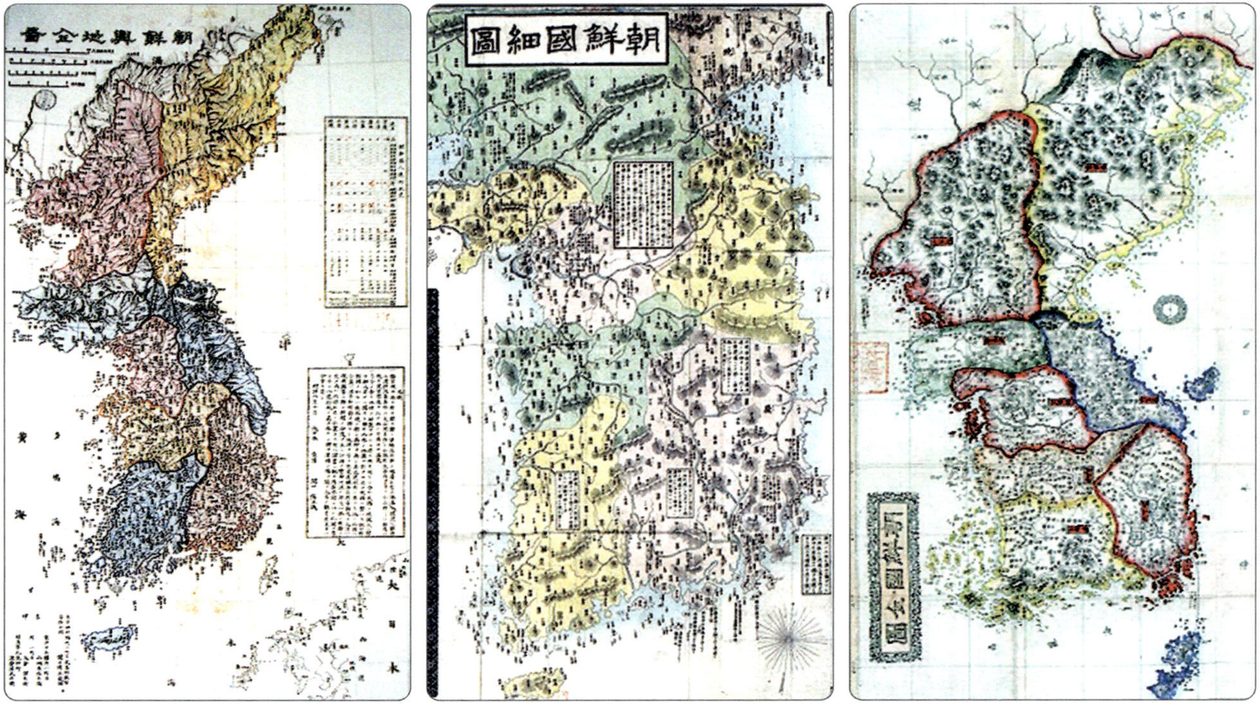

그림 4-13 1875년에 간행된 조선전도의 비교

출처: sites.google.com/site/japanseamerdujapon/Home/

① 福城駒多郎

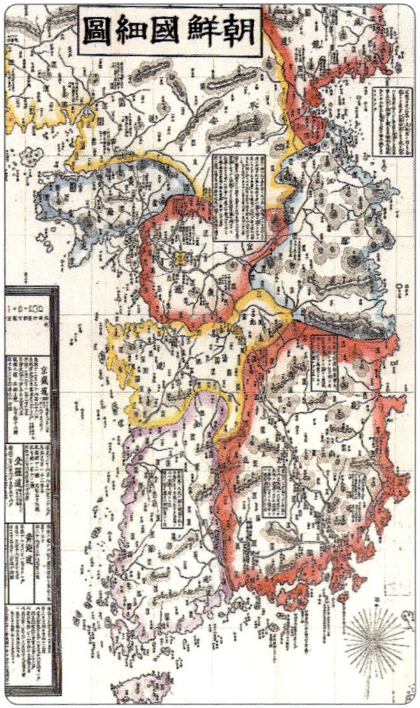

② 木村文三郎

③ 鈴木敬作

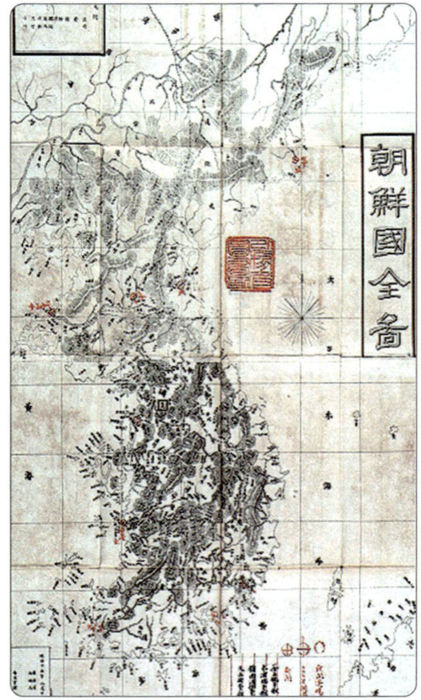

그림 4-14 1882년에 간행된 조선전도의 비교

출처: sites.google.com/site/japanseamerdujapon/Home/

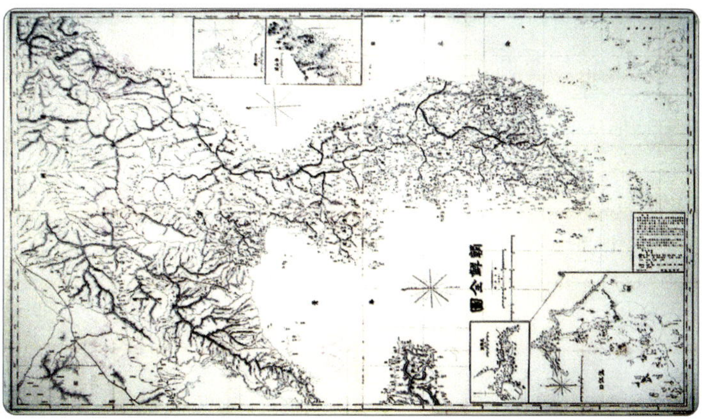

① 육지측량부

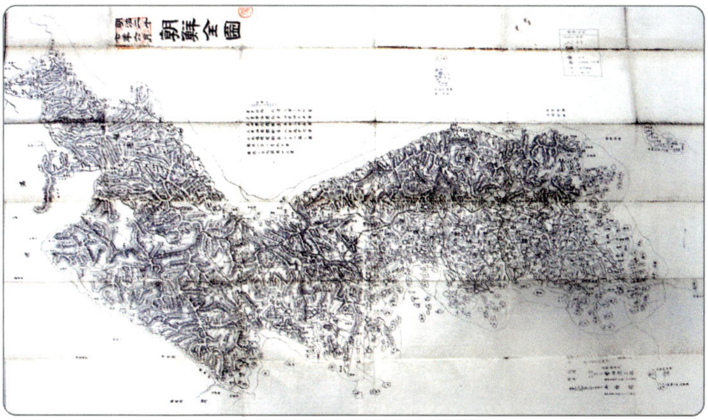

② 紫田源三郎

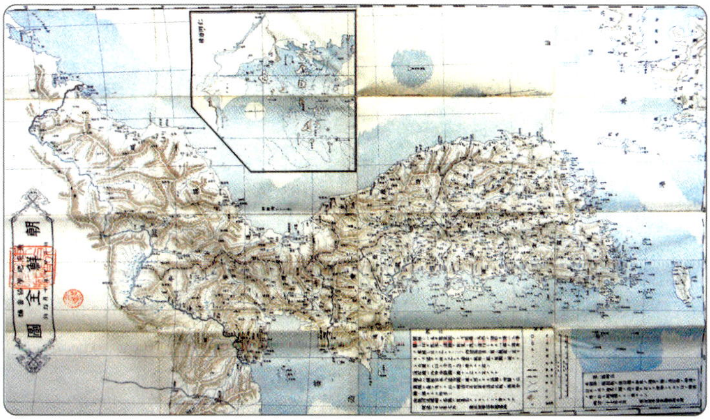

③ 東京地學協會

④ 大橋新太郎

⑤ 小橋助人

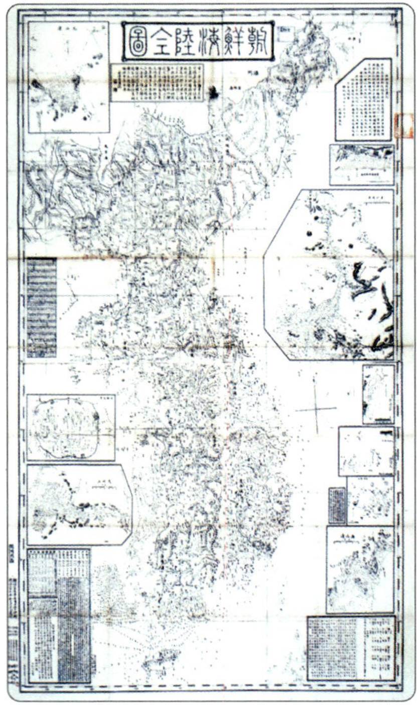

⑥ 若林篤三郎

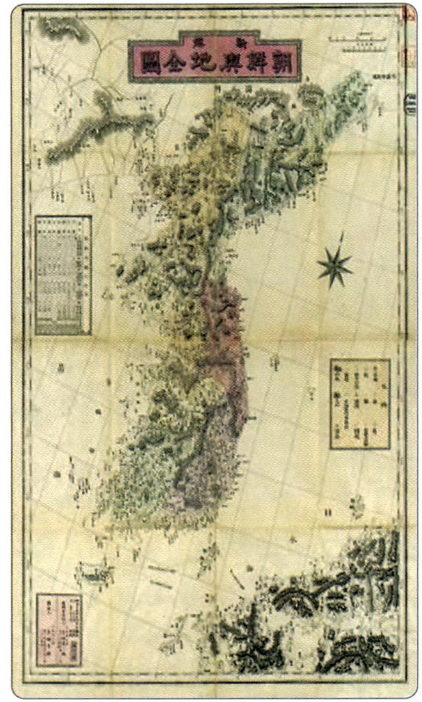

그림 4-15 1894년에 간행된 조선전도의 비교

출처: 영남대학교 박물관, sites.google.com/site/japanseamerdujapon/Home/

① 신찬 조선전도(1902년)

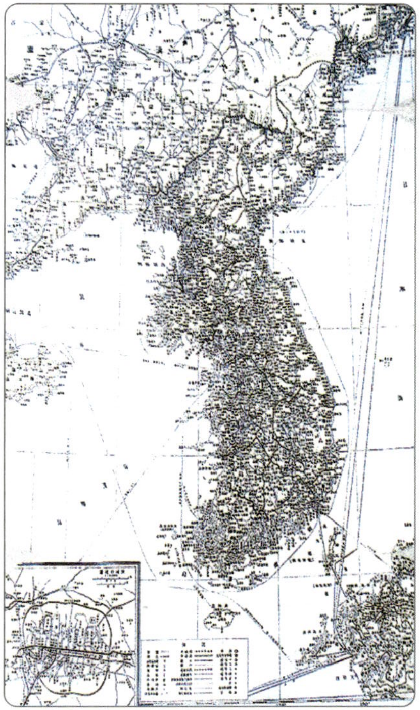

② 小藤文次郎의 조선전도(1903년)

③ 富田能次의 최근대한국전도(1908년)

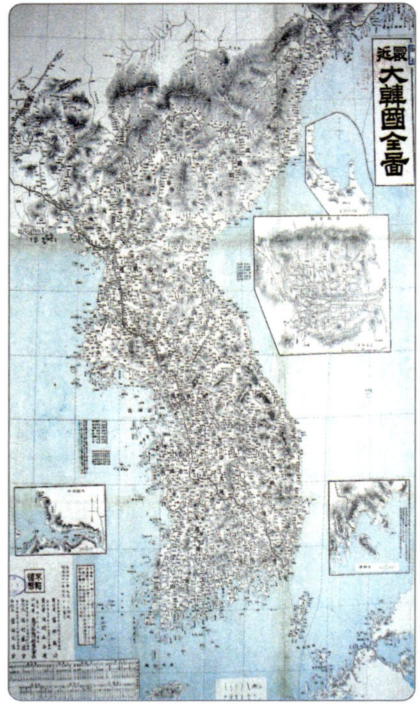

그림 4-16 1900년대에 간행된 한반도 지도

출처: 영남대 박물관, sites.google.com/site/japanseamerdujapon/Home/

제2차 지형도는 기존의 군용비도를 개측(改測)한 도엽과 측량하지 못한 강원도 일대를 새롭게 측량한 도엽을 추가한 『한국오만분일도』이다. 이 지형도에는 제2차 임시측도부가 1909~1911년에 실시한 측량결과가 반영되어 있으며 삼각측량으로 정확도가 향상되었다. 측량은 한반도 남부지방부터 북부지방으로 범위를 넓혀가려 하였으나, 북부지방에 대한 측량은 예산상의 이유로 실현되지 못하였다.

제2차 지형도는 1913~1916년에 걸쳐 발행되었다. 측량을 실시한 지형도 중에서는 측량 기준점이 대삼각점이 아니라 소삼각점만 보이지만, 1차 지형도와 비교하면 현격한 내용상의 차이가 있다. 그러나 삼각측량은 측량조사를 실시한 전 지역이 아니라 주요 루트를 따라서만 실시되었다. 그러므로 제2차 지형도는 사실상 응급적 지형도였음을 시사하고 있다. 육지측량부연혁지 1913년 항에 보면 제1차 지형도가 메이지 28년식(1895년 제정)과 메이지 33년식(1900년 제정)의 도식을 도입하였는데 대하여 제2차 지형도는 메이지 42년식(1909년 제정) 도식을 따랐다. 이들은 제1차 지형도와 마찬가지로 1색 인쇄로 간행되었다.

제3차 지형도는 토지조사사업의 일환으로 임시토지조사국이 측량한 정식명칭 「오만분일지형도(五萬分一地形圖)」이다. 722개 도엽으로 구성된 이 지형도는 삼각측량에 의해 정식으로 제작된 한반도 최초의 1 : 5만 축척 지도이며, 일제는 제2차 지형도보다 정확도가 훨씬 향상되어 한반도의 기본도로 삼았다. 토지조사사업은 1910년에 시작되었으나, 기본도의 측량은 1914년에 뒤늦게 시작된 관계로 경위도의 오류가 발생하기도 하였다.

1917년에 완성된 제3차 지형도의 측량은 경부선 부근으로부터 시작하여 황해도 부근에 이르기까지 삼각망에 의거하였다. 이 지형도에는 제주도와 울릉도를 포함한 다수의 주요 도서가 포함되었으며, 당초에 발행된 지도는 1색 인쇄였으나 2색 또는 3색 인쇄로 바뀌었다. 3색 인쇄는 얼마 후 자취를 감추고 2색 인쇄는 지형도 판매가 중단될 때까지 지속되었다. 이 지형도는 경위도(경도차 15분, 위도차 10분) 구획에 따라 일률적으로 도엽이 구획되어 있으며, 울릉도 도엽만이 약간 남북으로 위치를 이동시켰다. 또한 규모가 작은 서해와 남해의 무인도는 측량되지 않은 섬들이 있으며, 이들은 인접한 도엽 속에 위치를 보여주는 약도로 삽입하였다. 제3차 지형도의 도엽 중에는 금강산 지구처럼 몇 개의 도엽을 한 장의 관광용 지도로 편집하여 5색 인쇄의 국판(菊判)으로 제작된 것도 있다. 도식은 메이지 42년식(1909년 제정) 지형도도식을 개량한 '5만분1 지형도용 도식'을 사용하였다.

한반도 전체를 망라한 제3차 지형도 가운데 일시적으로 군사비밀에서 해제된 3색 인쇄의 64개 도엽은 민간의 수요에 응하기 위하여 「교통도(交通圖)」로서 출판되었다. 이 지도는 특별히 교통로에 중점을 두어 제작한 주제도가 아니었음에도 불구하고 군사기밀을 삭제하여 명칭을 편의상 「교통도」라 부른 것 같다. 따라서 기밀구역의 지형도에는 등고선과 표고숫자가 삭제되어 있다. 특히 영흥만 요새부근의 도엽은 일부 공백으로 남겨두거나 발매하지 않았으며, 진해만 요새부근의 지형도 역시 발매하지 않았다.

이 교통도는 전술한 바 있듯이 최근 일본 오차노미즈 대학에서 발견된 것이며 측도시기가 1916년과 1917년으로 을사늑약이 단행된 후에 간행된 지도이다. 따라서 이 지도의 저작권은 조선총독부가 설치된 후이므로 참모본부 육지측량부에 있는 것이 아니라 조선총독부에 귀속되어 있다고 보아야 한다. 더욱이 이 시기는 조선총독부에 의해 한반도 토지조사사업이 행해진 때에 해당된다. 이것은 참모본부 육지측량부가 군용비도를 은밀하게 측량한 상황과 조선총독부가 제3차 지형도를 제작한 상황과는 전혀 다른 것이었음을 의미한다.

이들 교통도의 제판 시기는 1919년과 1920년이 대부분이다. 그 중 사지동 도엽과 상창평 도엽의 지형도는 제판연도가 불분명하다. 사지동의 경우는 9년 후인 1938년에 수정된 측량을 적용하였고, 상창평은 1920년에 제판된 것으로 추정된다. 최근 발견된 10장의 교통도 중 사지동 도엽을 제외한 9장의 지형도는 모두 1933년에 발행된 것들이다. 또한 1940년에 발행된 사지동 도엽은 육지측량부가 정식으로 제판한 지도이며, 나머지 9장은 모두 가제판본으로 발행되었다. 1938년은 지도에 대한 검열과 통제가 한층 강화된 시기였다. 검열은 1938년에 제정된 육지측량부 방첩규정에 의거하였다. 특히 1941년 12월 8일 일본군의 진주만 공격을 계기로 지도에 대한 통제가 더욱 강화되었다. 정식으로 제판된 1940년의 지도와 가제판된 1933년의 지도의 차이점은 그림 4-17에서 보는 것과 같이 거의 없으나 3

정식 제판본: 사지동 도엽

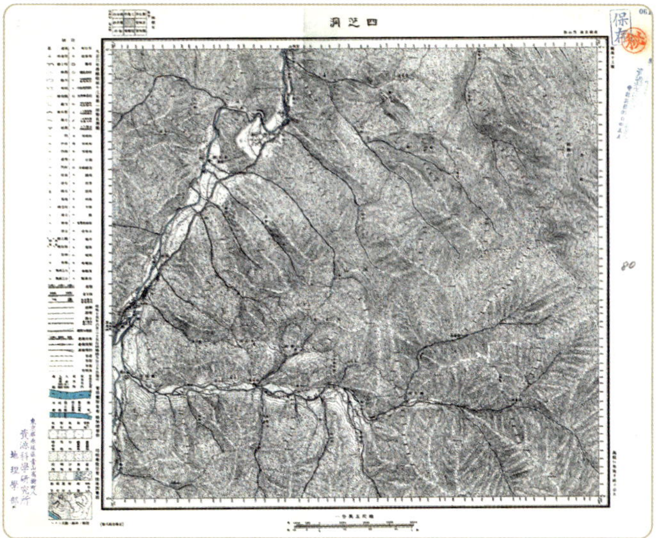

가제판본: 상창평 도엽

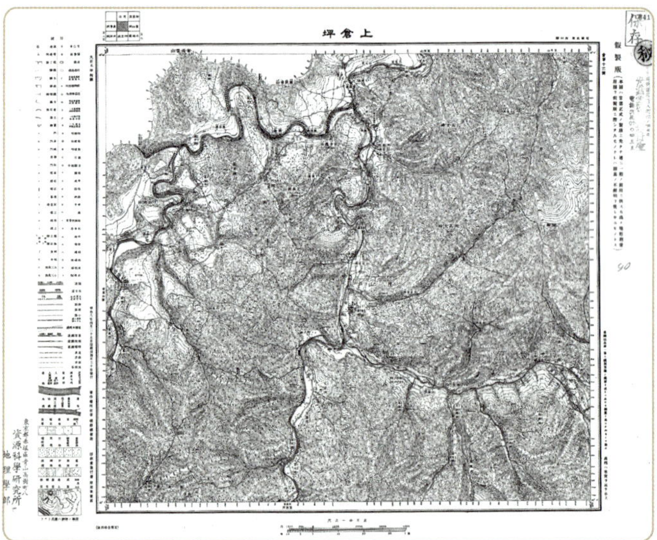

그림 4-17 정식 제판본(1940년)과 가제판본(1933년)의 비교

출처: お茶の水大學 圖書館.

색인쇄의 여부와 정확도가 있을 뿐이다.

「교통도」라 명명한 이들 지형도의 성격은 그림 4-17에서 보는 것처럼 지도의 우측 상단에 날인되어 있는 청색의 '保存'과 적색의 '秘'라는 도장으로 추정이 가능하다. 즉 육지측량부(1921)의 『육지측량연혁지』에 따르면, 일본정부는 1910년에 지형도를 보존용과 공개용으로 구분하여 임시로 공개한 적이 있으며, '秘'라는 도장은 이때에 날인된 것으로 추정된다(南縈佑 · 李虎相, 2008). 이러한 사실은 농사동 도엽의 지형도를 추정근거로 뒷받침될 수 있다(그림 4-18). 농사동 도엽의 경우, 측량연도는 동일하지만 발행시기는 1926년과 1933년 지형도 이외에 1940년에 발행된 것도 존재한다. 이들 중 1926년 지형도에는 '秘'가 날인되어 있고, 1933년 지형도는 '秘'와 '保存'이 함께 날인되어 있다. 이러한 사실에 비춰 볼 때, '保存' 도장이 날인된 것은 1926~1933년 사이라 생각된다. 이와는 달리 제1차 지형도에는 우측 상단에 '軍事機密'이라고 날인되어 있다(그림 4-19).

이들 교통도가 비밀문서로 취급받게 된 것은 이 지역의 군사적 의미와 관련이 있을 것으로 생각된다. 이 백두산 일대의 지역은 한국 독립군과 일본군 간의 군사적 충돌이 빈발했던 지역이다. 따라서 처음에는 민수용으로 지도를 제작하였으나, 군사적으로 중요한 작전

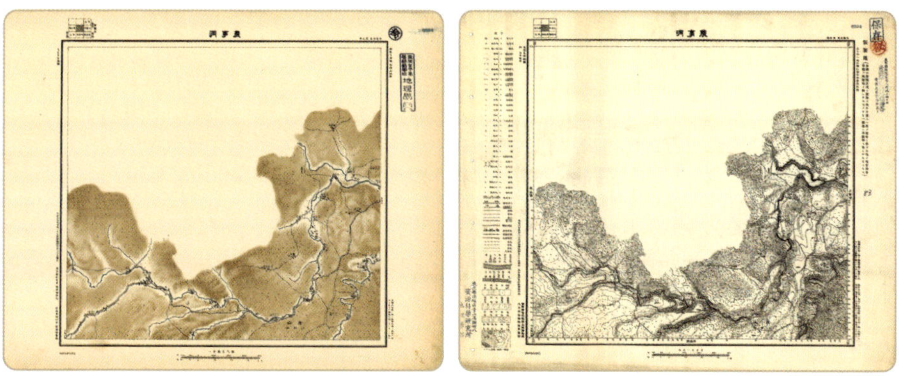

그림 4-18 1926년과 1933년의 농사동 도엽 비교
출처: お茶の水大學 圖書館.

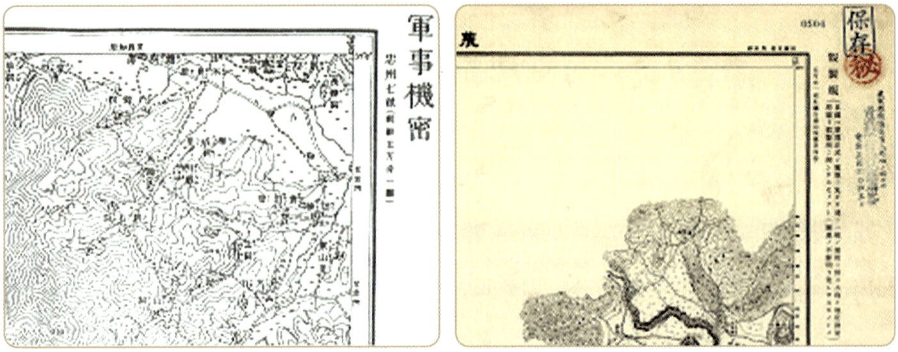

그림 4-19 제1차 지형도와 제3차 지형도의 비밀등급 비교
출처: お茶の水大學 圖書館.

구역의 지형도는 한국독립군의 수중에 넘어가지 않도록 하기 위해 '秘'가 날인된 것으로 추정된다.

'保存'의 날인을 한 것은 당시 도쿄 신주쿠[新宿]에 있던 자원과학연구소의 지리학연구실, 혹은 아카사카[赤坂]에 있던 자원과학연구소의 지리학부라는 두 기관 중 어느 하나라고 생각된다. 그리고 1926년에 발행된 농사동 도엽의 지형도는 오차노미즈 대학 전신인 도쿄여자고등사범학교의 지리학교실에서 보관해 오던 지도이다. 한편 군용비도의 경우는 지형도 우측 상단에 '軍事機密' 또는 '略圖'라 날인된 지도와 아무런 도장이 날인되지 않은 지도의 세 종류가 있다. 당시의 지도 우측 상단부에는 '군사비밀,' '군사극비,' '군사기밀,' '극비(極秘),' '비(秘),' 등으로 분류된 도장이 날인되었다. 중요도에 따라 군사기밀〉군사극비〉군사비밀〉극비〉비의 5단계로 구분되는 것이 보통이다. 따라서 군용비도는 매우 비밀스러운 지도였음을 알 수 있다. 일본에서 지형도가 비밀문서의 취급을 받기 시작한 것은 태평양전쟁이 발발한 1941년부터의 일이다.

또 한 가지 주목되는 것은 교통도의 가격이 인쇄되어 있다는 사실이다. 이것으로 이 지형도가 처음에는 판매용으로 제작된 지도임을 알 수 있다. 한편 제1차 지형도인 군용비도의 경우는 판매용이 아니었던 까닭에 가격이 책정되어 있지 않음은 물론 그림 4-20에서 보는 바와 같이 지형도 하단에 축척이 '미터 · 조선리(里) · 일본리(里)'의 세 종류로 병기되어 있다. '조선리'와 '일본리'는 단위가 상이하다. 이에 대하여 제3차 지형도 및 교통도의 축척은 '미터'와 '일본리'의 두 종류만 병기되어 있다. 이는 일제가 을사늑약 이전에는 '조선리'를 '일본리'로 환산하였으나, 그 이후에는 '조선리'의 필요성을 느끼지 않았다는 사실을 입증하는 것이다.

그리고 만국측지학회의가 열린 같은 시기인 1884년에 미터법조약만국위원회의가 개최되었다. 일본은 이 회의의 결의에 따라 1885년에 상기한 위원회에 가맹국이 되었고 1890년에 미터법을 채용하기에 이르렀다. 지도에 최초로 미터법이 실험적으로 적용된 것은 1885년 가을에 측량된 1 : 2만 축척의 하코네[箱根] 지형도였다. 이 지도는 프러시아식의 다면체투영법을 채택하였고, 지형경관이 수평곡면의 등고선으로 표현되었다(中野, 1978).

한편 1 : 2만 5천 지형도는 기본도인 1 : 5만 지형도가 제작될 때 동시에 간행되었으며,

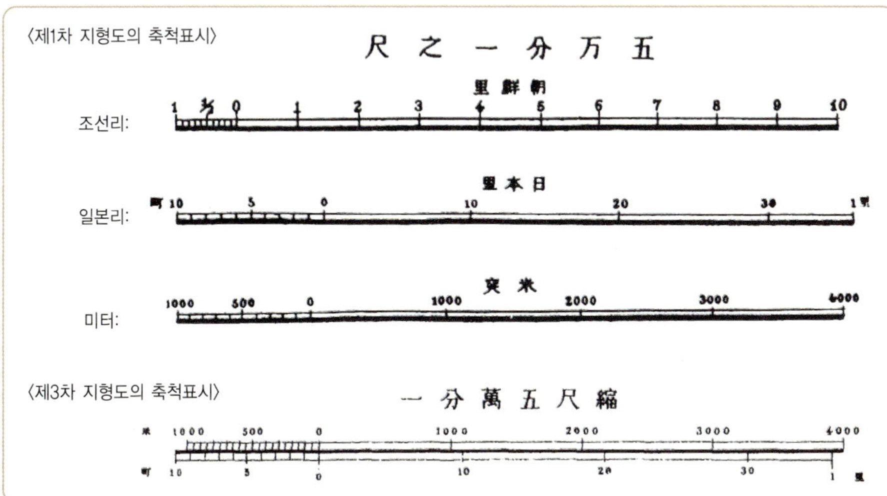

그림 4-20 제1차 지형도와 제3차 지형도의 축척표시 비교
출처: 남영우(2007).

1914~1918년에 걸쳐 총 143개 도엽이 측량되었다. 이들 중 비밀지도로 분류된 도엽은 회령 일대의 9매, 영흥만 요새근방의 16매, 진해만 요새근방의 21매로 총 46개 도엽을 포함하여 경인지방의 6매가 그것이다. 1 : 2.5만 지형도는 대부분의 도엽이 2색 인쇄로 2~3회에 걸쳐 수정측도가 행해졌다.

이와는 달리 1 : 1만 지형도는 주요도시 대부분에 걸쳐 제작되었다. 당초에는 45개 도시의 지형도가 간행되었으나 전쟁 말기에는 63개 도시로 늘어났다. 이것은 일본본토와 비교해 볼 때 놀라운 분량이다. 일본열도에는 6대도시의 1 : 1만 지형도가 제작되었을 뿐이었다. 한반도에서는 지방행정의 중심지는 물론 인구 1만 명 이하의 역사도시와 군사도시가 포함되어 있다. 이 사실은 일제가 한국병합 후 한반도 통치를 위한 장기적 준비의 일환이었을 것으로 짐작된다. 이들 지형도의 제작시기는 1기와 2기로 구분된다. 1기에는 1 : 5만 지형도 측량시 동시에 간행된 지도로 1915~1917년에 43개 도엽, 1919~1920년에 2개 도엽이 제작되었다. 2기에는 1929~1938년에 걸쳐 19개 도엽이 간행되었다(표 4-4).

이들 대축척지도 이외에도 일제는 다양한 소축척지도들을 편찬하였다. 소축척의 편찬도는 1 : 5만 지형도를 기초로 편찬한 편찬지도와 실제측량을 하지 않은 편찬지도로 나뉜다. 1 : 20만 지도는 1918년 임시토지조사국이 편찬 · 제판하여 1921년 발행되었다. 그 중 일

표 4-4. 1 : 1만 지형도의 연도별 도엽 수

초기 측도 시기	도엽 수(매)	초기 측도 시기	도엽 수(매)
1915년	4	1932년	3
1916년	14	1933년	3
1917년	25	1934년	2
1919년	1	1935년	2
1920년	1	1936년	2
1929년	1	1937년	3
1930년	1	1938년	2

출처: 清水(2009), p.171.

부는 1928년과 1937~1938년에 수정 보완작업이 이루어졌다. 투영법은 종전과 마찬가지로 선형다면체도법(扇形多面體圖法)이 사용되었다. 그러나 제2차 세계대전이 시작됨에 따라 이 지도는 참모본부의 관리로 넘어가게 되어 판매가 중단되었다. 이 밖에도 「1 : 50만 여지도 · 제국도」가 육지측량부에 의해 편찬되었고, 청일전쟁과 더불어 참모본부가 수집한 자료에 기초하여 편찬된 1 : 1백만 「가제동아여지도」 등이 있다.

이상에서 살펴본 바와 같이 지형도의 경우, 19세기 말과 20세기를 전후한 지도는 정탐목적과 군사적 목적에 따라 간첩대에 의해 비밀측량으로 제작되었음을 알 수 있다. 정한론이 대두된 조선말에는 각종 정보를 탐지하려는 목적과 군사목적이 내포되어 있었다. 사실상 대한제국을 병합한 일제는 1908년부터 기존의 간첩대와 주둔군을 동원한 군사작전의 일환으로 지도를 작성하였다. 그러나 1910년의 을사늑약 이후부터 일제는 군사목적보다는 통

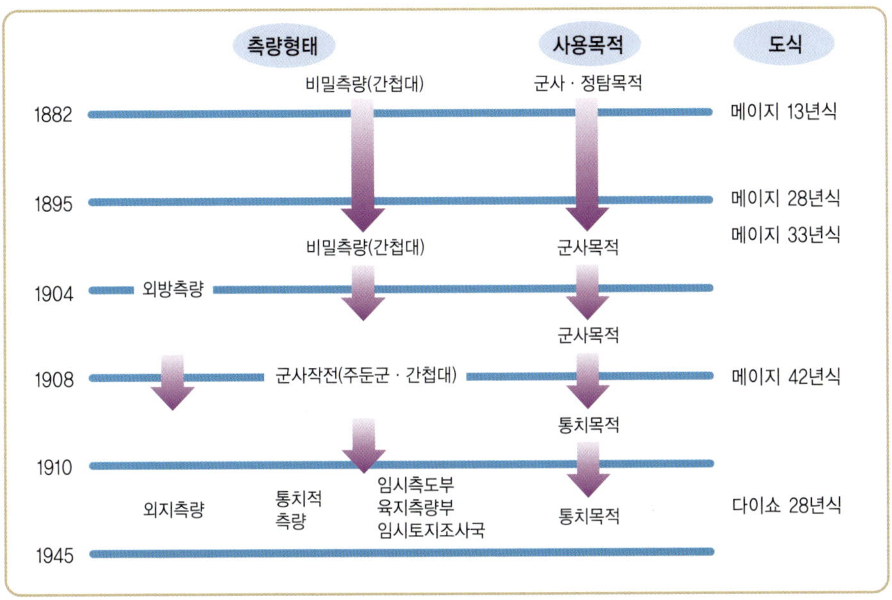

그림 4-21 조선말~일제강점기의 측량형태와 측량목적의 변화
출처: 남영우(2007).

치목적으로 통상적 측량을 단행하게 되었다. 구체적으로, 제3차 지형도는 도로 · 철도 · 항만건설 등의 토목사업과 도시계획을 위한 기초자료로 이용되었다(그림 4-21).

제2차 지형도는 제1차 지형도를 개측(改測)한 것과 제2차 임시측도부가 1908~1911년에 실시한 측량결과가 반영되어 있으며 삼각측량으로 정확도가 향상된 지도이다. 제2차 지형도에서 새롭게 측량된 지역은 삼척 · 평해 · 영해 · 양양 · 강릉 · 순흥 · 성천 등이며, 주로 중부지방과 남부지방에 걸친 도엽에 개측이 이루어졌다.

이 밖에도 토지조사와 각종 건설사업을 위해 1914~1918년의 5년 사이에 제작된 지도는 1 : 2.5만 축척의 청진 및 나주 일대의 10개 도엽을 위시하여 의주 · 함흥 · 평양 및 회령 등의 9개 도엽, 진남포 일대의 4개 도엽, 경인지방의 15개 도엽, 대전 일대의 12개 도엽, 군산 일대의 11개 도엽, 대구와 목포 일대의 6개 도엽, 영흥만 일대의 16개 도엽, 인천 일대의 3개 도엽, 진해 일대의 21개 도엽으로 총 14개 지방의 143개 도엽이다(김의원, 1987).

이들 가운데 함흥 · 청진 · 진남포 · 군산 · 목포 등은 개항장의 항만개발을 위해, 영흥 ·

그림 4-22 함흥 만덕산에서 바라본 일본 수비대
출처: 위키백과.

진해 등은 군사적 거점인 군항(軍港) 개발을 위해 간행되었을 것으로 짐작된다. 이들 지도는 제3차 지형도와 거의 동시에 완성되었다. 그리고 1 : 1만 축척 지도는 인천 · 부산 · 진해 · 마산 · 통영 · 나진 등의 7개 도시 51개 도엽이 군사적 목적으로, 또한 주요도시의 63개 도엽의 1 : 2.5만 축척의 지도가 도시계획의 목적으로 병행하여 제작되었다.

이와는 달리 일제는 1929년 조선총독부를 앞세워 서울의 경복궁 안마당에서 조선박람회를 개최하면서 조감도 형식의 서울지도를 제작하기도 하였다(그림 4-23). 일제는 조선왕조를 비하하며 식민지배의 정당성을 강조하기 위한 의도로 박람회를 서울에서 개최함으로써 서울의 근대상을 보여주며 자신들의 지배를 합리화한 것이다. 박람회 당시에 제작된 일종의 관광 가이드인 박람회 서울지도에는 행사가 개최된 경복궁 일대와 남산의 조선신궁이 강조되어 묘사된 반면, 독립지사들이 감금되어 있거나 처형된 서대문형무소는 생략해 버렸다.

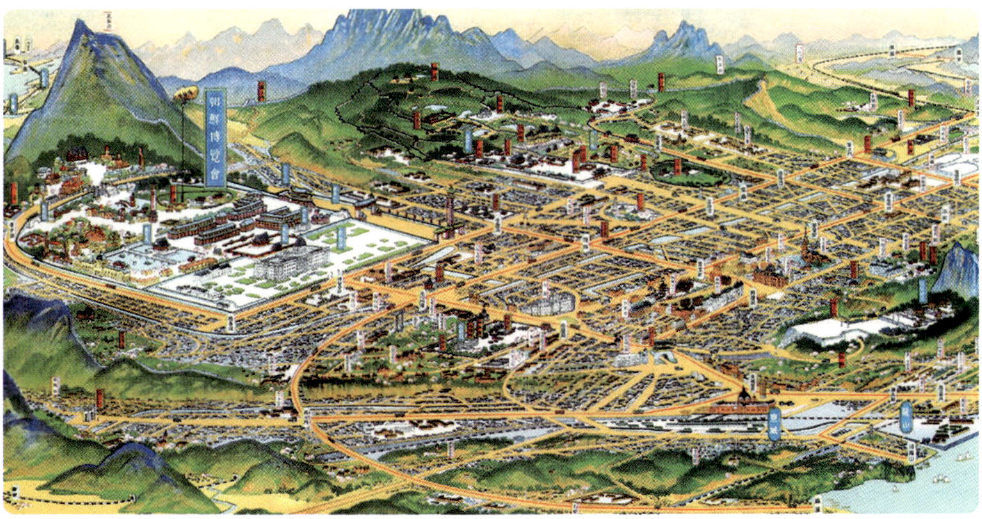

그림 4-23 조선박람회 관광가이드용 서울 지도
출처: 민족문제연구소.

5. 한반도 지형도의 목록

이상에서 살펴본 바와 같이 일제 통치기관에 의해 측량되고 발행된 1 : 5만 지형도는 세 차례에 걸쳐 간행되었음을 알 수 있다. 최초의 지형도는 참모본부 간첩대에 의해 제작되었다가 그 대부분이 한일병합 후에 '약도'로서 시판된 제1차 지형도였다. 그 뒤를 이어 1909~1911년에 걸쳐 측량된 제2차 지형도는 1913~1916년에 걸쳐 발행되었다. 이 지형도는 측량 기준점이 대삼각점이 아닌 소삼각점만 사용되었다. 제3차 지형도는 1914~1918년에 한반도 전역에 걸쳐 삼각점망을 설정하여 측량된 것으로 지적도의 간행을 위해 제작되었다. 즉 지적도를 축소하고 지형측량을 실시하여 제작되었다.

표 4-5. 약도 · 지형도 · 기본도의 측도 및 발행 시기 일람표

No.	약도(제1차)			지형도(제2차)			기본도(제3차지형도)			비고
	도엽	측도년	발행년	도엽	측도년	발행년	도엽	측도년	발행년	
	길주(吉州)						길주(吉州)			
1	오상진	1895	1912				이암동	1917	1920	
3	목진	1895	1912				(하응봉에 병합)			
5	지경장	1895	1912				극동	1917	1918	
6	상응봉	1895	1912				칠보산	1917	1918	
7	하응봉	1895	1912				하응봉	1917	1918	
8	화태	1895	1912				사포동	1917	1918	
9	명천	1895	1912				명천	1917		
10	상운사장	1895	1912				고참동	1917	1918	
11	길주	1895	1912				길주	1917		
12	임명역	1895	1912				임명동	1917	1918	
13	운주성	1895					웅주동	1917	1918	
14	수남	1895	1912				재덕	1917	1918	
15	평육	1895	1912				고보	1917	1918	
16	쌍포	1895	1912				성진북부	1917		
	성진(城津)						성진(城津)			
9	유진	1895	1912				(임명동에 병합)			
13	성진	1895	1912				성진	1917	1918	

No.	약도(제1차)			지형도(제2차)			기본도(제3차지형도)			비고
	도엽	측도년	발행년	도엽	측도년	발행년	도엽	측도년	발행년	
14	이호	1895	1912				룡태동	1917	1918	
				삼척(三陟)			삼척(三陟)			
14				산성우	1911	1913	산성우	1915	1916 · 18	
15				악풍리	1911	1913	옥계	1915	1916 · 18	
16				삼척	1911	1913	삼척	1915	1917 · 18	
				평해(平海)			울진(蔚珍)			
9				추천진	1910	1913	임원진	1915	1916 · 18	
10				룡추갑	1910	1913	흥부동	1915	1917 · 18	
11				울진	1910	1913	울진	1915	1917 · 18	
12				평해	1910	1913	평해	1915	1917 · 18	
13				고사리	1910	1913	고사리	1915	1917 · 18	
14				오저동	1910	1913	석포	1915	1917 · 18	
15				사전리	1910	1913	삼근	1915	1917 · 18	
16				영양	1910	1913	일월산	1915	1916 · 18	
	영해(寧海)			영해(寧海)			영덕(盈德)			
8				장기갑	1910	1913	장기갑	1915	1916 · 18	
9				영해	1910	1913	영해	1915	1917 · 18	
10				영덕	1910	1913	영덕	1915	1916 · 18	
11				청하	1910	1913	청하	1915	1916 · 18	
12	흥해	1895	1911	여해	1910	1913	포항	1915	1916 · 18	
13				진보	1910	1913	영양	1915	1916 · 18	
14				청송	1910	1913	청송	1915	1916 · 18	
15				도평동	1910	1913	도평동	1915	1916 · 18	
16	기산	1895	1911	월천동	1910	1913	사계	1915	1916 · 18	
	경주(慶州)			경주(慶州)			경주(慶州)			
5	사라	?		사라			구룡포	1915	1916 · 18	
6	안포	?		안포			(조양에 併合)			
9	영일	1895		연일			연일	1915	1916 · 18	
10	대분	1895	1911	조양	1909	1912	조양	1914	1916 · 18	
11	울산	1895	1911	울산			울산	1914	1915 · 18	
12	서생	1895	1911	남창			장생포	1914	1915 · 18	
13	아화동	1895	1911	경주	1910	1912	경주	1915	1916 · 18	
14	경주	1895	1911	모량동	1909	1912	모량동	1914	1916 · 18	
15	언양	1895	1911	언양	1909	1912	언양	1914	1916 · 18	
16	양산	1895	1911	양산			양산	1914	1916 · 18	
	부산(釜山)			부산(釜山)			부산(釜山)			
9	이천포	1895	1911	(비급)			월내리	1914	1915·1926*	*교통도

No.	약도(제1차)			지형도(제2차)			기본도(제3차지형도)			비고
	도엽	측도년	발행년	도엽	측도년	발행년	도엽	측도년	발행년	
13	(비급)			(비급)			동래	1914		
14	(비급)			(비급)			부산	1916		
	혜산진(惠山鎭)						혜산진(惠山鎭)			
8	운농보동변	1895	1912				백사봉	1916	1917 · 18	
12	운농보	1895	1912				보안소리	1916	1917 · 18	
16	혜산진	1895	1912				혜산진	1916	1917 · 18	
	갑산(甲山)						갑산(甲山)			
1	합수	1895	1912				합수	1917	1918	
2	석포	1895	1912				신복장	1917	1918	
3	오을족	1895	1912				오을족리	1917	1918	
4	증산	1895	1912				보거리	1917	1919	
5	남운령	1895	1912				동흥리	1916	1917 · 18	
6	동점	1895	1912				동점	1916	1917 · 18	
7	도창	1895	1912				도창	1917	1918	
8	장파	1895	1912				고성리	1917	1918	
9	대문장	1895	1912				함정포리	1916	1917 · 18	
10	갑산	1895	1912				갑산	1916	1917 · 18	
11	임어수동	1895	1912				신하리	1917	1918	
12	조가동	1895	1912				어평리	1917	1918	
13	삼수	1895	1912				중평리	1916	1917 · 18	
14	원덕장	1895	1912				원덕장	1916	1917 · 18	
15	평리	1895	1912				상리	1916	1918	
16	황수원	1895	1912				풍산	1916	1918	
	북청(北淸)						북청(北淸)			
1	관남리	1895	1912				답동리	1917	1919	
2	단천	1895	1912				단천	1917	1918	
5	개고성	1895	1912				상농리	1917	1918	
6	곡구역	1895	1912				쌍상리	1917		
7	이원	1895	1912				이원	1917		
8	거산	1895	1912				대만춘	1917	1918	
9	금창	1895	1912				직동	1917	1918	
10	궐령	?					장흥리	1917	1918	
11	북청	?					북청	1917		
12	신창	?					신창	1917		
13	장촌포	1895	1912				후치령	1917	1918	
14	여리동	?					중리	1917	1918	
15	간도촌	?					방촌	1917	1918	

No.	약도(제1차)			지형도(제2차)			기본도(제3차지형도)			비고
	도엽	측도년	발행년	도엽	측도년	발행년	도엽	측도년	발행년	
16	평포	?					신포	1917		
	마양도(馬養島)						마양도(馬養島)			
13	마양도	?					마양도	1917	1918	
	고성(高城)			장전점(長箭店)			장전(長箭)			
12	고성	1895	1911	포항리	1911	1913	해금강	1916	1917 · 18	
15	송도	1895	1911	장림	1911	1913	두백리	1917	1918	
16	장선섬	1895	1911	장전점	1911	1913	외금강	1916	1918	
	양양(襄陽)			양양(襄陽)			간성(杆城)			
6				공수진	1911	1913	(간성에 병합)			
7				오리진	1911	1913	옹진	1915	1916 · 18	
8				양양	1911	1913	양양	1915	1917 · 18	
9	포진	1895	1911	고성	1911	1913	고성	1916	1918	
10	화진포	1895	1911	간성	1911	1913	간성	1915	1917 · 18	
11	저성	1895	1911	룡두리	1911	1913	창암점	1915	1917 · 18	
12				우석동	1911	1913	설악산	1915	1917 · 18	
13	금강산	1895	1911	장연리	1911	1913	내금강	1916	1918	
14	룡산리	1895	1911	룡산리	1911	1913	이포리	1916	1918	
15	간무봉	1895	1911	단화리	1911	1913	만대리	1915	1917 · 18	
16				인제	1911	1913	인제	1915	1917 · 18	
				강릉(江陵)			강릉(江陵)			
1				주문진	1911	1913	주문진	1915	1916 · 18	
2				강릉	1911	1913	강릉	1915	1917 · 18	
3				도전동	1911	1913	석병산	1915	1917 · 18	
4				하임계	1911	1913	하임계	1915	1917 · 18	
5				퇴곡리	1911	1913	북분리	1915	1917 · 18	
6				구석평	1911	1913	오태산	1915	1917 · 18	
7				하진부	1911	1913	하진부	1915	1917 · 18	
8				정선	1911	1913	정선	1915	1917 · 18	
9				현리	1911	1913	현리	1915	1917 · 18	
10				창촌	1911	1913	창촌	1915	1917 · 18	
11				상대화리	1911	1913	창동	1915	1916 · 18	
12				평창	1911	1913	평창	1915	1917 · 18	
13				음양리	1911	1913	자은리	1915	1917 · 18	
14				상군사리	1911	1913	풍암리	1915	1917 · 18	
15				동평리	1911	1913	갑천리	1915	1917 · 18	
16				하안흥리	1911	1913	안흥리	1915	1917 · 18	

No.	약도(제1차)			지형도(제2차)			기본도(제3차지형도)			비고
	도엽	측도년	발행년	도엽	측도년	발행년	도엽	측도년	발행년	
				순흥(順興)			영주(榮州)			
1				파운리	1911	1913	호명	1915	1917 · 18	
2				서벽리	1910	1913	서벽리	1915	1917 · 18	
3				봉화	1910	1913	춘양	1915	1917 · 18	
4				례안	1910	1913	례안	1915	1917 · 18	
5				연상리	1911	1913	의림길	1915	1917 · 18	
6				동대리	1911	1913	옥동	1915	1917 · 17	
7				순흥	1911	1913	내성	1915	1917 · 17	
8				영천	1910	1913	영주	1915	1916 · 17	
9				녕월	1911	1913	녕월	1915	1917 · 17	
10				영춘	1911	1913	영춘	1915	1917 · 18	
11				단양	1911	1913	단양	1915	1917 · 18	
12	마천	1895	1911	장기	1910	1913	적성	1915	1916 · 18	
13				오미리	1911	1913	신림	1915	1917 · 18	
14	중리	1895	1911	청풍	1911	1913	제천	1915	1917 · 18	
15	신당리	1895	1911	서창	1911	1913	황강리	1915	1917 · 18	
16	문경	1895	1911	문경	1910	1913	문경	1915	1916 · 18	
	상주(尙州)			상주(尙州)			상주(尙州)			
1				편항리	1910	1913	편항리	1915	1916 · 18	
2	차동	1895	1911	천지시	1910	1913	천지동	1915	1916 · 18	
3	소감천	1895	1911	음지	1910	1913	구산동	1915	1916 · 18	
4	신녕	1895	1911	신녕	1910	1913	신녕	1915	1916 · 18	
5	호잠	1895	1911	안동	1910	1913	안동	1915	1916 · 18	
6	구미	1895	1911	의성	1910	1913	의성	1915	1916 · 18	
7	의성	1895	1911	군위	1910	1913	군위	1915	1916 · 18	
8	의여	1895	1911	장기동	1910	1913	노령	1915	1916 · 18	
9	룡궁	1895	1911	예천	1910	1913	예천	1915	1916 · 18	
10	수산	1895	1911	낙동	1910	1913	낙동	1915	1916 · 16	
11	선산	1895	1911	선산	1910	1913	선산	1915	1916 · 18	
12	인동	1895	1911	인동	1910	1912	인동	1914	1916 · 18	
13	함창	1895	1911	함창	1910	1913	함창	1915	1916 · 18	
14	상주	1895	1911	상주			상주	1914	1916 · 18	
15	갑장산	1895	1911	개녕	1910	1912	옥산동	1914	1916 · 18	
16	금산	1895	1911	김천	1910	1912	김천	1915	1916	
	대구(大邱)			대구(大邱)			대구(大邱)			
1	영천			영천	1910	1912	영천	1915		
2	자인	1895	1911	자인	1909	1912	자인	1914	1916 · 19	

No.	약도(제1차)			지형도(제2차)			기본도(제3차지형도)			비고
	도엽	측도년	발행년	도엽	측도년	발행년	도엽	측도년	발행년	
3	유천	1895	1911	유천	1909	1912	유천	1914	1916 · 19	
4	삼랑진	1895	1911	밀양	1909	1913	밀양	1914	1917 · 17	
5	대구	1895	1911	대구	1910	1912	대구	1915	1918 · 18	
6	경산	1895	1911	경산	1909	1912	경산	1917	1918	
7	청도			청도	1909	1912	청도	1914		
8	밀양	1895	1911	령산	1909	1913	령산	1916		
9	성주	1895	1911	성주	1910	1912	왜관	1915	1918	
10	고령	1895	1911	현풍	1910	1912	고령	1916	1918	
11	초계	1895	1911	창녕	1910	1912	창녕	1916	1918	
12	신급	1895	1911	신반	1910	1913	남지	1917	1918	
13	지례	1895	1911	지례	1910	1912	지례	1915	1918	
14	가조장	1895	1911	야로	1910	1912	가야산	1917	1918	
15	섬천	1895	1911	섬천	1910	1912	섬천	1917	1918	
16	삼가	1895	1911	삼가			삼가	1916	1918	
	거제도(巨済島)			진주(晋州)			마산(馬山)			
1~12	비도			동좌			동좌			
13	안간	1895	1911	진주			진주	1917	1918	
14	진주	1895	1911	사천	1909	1913	사천	1917	1918	
15	삼천리	1895	1911	삼천포	1909	1913	삼천포	1917	1918	
16	목장	1895	1911	삼화동	1909	1913 · 16	미조리	1917	1918	
	욕지도(欲知島)			욕지도(欲知島)			욕지도(欲知島)			
5				대매물도	1909	1913 · 16	매물도	1916	1917 · 19	
9				욕지도동부	1909	1913 · 16	욕지도동부	1916	1917	
13	미조정	1895	1911	욕지도서부	1909	1913 · 16	욕지도서부	1916	1917 · 19	
	후창(厚昌)						후창(厚昌)			
4	신파리	1900	1912				신갈파진	1916	1917 · 18	
8	후주고읍	1900	1912				송전동	1916	1917 · 18	*8·12호
11	하산면	?					하구배	1916	1917 · 18	*11·15호
12	부산동	?					후주고읍	1916	1917 · 18	*12·16호
14	건포	?								14·자성2호
15	만흥리	?								15·자성3호
16	후창	?								16·자성4호
	장진(長津)						장진(長津)			
1	상동구	1900	1912				삼덕리	1916	1917 · 18	
2	청산령	1900	1912				청산령	1916	1917 · 18	
3	서수동	1900	1912				양평장	1916	1917 · 18	
4	생수동	1900	1912				나흥리	1916	1917 · 18	

No.	약도(제1차)			지형도(제2차)			기본도(제3차지형도)			비고
	도엽	측도년	발행년	도엽	측도년	발행년	도엽	측도년	발행년	
5	전지령	1900	1912				보성리	1916	1917 · 18	*5·9호
6	신방포	1900	1912				원동리	1916	1917 · 18	*6·10호
7	능구장	1900	1912				능구리	1916	1917 · 18	*7·11호
8	신여동	1900	1912				운산리	1916	1917 · 18	*8·12호
9	동구	?					남사	1916	1917 · 18	*9·13호
10	삼포	?					산양리	1916	1917 · 18	*10·14호
11	장진	?					중강리	1916	1917 · 18	*11·15호
12	중강	?					연화산	1916	1917 · 18	*12·16호
13	오가산동구	?					신관원	1916	1917 · 18	*13·강계1호
14	오암동	?					삼포리	1916	1917 · 18	*14·강계2호
15	아득개령	?					장진	1916	1917 · 18	*15·강계3호
16	십리평	?					덕실리	1916	1917 · 18	*16·강계4호
	홍원(洪原)						홍원(洪原)			
1	평북군	1900	1912				운담	1916	1917 · 18	
2	삼수동	1900	1912				금패령	1916	1917 · 18	
3	신풍리	1900	1912				신풍리	1916	1917 · 18	
3 · 4	풍전리	?								
4	홍원	?					홍원	1916		
5	광대평	1900	1912				광대리	1916	1917 · 18	*5·9호
6	감지원	1900	1912				부전령	1916	1917	*6·10호
7	경흥리	1900	1912				신흥	1916	1917 · 18	*7·11호
7 · 8	길완리	?								
8	임도원	?					원평장	1916	1918	
9	창평	?					메물리	1916	1917 · 18	*9·13호
10	구읍	?					하갈우리	1916	1917 · 18	*10·14호
11	고토수	?					고토수	1916	1917 · 18	*11·15호
12	중리	?								
12	상통리	?					오노리	1916	1918	*12·16호
13	북수읍	?					구진	1916	1917 · 18	*13·희천1호
14	장동	?					류담	1916	1917 · 18	*14·희천2호
15	청석동	?					동백산	1916	1917 · 18	*15·희천3호
16	사창	?					검산령	1916	1918	*16·희천4호
	함흥(咸興)						함흥(咸興)			
1	퇴조	?					퇴조	1917		
5	함흥	?					함흥	1918		
6	서호	1895	1916				서호진	1917	1918	
9	원산리	1895	1913				지경	1918		

No.	약도(제1차)			지형도(제2차)			기본도(제3차지형도)			비고
	도엽	측도년	발행년	도엽	측도년	발행년	도엽	측도년	발행년	
9	풍송리	1900	1913							*9·13호북
9	추리리	1900	1913							*9·13호남
10	정평	1895	1913 · 16				정평	1918		
13	신창면	1900	1913				풍송리	1917	1918	*13·녕원1호
13	사수산	1900	1913 · 16							*14·녕원2호
14	단속산	1895	1913 · 16				단속산	1917	1919	
	원산신(元山津)			원산진(元山津)			원산(元山)			
2	흡곡	1895	1911	패천리	1911	1916	패천리	1917	1921	
3	통천	1895	1911	통천	1911	1914	동천	1917	1918	
4	추지령	1895	1911	화천	1911	1913	화천	1916	1917	
7	황룡산	1895	1911	남평동	1911	1914	도납리	1917	1919	
8	회양	1895	1911	회양	1911	1913	회양	1917	1918	
11	고산석	1895	1911	고산	1911	1914	석왕사	1917	1919	
12	철령	1895	1911	철령	1911	1913	삼방	1917	1918	
15	봉황산	1895	1911	호탄동	1911	1914	법동	1917	1919	
16	희룡산	1895	1911	구당리	1911	1913	가여주	1918	1919	
	철원(鉄原)			철원(鉄原)			철원(鉄原)			
1	통구현리	1895	1911	북창	1911	1913	말휘리	1916	1917 · 18	
2	송거리	1895	1911	대정리	1911	1913	대정리	1917	1918	
3	견등	1895	1911	외건율	1911	1913	문등	1915	1918	
4	청평사	1895	1911	양구	1911	1913	양구	1915	1917	
5	창도역	1895	1911	창도리	1911	1913	창도리	1917		
6	금성	1895	1911	금성	1911	1913	금성	1917		
7	사방거리	1895	1911	토요동	1911	1913	산양리	1915		
8	한천	1895	1911	화천	1911	1913	화천	1915	1917 · 18	
9	토성	1895	1911	토성	1911	1913	세포	1917		
10	평강	1895	1911	평강	1911	1913	평강	1917		
11	금화	1895	1911	금화	1911	1913	금화	1917		
12	지포	1895	1911	풍전리	1911	1913	지포리	1916	1918	
13	기산리	1895	1911	신대	1911	1913	후평리	1917	1919	
14	옥동	1895	1911	옥동리	1911	1913	옥동리	1917		
15	철원	1895	1911	철원	1911	1913	철원	1917	1918	
16	영평	1895	1911	연천	1911	1913	연천	1916		
	광주(広州)			광주(広州)			춘천(春川)			
1	부창	1895	1911	도지가	1911	1913	내평리	1915	1917 · 18	
2	연엽산	1895	1911	홍천	1911	1913	홍천	1915	1916 · 18	
3				하창봉리	1911	1913	양덕원	1915	1917 · 18	

No.	약도(제1차)			지형도(제2차)			기본도(제3차지형도)			비고
	도엽	측도년	발행년	도엽	측도년	발행년	도엽	측도년	발행년	
4	지평동부	1895	1911	원주	1911	1913	원주	1915	1917 · 18	
5	춘천	1895	1911	춘천	1911	1913	춘천	1915	1917 · 18	
6	추동	1895	1911	가평	1911	1913	가평	1915	1917 · 18	
7	광탄	1895	1911	룡두	1911	1913	룡두	1916	1917 · 18	
8	지평	1895	1911	이포	1911	1913	이포	1916	1917 · 18	
9	가평	1895	1911	화대리	1911	1913	기산리	1916	1917 · 18	
10	미원장	1895	1911	감천리	1911	1913	청평천	1915	1917 · 18	
11	양근	1895	1911	마석우리	1910	1913	마석우리	1916	1917 · 18	
12	곤지암	1895	1911	양평			나평	1916	1917 · 18	
13	포천	1895	1911	포천	1911	1913	포천	1916	1917 · 18	
14	양주	1895	1911	양주	1911	1913	의정부	1916	1917 · 18	
15	송파진	1895	1911	왕십리	1910	1913	독촌	1915		
16	광주	1895	1911	광주			광주	1915	1918	
	충주(忠州)			충주(忠州)			충주(忠州)			
1	문막	1895	1911	문막	1911	1913	문막	1915	1917 · 18	
2	하담	1895	1911	산계	1910	1913	목계	1915	1916 · 18	
3	충주	1895	1911	충주	1910	1913	충주	1915	1916 · 18	
4	괴산	1895	1911	괴산	1910	1913	괴산	1915	1916 · 18	
5	여주	1895	1911	여주	1910	1913	여주	1915	1917 · 18	
6	음죽	1895	1911	장호원	1910	1913	장호원	1915	1916 · 18	
7	음성	1895	1911	음성	1910	1912	음성	1915	1916 · 18	
8	청안	1895	1911	청안	1910	1912	청안	1914	1916 · 18	
9	이천	1895	1911	이천			이천	1915	1916 · 18	
10	죽산	1895	1911	안성			안성	1915	1916 · 18	
11	진천	1895	1911	진천	1910	1912	진천	1914	1916 · 18	
12	오근장	1895	1911	오근장			오근장	1914	1916 · 18	
13	수원	1895	1911	수원	1910	1912	수원	1914	1916 · 18	
14	진위	1895	1911	진위			오산	1914	1916 · 18	
15	성환	1895	1911	성환	1910	1912	평택	1914	1916 · 18	
16	천안	1895	1911	천안			천안	1914	1916 · 18	
	공주(公州)			공주(公州)			공주(公州)			
1	송면장	1895	1911	속리산	1910	1913	속리산	1915	1917 · 19	
2	화녕장	1895	1911	청산	1910	1913	청산	1914	1917 · 19	
3	황간	1895	1911	영동	1910	1912	영동	1915	1916	
4	영동	1895	1911	설천	1910	1912	설천	1915	1918	
5	미원	1895	1911	문의			미원	1914	1916 · 19	
6	보은	1895	1911	보은	1910	1912	보은	1914	1919	

No.	약도(제1차)			지형도(제2차)			기본도(제3차지형도)			비고
	도엽	측도년	발행년	도엽	측도년	발행년	도엽	측도년	발행년	
7	옥천	1895	1911	옥천	1910	1912	옥천	1915	1919	
8	양산	1895	1911	무주	1910	1912	무주	1916	1917	
9	제주	1895	1911	청주			청주	1914	1917	
10	회덕	1895	1911	회덕	1910	1912	유성	1915	1919	
11	진령	1895	1911	대전	1910	1912	대전	1917	1919	
12	금산	1895	1911	금산	1910	1912	금산	1916	1918	
13	광정	1895	1911	광정리			광정리	1914	1916	
14	공주	1895	1911	공주	1910	1913	공주	1914	1916	
15	연산	1895	1911	연산	1910	1913	논산	1915	1917	
16	려산	1895	1911	강경	1910	1913	강경	1916		
	전주(全州)			전주(全州)			전주(全州)			
1	무풍성	1895	1911	무풍장	1910	1912	무풍	1917	1918	
2	거창	1895	1911	거창	1910	1912	거창	1917	1918	
3	안의	1895	1911	안의	1910	1912	안의	1917	1918	
4	산청	1895	1911	산청	1910	1912	산청	1917	1918	
5	무주	1895	1911	안성장	1910	1912	안성장	1917	1918	
6	장계장	1895	1911	장계장	1910	1912	장계	1917	1918	
7	함양	1895	1911	함양	1910	1912	함양	1917	1918	
8	운봉	1895	1911	운봉	1910	1912	운봉	1917	1918	
9	룡담	1895	1911	룡담	1910	1912	룡담	1916	1918	
10	진안	1895	1911	진안	1910	1912	진안	1917	1918	
11	임실	1895	1911	임실	1910	1912	임실	1917	1918	
12	남원	1895	1911	남원	1910	1912	남원	1917	1918	
13	익산	1895	1911	익산	1910	1913	고산	1916		
14	전주	1895	1911	전주	1910	1913	전주	1917	1919	
15	갈담	1895	1911	갈담	1910	1913	갈담	1917	1918	
16	순창	1895	1911	순창	1910	1913	순창	1917	1918	
	순천(順天)			순천(順天)			순천(順天)			
1	단성	1895	1911	단성	1909	1912	단성	1916	1918	
2	곤양	1895	1911	곤양	1909	1913 · 16	진교	1917	1918	
3	로양동	1895	1911	남해	1909	1913 · 16	남해	1917	1918	
4	남해	1895	1911	상주리	1909	1913 · 16	상주리	1917	1918	
5	지리산	1895	1911	화개장대	1909	1912	화개장	1917	1918	
6	하동	1895	1911	하동	1909	1912	하동	1917	1918	
7	광양	1895	1911	광양	1909	1913 · 16	광양	1917	1918	
8	려수	1895	1911	려수	1909	1913 · 16	려수	1917	1918	
9	구례	1895	1911	구례	1909	1912	구례	1917	1918	

No.	약도(제1차)			지형도(제2차)			기본도(제3차지형도)			비고
	도엽	측도년	발행년	도엽	측도년	발행년	도엽	측도년	발행년	
10	석실장	1895	1911	괴목장	1909	1912	괴목리	1917	1918	
11	순천	1895	1911	순천	1909	1912	순천	1917	1918	
12	유둔장	1895	1911	유둔장	1909	1913·16	유둔리	1917	1918	
13	옥과	1895	1911	창평	1909	1912	창평	1917	1918	
14	동복	1895	1911	동복	1909	1912	동복	1917	1918	
15	복내장	1895	1911	복내장	1909	1912	복내장	1917	1918	
16	보성	1895	1911	보성	1909	1912	보성	1917	1918	
	흥양(興陽)			흥양(興陽)			고흥(高興)			
1	죽포	1895	1911	죽포	1909	1913·16	죽포리	1917	1917·19	
2	우실포	1895	1911	연도	1909	1913·16	소리도	1917	1917·19	
5	돌산	1895	1911	돌산	1909	1913·16	돌산	1917	1918	
6				례하리	1909	1913·16	외나로도동부	1916	1917	
9	흥양	1895	1911	흥양	1909	1913·16	고흥	1917	1918	
10	발포진	1895	1911	소영리	1909	1913·16	외나로도	1917	1918	
11				전죽도	1909	1913·16	초도	1917	1918	
13	죽시장	1895	1911	녹두	1909	1913·16	녹두	1917	1918	
14				감목리	1909	1913·16	거금도	1916	1918	
15				서동리	1909	1913·16	섭도	1917	1918	
	〈자성(慈城)에 해당〉						자성(慈城)			
2	(건포)	?					중강진	1916	1917	
3	(만흥리)	?					만흥동	1916	1917·18	
4	(원창)	?					소회동	1916	1917·18	
6	장성리	1900	1911				토성동	1916	1917·18	
7	자성동구	1900	1911				자성동구	1916	1917·18	
8	자성	1900	1911				자성	1916	1917·18	
11	원동	1900	1911				옥동	1916	1917	
	〈강계(江界)에 해당〉						강계(江界)			
1	(오가산동구)	?					화평	1916	1917	
2	(오암동)	?					원평동	1916	1917·18	
3	(아득개령)	?					아득령	1916	1917·18	
4	(십리평)	?					맹부산	1916	1917·18	
5	동곡장	1900	1911				종포진	1916	1917	
6	종남면	1900	1911				주막거리	1916	1917·18	
7	강계	1900	1911				강계	1916	1917·18	
8	수침동	1900	1911				별하리	1916	1917·18	
9	종포동	1900	1911				연포동	1916	1917·18	
10	만포진	1900	1911				만포진	1916	1917·18	

No.	약도(제1차)			지형도(제2차)			기본도(제3차지형도)			비고
	도엽	측도년	발행년	도엽	측도년	발행년	도엽	측도년	발행년	
11	룡암리	1900	1911				풍룡동	1916	1917 · 18	
12	성우관	1900	1911				무평리	1916	1917 · 18	
14	입암평	1900	1911				고산진	1916	1917 · 18	
15	위원	1900	1911				위원	1916	1917 · 18	
16	한성	1900	1911				한성	1916	1917 · 18	
	〈희천(熙川)에 해당〉						희천(熙川)			
1	(북수동)	?					원지동	1916	1917 · 18	
2	(장동)	?					남흥동	1916	1917 · 18	
3	(청석동)	?					창리	1916	1917 · 18	
4	(사창)	?					사창	1916	1918	
5	노동	1900	1911				평남진	1916	1917 · 18	
6	평남진	1900	1911				재양동	1916	1917 · 18	
7	유원진	1900	1911				유원진	1916	1917 · 18	
8	온상참	1900	1911				구창	1916	1918	
9	가다참	1900	1911				이만동	1916	1917 · 18	
10	진평리	1900	1911				백산	1916	1917 · 18	
11	백토계	1900	1911				희천	1916	1918	
12	행천리	1900	1911				안돌	1916	1918	
13	대수리	1900	1911				대수동	1916	1917 · 18	
14	삼봉리	1900	1911				회목동	1916	1917 · 18	
15	장재참	1900	1911				평원동	1916	1917 · 18	
16	희천	1900	1911				관상동	1916	1918	
	〈영원(寧遠)에 해당〉						영원(寧遠)			
1	(신창면)	1900	1913				신읍	1917	1918	
2	(사수산)	1900	1913							
2	입석리	1895	1913 · 16				룡천리	1917	1918	
3	대평리	1895	1913 · 16				대평리	1917	1918	
4	관평리	1914	1913 · 16				관평리	1917	1918	
5	관오리	1900	1913				도평리	1916	1918	
6	마상리	1900	1913 · 16							
6	애창장	1895	1913 · 16				영원	1916	1918	
7	동문외	1895	1913 · 16				맹산	1916	1918	
8	태을리	1895	1913 · 16				토성	1916	1918	
9	등룡동	1900	1913				내창	1916	1918	
10	영원	1900	1913							
10	덕천	1895					덕천	1916	1918	
11	맹산	1895	1911				북창	1916	1918	

No.	약도(제1차)			지형도(제2차)			기본도(제3차지형도)			비고
	도엽	측도년	발행년	도엽	측도년	발행년	도엽	측도년	발행년	
12	룡연리	1895	1913				동창	1916	1918	
13	동창	1900	1913				구장	1916	1918	
14	구장	1900	1913							
14	서창	1895	1913				알일령	1916	1918	
15	봉창	1895	1913				사둔	1916	1918	
16	은산	1895	1913				은산	1916	1918	
	성천(成川)			성천(成川)			곡산(谷山)			
1	기린산	1895	1911	석두지	1911	1916	석탕지	1917	1918	
2	양덕	1895	1911	양덕	1911	1914	양덕	1917	1918	
3	백년산	1895	1911	백년산	1911	1914	선암	1917	1919	
4	가여주	1895	1911	가여주	1911	1913	한원리	1918	1919	
5	오류동	1895	1911	수덕리	1911	1916	파읍	1917	1918	
6	하람산	1895	1911	신창리	1911	1914	대동리	1917	1918	
7	문성양	1895	1911	마사리	1911	1914	신평	1917	1918	
8	곡산	1895	1911	곡산	1911	1913	곡산	1918	1919	
9	별창	1895	1911 · 16				별창리	1918	1918 · 19	
10	동창	1895	1911 · 16				창창	1918	1919	
11	신라	1895	1911 · 16				율리	1918	1919	
12	수안	1895	1911 · 16				수안	1918	1919	
13	성천	1895	1911				성천	1918	1919	
14	강동	1895	1911				강동	1918	1919	
15	삼등	1895	1911				상원	1918	1919	
16	상원	1895	1911				능리	1918	1919	
	서흥(瑞興)			서흥(瑞興)			신막(新幕)			
1	이목정	1895	1911	룡당리	1911	1913	문암리	1918	1918	
2	이천	1895	1911	이천	1911	1913	이천	1918	1919	
3	삭녕	1895	1911	삭녕	1911	1913	삭녕	1918	1919	
4	구화장	1895	1911	후평신장	1911	1913	마전	1916	1918	
5	지석장	1895	1911	신계	1911	1913	신계	1918	1919	
6	신계	1895	1911	추천리	1911	1913	추천리	1918	1919	
7	시변리	1895	1911	시변리	1911	1913 · 16*	시변리	1918	1919	*증보개판
8	량합리	1895	1911	량합리	1911	1913	량합	1916	1918	(增補改版)
9	대평	1895	1911 · 16				대평	1918	1919	
10	총수역	1895	1911 · 16				물개리	1918	1919	
11	평산	1895	1911	오포	1911	1913 · 16*	오포	1918	1919	*증보개판
12	금천	1895	1911	금천	1911	1913	금천	1916	1919	
13	능리	1895	1911				연탄	1918	1919	

No.	약도(제1차)			지형도(제2차)			기본도(제3차지형도)			비고
	도엽	측도년	발행년	도엽	측도년	발행년	도엽	측도년	발행년	
14	서흥	1895	1911 · 16				신막	1918	1919	
15	기린장	1895	1911	기린장	1911	1913 · 16*	기린리	1918	1919	*증보개판
16	온정원	1895	1911	탁영태	1911	1913	온정리	1918	1919	
	한성(漢城)						경성(京城)			
1	파주	1895	1911	적성	1911	1913	문산	1916	1917 · 19	
2	고양	1895	1911	고양	1911	1913	고양	1916	1917 · 19	
3	한성	1895	1911	경성	1910	1913	경성	1918	1919	
4	과천	1895	1911	시흥	1910	1913	군포장	1917	1919	
5	개성	1895	1911	개성	1911	1913	개성	1916	1918	
6	통진읍내	1895	1911	통진	1911	1913	통진	1916	1917 · 18	
7	부평	1895	1911	부평읍내	1911	1913 · 16*	김포	1916		*증보개판
8	제물포	1895	1911	인천		1913 · 16*	인천	1917	1918	*증보개판
9	풍덕	1895	1911	백천		1913	백천	1916	1917 · 19	
10	강화	1895	1911	강화		1913	강화	1916	1917 · 19	
11	정족산성	1895	1911	능내동		1913 · 16	온수리	1916	1917	*증보개판
12	룡유도	1895	1911 · 16	룡유도			룡유도	1916	1917 · 19	
13	연안	1895		연안		1913	연안	1916	1919	
14	교동도	1895	1911	무계동		1913 · 16*	무계동	1915	1916 · 19	*증보개판
15	주문도	1895	1911	주문도		1913	주문도	1916	1917 · 19	
	남양(南陽)			남양(南陽)			남양(南陽)			
1	남양	1895	1911	남양		1913	남양	1914	1916	
2	발안장	1895	1911	발안장		1913	발안장	1914	1916 · 19	
3	아산	1895	1911	아산		1913	아산	1914	1916 · 19	
4	례산	1895	1911	례산		1912	례산	1914	1916	
5	대부도	1895	1911	대부도		1913	대부도	1914	1916 · 19	
6	해운봉	1895	1911	룡두동		1913 · 16*	장고항리	1914	1916 · 19	*증보개판
7	당진	1895	1911	당진		1913	당진	1915	1916 · 19	
8	면천	1895	1911	덕산		1913	해실	1915	1916	
9	령흥도	1895	1911	령흥도		1914	령흥도	1916	1917 · 19	
10	풍도	1895	1911	대난지도		1914	풍도	1916	1917 · 19	
11				구진		1914	산전리	1915	1916	
12				서산		1914	서산	1915	1916 · 19	
13	덕적도	1895	1911				덕적도	1916	1917 · 19	
14	선갑도	1895	1911				선갑도	1916	1917	
15				방축리		1914	방축리	1915	1916 · 19	
16				파도리		1914	안흥	1915	1916 · 19	

No.	약도(제1차)			지형도(제2차)			기본도(제3차지형도)			비고
	도엽	측도년	발행년	도엽	측도년	발행년	도엽	측도년	발행년	
	홍주(洪州)			홍주(洪州)			홍성(洪城)			
1	대흥	1895	1911	대흥		1913	대흥	1914	1916 · 19	
2	정산	1895	1911	청양		1913	청양	1915	1916 · 19	
3	부여	1895	1911	부여		1913	부여	1915	1917	
4	한산	1895	1911	함열		1913	함열	1918	1919	
5	홍주	1895	1911	홍주		1913	홍성	1915	1916	
6	보녕	1895	1911	보녕		1913	대천리	1915	1916	
7	람포	1895	1911	람포		1913	람포	1915	1916 · 19	
8	서천	1895	1911	서천		1913	서천	1917		
9				승언리		1914	안면도북부	1915	1916 · 19	
10	조포	1895	1911	중장		1914	안면도남부	1915	1916 · 19	
12	연도	1895	1911	연도		1914 · 16	연도	1915	1916 · 19	
13				거아도			거아도	1915	1919	
	고부(古阜)			군산(群山)			군산(群山)			
1	만경	1895	1911	임피		1913	이리	1916		
2	외사가리	1895	1911	김제		1913	김제	1917		
3	정읍	?		정읍		1913	정읍	1917		
4	약수정	1895	1911	약수정		1913	신흥리	1917	1918	
5	옥구	1895	1911	군산		1913	군산	1916	1919	
6	길곶	1895	1911	부안		1913	부안	1917	1918	
7	고부	?		흥덕		1913	줄포	1917	1918	
8				무장		1913	고창	1917	1918	
9				방축구미도		1914 · 16	말도	1916	1917 · 19	
10				고군산도		1914 · 16	장자도	1917	1918	
11				격포		1914 · 16	위도	1917	1918	
12				법성포		1914 · 16	법성포	1917	1918	
16				안마군도		1914 · 16	안마도	1917	1918	
	나주(羅州)			나주(羅州)			목포(木浦)			
1	담양	1895	1911	담양		1912	담양	1917		
2	광주	1895	1911	광주		1912	광주	1917		
3	능주	1895	1911	능주		1912	능주	1917	1918	
4	장흥	1895	1911	장흥		1912	장흥	1917	1918	
5	령광	1895	1911	령광		1912	령광	1917	1918	
6	나주	1895	1911	나주		1912	나주	1917	1918	
7	영산포	1895	1911	영산포		1912	영산포	1917		
8	령암	1895	1911	령암	1909	1912	령암	1917	1918	
9	보천장	1895	1911	보천장	1909	1914 · 16	포천리	1917	1918	

No.	약도(제1차)			지형도(제2차)			기본도(제3차지형도)			비고
	도엽	측도년	발행년	도엽	측도년	발행년	도엽	측도년	발행년	
10	망운	1895	1911	망운장	1909	1914 · 16	망운	1917	1918	
11	무안	1895	1911	무안	1909	1914 · 16	무안	1917		
12	목포항	1895	1911	목포	1909	1914 · 16	목포	1918		
13	낙월도	1895	1911	송이도	1910	1914 · 16	송이도	1917	1917	
14	지도	1895	1911	지도	1909	1914 · 16	지도	1917	1918	
15	지도남변	1895	1911	지도남변			자은도	1916		
	진도(珍島)			진도(珍島)			진도(珍島)			
1	강진	1895	1911	강진	1909	1912	강진	1917	1918	
2	회녕진	1895	1911	회녕진	1909	1914 · 16	마양리	1916	1918	
3				군내동	1909	1914 · 16	완도	1917	1918	
5	해남	1895	1911	해남	1909	1912	해남	1917	1918	
6	이진	1895	1911	이진	1909	1914 · 16	이진	1917	1918	
7	통포	1895	1911	석탕리	1909	1914 · 16	로화도	1917	1918	
9	우수영	1895	1911	좌수영	1909	1914 · 16	우수영	1917	1918	
10	어란진	1895	1911	진도	1909	1914 · 16	진도	1916	1918	
14				민치	1909	1914 · 16	인지리	1917	1918	
	〈창성(昌城)에 해당〉						창성(昌城)			
2	하창평	1900	1911				량강동	1915	1916 · 18	
3	우현진	1900	1911				우현진	1915	1916 · 18	
4	북진	1900	1911				응봉	1915	1916 · 18	
7	성평	1900	1911				북진	1915	1916 · 18	
8	청산장시	1900	1911				청산장시	1915	1916 · 18	
12	남창	1900	1911				룡성동	1915	1916 · 18	
	〈안주(安州)에 해당〉						안주(安州)			
1	운산	1900	1911				운산	1917	1919	
2	영변	1900	1911				영변	1917	1919	
3	개천	1900	1911				평원리	1917	1918	
4	순천	1900	1911				순천	1917	1918	
4	자산	1900	1911							
5	봉천	1900	1911				고성동	1917	1919	
6	박천	1900	1911				박천	1917	1919	
7	안주	1900	1911				안주	1917	1918	
8	숙천	1900	1911				숙천	1916	1918	
8	어파	1900	1911							
9	구성	1900	1911				구성	1917	1918	
10	방소리	1900	1911				납청정	1917	1919	
11	정주	1900	1911				운전동	1917	1919	

No.	약도(제1차)			지형도(제2차)			기본도(제3차지형도)			비고
	도엽	측도년	발행년	도엽	측도년	발행년	도엽	측도년	발행년	
12	애도	1900	1911				입석리	1916	1918	
12	일동리	1900	1911							
	평양(平壤)						평양(平壤)			
1	사인장	1895	1911				사인장	1918	1919 · 19	
2	관파	1895	1911				평양동부	1917	1918	
3	중화	1895	1911				중화	1916	1918 · 18	
4	간동	1895	1911				흑교	1918	1919	
5	순안	1895	1911				순안	1916	1918	
6	평양	1895	1911				평양서부	1917	1918 · 18	
7	재송원	1895	1911				기양	1917	1918 · 18	
8	요포	1895	1911				겸이포	1918	1919	
9	한천	1895	1911				한천	1916	1917 · 18	
10	증산	1895	1911				증산	1916	1917 · 18	
11	함종	1895	1911				강서	1916	1917 · 18	
12	진남포	1895	1911				진남포	1918	1919	
13	상망어도	1895	1911							
14	입석	1895	1911				이압도	1916	1916 · 18	
15	비석가	1895	1911				온정리	1916	1917 · 18	
16	증악리	1895	1911				광양만서부	1916	1917 · 18	
	해주(海州)			해주(海州)			해주(海州)			
1	봉산	1895	1911				황주	1918		
2	일수참	1895	1911 · 16				은파리	1917		
3	석교장	1895	1911	청석두	1911	1913 · 16*	청석두리	1918	1919	*증보개판
4	평강	1895	1911	중일리	1911	1913	신주막	1918	1919	
5	황주	1895	1911				사리원	1918		
6	재녕	1895	1911 · 16				재녕	1918		
7				신원	1911	1913 · 16*	신원	1918	1919	*증보개판
8				해주	1911	1913	해주	1917	1919	
9	안악	1895	1911				안악	1918	1919	
10	문화	1895	1911 · 16				신천	1918	1919	
11				공세장	1911	1913 · 16*	공세리	1918	1919	*증보개판
12				태탄포	1911	1913	태탄	1918	1919	
13	은율	1895	1911				은율	1918	1919	
14	풍천	1895	1911 · 16				송화	1917	1919	
15				장동	1911	1913 · 16*	장연	1918	1919	*증보개판
16				남호동	1911	1913	남호리	1918	1919	

No.	약도(제1차)			지형도(제2차)			기본도(제3차지형도)			비고
	도엽	측도년	발행년	도엽	측도년	발행년	도엽	측도년	발행년	
	옹진(瓮津)						옹진(瓮津)			
1	청단역	1895	1911				청단	1918		
2	룡매도	1895	1911				룡매도	1918		
3	パルラン島	1895	1911							
5	소수압도	1895	1911				강령	1918		
6	대연평도	1895	1911				부포	1918		
7	소연평도	1895	1911				대연평도	1917	1919	
	황자총도(皇子叢島)						백아도(白牙島)			
1	굴업도	1895	1911				굴업도	1916	1917 · 19	
2	백아도	1895	1911				백아도	1916	1917 · 19	
3	パルガルショム	1895	1911							
				〈목포(木浦)서쪽에 해당〉			매가도(梅加島)			
1				대비치도**	1910	1914 · 16	대비치도	1917	1918	**목포13서
2				부남군도**	1910	1914 · 16	장남군도	1917	1917	**목포14서
	〈선천(宣川)에 해당〉						선천(宣川)			
1	신시	1900					신시동	1918	1918	
2	선천	1900					선천	1917	1919	
3	곽산	1900					신미도	1917	1918	
4	운무도	1900					우리도	1917	1918	
7	선사	1900	1911				선암동	1917	1918	
8	탄도	1900	1911	대화도	1917	1918				
	덕도(德島)						〈평양(平壤)서쪽에 해당〉			
4	덕도	1895								
5	대신도	1900	1911							
	초도(椒島)			초도(椒島)			장산곶(長山串)			
1	초도	1895	1911				초도	1917	1918	
2	사기동	1895	1911 · 16				진강포	1918	1918	
3				백촌	1911	1913 · 16*	몽금포	1918	1919	*증보개판
4				조니동	1911	1913	덕동	1918	1918	
8				배돌동	1911	1913	장산곶	1918	1918	

주: 약도(제1차)의 ?는 분실된 도엽이고, 제3차 지형도는 최초의 측도년도이며, 발행년도가 두 시기인 경우는 흑백인쇄와 컬러인쇄 간의 차이임.

출처: 清水(2009)의 것을 저자가 수정하여 재구성한 것임.

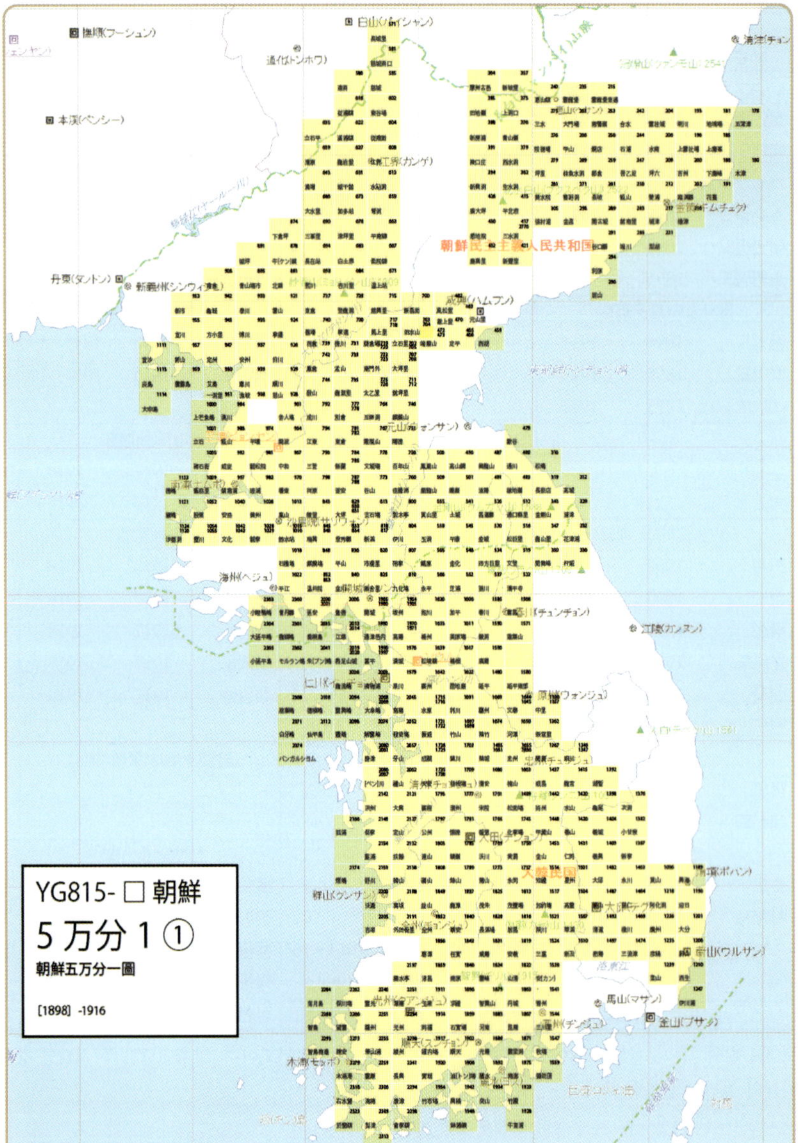

그림 4-24 제1차 지형도(약도) 색인도

출처: 日本 國會圖書館.

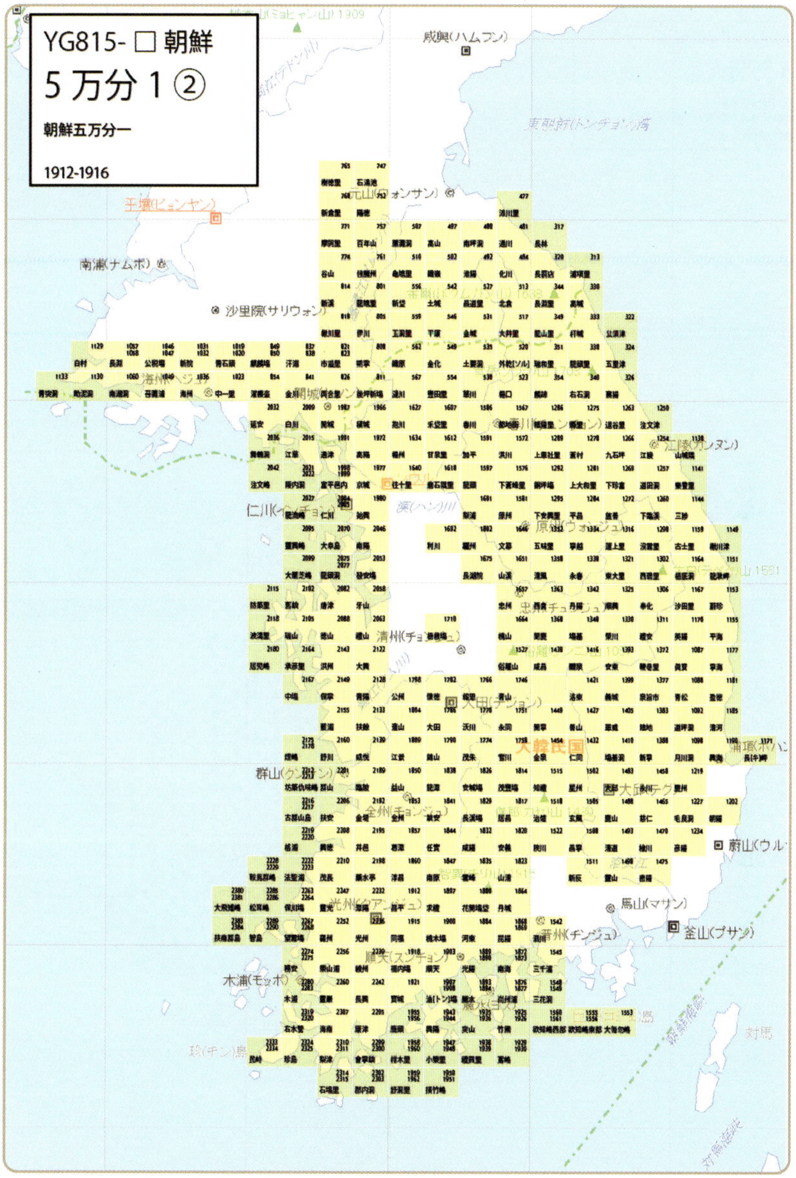

그림 4-25 제2차 지형도 색인도

출처: 日本 國會圖書館.

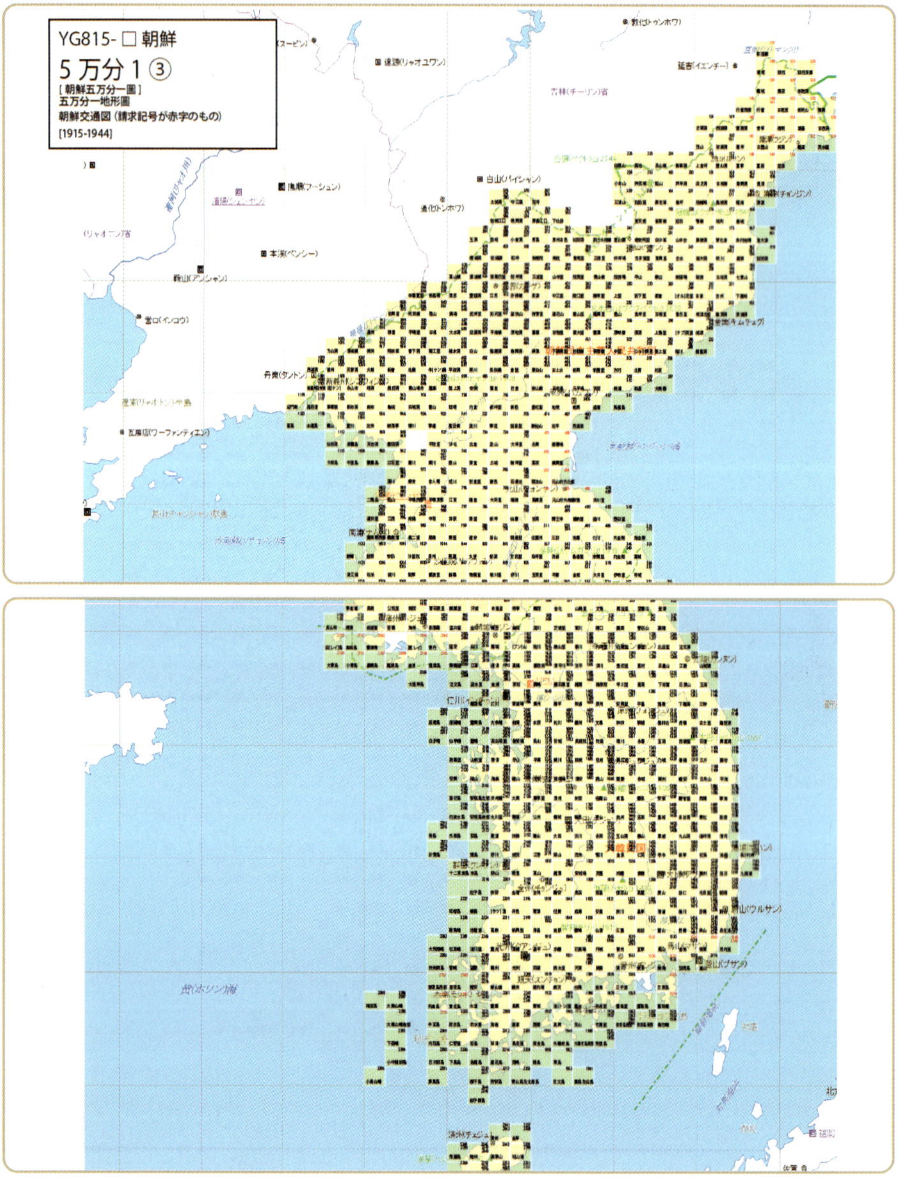

그림 4-26 제3차 지형도 색인도

출처: 日本 國會圖書館.

제5장

측량침략에 대한 조선관리의 입장과 한국민의 저항

미군이 1944년 12월에 촬영한 일본 참모본부와 육지측량부 항공사진

출처: (財)日本地圖センター

1. 참모본부의 불법적 측량사업
2. 조선 관리의 입장
3. 한국민의 저항
4. 비밀측량대원 무라카미[村上千代吉]의 일기
5. 일제 측량침략과 한국인들의 처신 사례
6. 와타나베[渡辺正] 참모와 측량지도의 행방

1. 참모본부의 불법적 측량사업

19세기에 자행된 일본의 측량침략에 관한 실상은 자료의 제약과 연구부족으로 상세하게 알려져 있지 않다. 일본의 측량침략은 외무성과 군부에 의해 주도되었다. 군부의 경우, 육군은 참모본부가 주도하였고, 해군은 수로국이 중심이 되었다. 그러므로 내륙과 해안지방의 측량이 육군과 해군의 역할분담에 의해 추진되었던 것으로 짐작된다. 1871년 10월에 설치된 수로부(水路部)는 해군성 외국의 한 조직으로 해도제작과 해양측량을 비롯하여 해상기상과 천체관측 업무를 관장하는 부서였다. 오늘날의 해상보안청 해양정보부의 전신에 해당한다. 해군에 의한 측량은 1870년 5월 영국함대와 합동으로 측량을 행한 것이 시초일 것이다(海上保安廳 水路部, 1971).

일본은 1875년 9월 해군함정 운요호[雲揚號]를 한반도 근해에 파견하여 항로측량을 시도하였다. 운요호가 강화도 연안에 접근하여 상륙 보트에 옮겨 탄 일본군 병사들이 사격을 가하자 초지진의 경비를 맡고 있던 수비병이 총을 응사하였다. 일본군은 기다렸다는 듯이 응전하면서 초지진에 상륙하여 한국측 포대를 파괴하고 수비병들을 살해하였다. 이것이 유명한 운요호 사건이다.

운요호 사건으로 전사한 해군 일병 마쓰무라[松村千代松] 역시 야스쿠니 신사에 합사되었다. 이때만 하더라도 일본 군부는 강화도의 군사정보를 상세히 알고 있지 못했던 것 같다. 그런 까닭에 전술한 바 있는 참모본부 발간의 『조선지지략』에 강화부의 읍치(邑治) 항목 중 성벽의 높이 · 두께 · 길이 등이 비교적 상세하게 기록되어 있고, 동문과 남문 사이의 경비상황이 파악되어 있었던 것이다.

측량과 관련한 조약은 비단 강화도조약만이 아니었다. 1883년 11월 26일 체결된 한독수호조약이 그것이다. 이 조약의 제8조 제4호에 조선 조정은 해안측량에 종사하는 독일의 해군함정에 대하여 가능한 모든 편리를 제공해야 한다고 명시되어 있다. 이진호(1989)의 연

● 강화도 공격

● 영종도 공격

그림 5-1 우키요에: 운요호 사건 상황을 묘사한 그림
출처: 위키백과.

구에 의하면, 1799년부터 1910년까지 침략과 탐색을 위하여 외국선박이 한반도 연안을 측량한 횟수는 모두 41건에 달하였다. 이 기간 중 국가별 측량침략 횟수는 일본이 28회로 가장 많고, 미국과 영국이 각 4회, 러시아와 프랑스가 각 2회, 독일 1회였다. 이는 대부분의 열강들이 한반도를 넘보고 있었다는 이야기이다.

그림 5-2 운요호
출처: 위키백과.

한반도에 대한 외국의 측량침략은 1799년 영국선박 프비덴스호의 원산측량을 비롯하여 1854년 러시아 해군 푸티아틴 중장의 동해안 측량, 1845년 영국 사마랑호의 남해안 일대 측량, 1866년 미국상선 셔먼호와 1867년 미국함대 와추세트호의 대동강 측량, 1891년 미국군함의 강화해협 측량 등 헤아릴 수 없을 만큼 빈번하였다. 그 중에서 일본의 침략의도가 가장 노골적이었고, 많을 경우에는 무려 229명에 달하는 측량대원이 대거 출동한 경우도 있었다(표 5-1).

표 5-1. 1895년 일본 측량대의 동원 현황

출발시기	측량사	보조원*	군인	수송부/마부	합계	말(馬)
9월 24일	12	57	3	19	91	3필
10월 1일	9	55	2	16	82	1
10월 4일	7	37	1	11	56	1
합계	28	149	6	46	229	5필

* 북을 두드려 신호를 하는 고수(鼓手).
출처: 外邦測量沿革史(1895).

이들은 측량작업에서 안전이 보장되지 않았으므로 불안에 떨어야만 하였다. 그들은 측량 중 조선인에게 살해되기도 하였다. 표 5-2는 1985년 12월부터 1896년 4월까지 조선에서 측량하던 중 사망한 측량사를 집계한 것이다. 이것으로 당시 일본의 측량에 대하여 국내의 반발이 얼마나 컸었는지 짐작할 수 있다. 그럼에도 불구하고 주로 장교들로 구성된 군인 6명과 측량사 28명은 한명의 희생자도 발생하지 않았다. 이 시기는 참모본부가 전술한 군용비도의 측량이 한창이던 1895년 겨울부터 1896년 봄까지의 일이다.

한반도에 파견된 일본 참모본부의 요원들은 비밀측량의 속성상 은밀하게 행동하였으나 측량작업보다 오히려 지명주기에 더 어려움을 겪었다. 측량은 그들이 군대에서 훈련받은 대로 하면 되지만, 지명 주기작업(注記作業)은 현지주민에게 물어봐야 하기 때문에 위험부담을 안고 있었다. 이런 경우에는 전술한 바와 같이 한국인을 매수한 경우가 있었을 것으로 추정되지만, 모든 지방을 망라하기는 어려웠을 것이다.

참모본부 육지측량부는 1895년 한반도에 파견된 측량대원들에게 다음과 같은 훈령을 하달하였다.

1) 이번 측량사업은 공개적으로 실시할 수 없는 성질의 것이므로 극비리에 측량해야 하

표 5-2. 측량대 사망자(1895~1896년)

사망시기	사망이유/사망장소	신분	사망자 이름
1895년 12월 22일	병사/경성사영병원	운송부	고지마[小島長次郎]
1896년 2월 5일	살해/여수	보조원	곤도[近藤卓彌]
2월 5일	살해/여수	보조원	고메타니[米谷豊吉]
2월 14일	사상/경성사영병원	보조원	하시모토[橋本留三]
2월 16일	살해/단양	보조원	우에다[植田鹿太郎]
2월 16일	살해/단양	보조원	오가와[小川茂幾]
4월 22일	살해/조선적십자병원	수송부	마치다[町田福次郎]
합 계	7명: 병사 2명, 참사 4명, 사상 1명		

출처: 이진호(1989).

그림 5-3 참모본부 장교(1877년)
출처: ウィキペディア.

며, 측량대원 이외에는 누구를 막론하고 측량사실을 일체 발설해서는 안 된다.

2) 측량 도중에 만약 조선인에게 발각되면 개인적으로 영리목적에서 행한 일이라고 허위 자백 해야 한다. 여하한 경우라도 지휘계통의 간부 이름은 물론 육군참모본부와 전혀 관련이 없는 것으로 해야 한다. 비밀을 지키기 위하여 증거가 될 만한 서류는 물론이거니와 육지측량부 또는 '측량'이라는 글자가 새겨진 장비는 절대 휴대하지 말아야 한다.

3) 조선체재 중 조선인과의 논쟁 또는 항쟁 등을 결코 벌여서는 안 된다. 만약 자신을 폭행하려는 자를 만날 경우에는 도망치는 것을 최우선으로 한다.

4) 첩보(측량)행위를 은폐하기 위해서라면 한복을 입고 위장하는 것도 무방하다.

5) 상기 각 항목에 유의하며, 1895년 9월부터 10월까지 각 부서에서 작업에 전념할 것.

이상의 훈령내용을 보더라도 참모본부가 얼마나 측량작업을 은폐하기 위해 주의를 기울였는지 짐작이 간다. 예를 들면, 1905~1938년의 34년간 육지측량부에 근무했던 무라카미[村上千代吉] 외 16명은 비밀측량을 위한 간첩대로 선발되었을 때 육지측량부를 사직하고 신분을 촉탁으로 위장하였다. 이는 비밀측량이 곧 잠입도측(潛入盜測)을 의미하므로 적발

될 시에는 중대한 외교문제와 국제문제로 비화될 가능성이 높았기 때문이었다. 만약 적발되었을 경우, 민간인의 행위일 뿐 일본정부와는 관계가 없다고 발뺌하려는 수단이었던 것이다(牛越國昭, 2005).

이상에서 소개한 육지측량부의 훈령과 도쿄지학협회가 한반도 여행 시에 명심해야 할 조선인에 대한 대처요령을 비교해 볼 필요가 있다. 그 내용은 다음과 같다(東京地學協會, 1891).

1) 통역자는 조선인 가운데 일본어가 가능한 자가 아니라 일본인 중에 조선어가 가능한 사람이 필요하다. 조선인은 담판 · 흥정 · 취조할 경우 짐작하여 말하기 때문에 상대방의 뜻을 충분히 전달하지 못한다.

2) 복장은 조선인에게 경멸을 당하지 않기 위하여 말을 타고 안경과 양복을 착용해야 한다.

3) 휴대품은 식품조리에 간장과 설탕이 없어 곤란하므로 통조림을 휴대하고 세면도구 · 약 · 초 · 비누, 모포와 모기장 등이 필요하다.

4) 숙박은 여행할 때 가장 불편한 사항이다. 특히 환전(換錢)과 여인숙의 비위생적 시설이 불편하다. 관아에서 숙박하고 돈이나 약품 혹은 담배를 주면 좋다. 그리고 권총을 휴대해야 하며, 여인숙에서는 명령조로 말해야 무시당하지 않는다.

이상의 내용으로 알 수 있는 것은 육지측량부의 훈령과 불과 4년 차이밖에 없으므로 시대적 상황의 차이는 없다고 볼 때 장교들로 구성된 간첩대와 귀족출신이 대부분인 지학협회 회원 간의 차이일 것이다. 도쿄지학협회는 조선과 조선인을 미개하고 불결하며 비하하려는 인식을 지니고 있었다. 이는 당시 우리 민족이 일본을 경시하던 풍조와 묘한 대조를 이룬다.

2. 조선 관리의 입장

참모본부 간첩대 혹은 측량사들의 활동에 대하여 우리의 반응은 전술한 바 있듯이 다양하였다. 카이즈가 1883년 2명의 부하를 거느리고 함경도 일대를 정탐하던 중 덕원을 지나 평안도 양덕에 당도하여 조선군졸의 영접을 받았다는 기록이 지리지 형식의 여행기에 기록되어 있다(海津, 1880; 1884a; 1884b). 그들은 민가에서 점심식사 대접까지 받았다고 하니 일견하여 융숭한 대접을 받은 것처럼 보인다. 그러나 실상은 반드시 그런 것만은 아닌 것 같다. 당시 양덕 현감은 일본관원의 편의를 제공해 주라는 상부의 지시를 받았긴 했으나 마음이 내키지 않았던 것이다. 그리하여 현감은 지병을 핑계로 현장에 나타나지 않은 것이다. 성천에 이르러서는 카이즈 일행에 대하여 5필의 말과 10여 명의 병졸이 마중 나가도록 하였으며, 여관에 유숙하면서 부사 심상학과 관찰사 김영수의 접대를 받기도 하였다.

이진호(1989)의 연구에 의하면, 1899년 육지측량사 아오야마[青山良敏]의 보고서에 경남 사천 부근에서 측량작업 도중에 백성들로부터 폭행을 당하여 경상을 입었다는 사실과 측량도구를 빼앗긴 사건이 기록되어 있다. 그는 진주 관찰사의 도움으로 측량도구를 되찾았으며, 그 후 4명의 호위병을 미우라[三浦自孝] 중위 일행에게 동행케 하였다. 이 사건은 참모본부 간첩대가 조선의 지방 관찰사의 협조를 받은 경우이다.

한편 조선측 기록인 규장각 소장의 『황해도관초』와 『평안도관초』에 의하면 1886년 7월 5일과 10월 5일 연연부와 금천군에서 외교와 통상을 관장하는 통리교섭통상사무아문(統理交涉通商事務衙門)으로 보낸 전문에 지난 7월 일본육군 공병대위 카이즈가 공문을 가지고 두 지역을 지나다가 각각 엽전 250냥과 200냥을 청구하기에 대급하였으니 이를 별아문(別衙門)에 추수토록 청구서를 보낸다는 내용이 기록되어 있다. 또한 11월 의주로부터 통리교섭통상사무아문으로 보낸 전문에는 일본영사관원 카이즈에게 제공한 엽전 200냥을 보내달라는 보고도 기록되어 있다. 이러한 내용으로 미루어 짐작건대 당시의 첩보장교들은 필요할 경우에 공사관원의 신분을 밝히고 조일수호조규속약에 의거 관아를 찾아가 도움을 요청하도록 지시받은 것으로 판단된다. 당시의 조선측 기록에 의하면 카이즈 이외의 장교들에 관한 협조요청기록은 없는 것으로 보아 조정의 허가를 받지 못하였거나 관아의 협조를 요청하지 않은 것으로 판단된다. 본서의 제2장에서 언급한 바와 같이 공사관 소속이었던 이소바야시만이 여행허가를 받아 관아의 협조를 받았다는 사실은 조선측 기록에서는 찾아볼 수 없다.

상술한 경우는 지방관리들이 조정의 지시에 따라 참모본부 요원들에게 마음에 내키지 않는 대접을 한 것으로 사료된다. 당시 조정은 물론 지방관리들은 참모본부 요원들의 측량행위를 간파하지 못한 경우가 대부분이었다. 그러나 1900년대에 들어와 일제의 침략정책이 노골화되면서 상황이 달라지기 시작하였다. 1907년 3월 20일자 황성신문의 기사에 의하면, 일본군 해동성(海東省)으로부터 해동 수로대감(水路大監)과 수로중감 일행 20명이

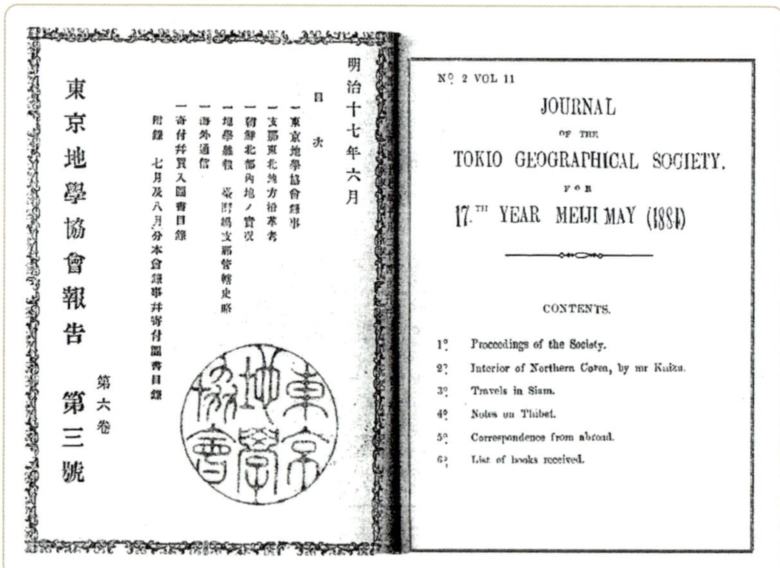
東京地學協會報告 第六巻 第三號

明治十七年六月

目次

一 東京地學協會録事
一 支那東北滿方沿革考
一 朝鮮北部內地ノ實况
一 地學雜報　臺灣島支那管轄史略
一 海外通信
一 寄付幷買入圖書目録
附録　七月及八月分本會録事幷寄付圖書目録

N° 2 VOL 11

JOURNAL OF THE TOKIO GEOGRAPHICAL SOCIETY. FOR 17.TH YEAR MEIJI MAY (1884)

CONTENTS.

1° Proceedings of the Society.
2° Interior of Northern Corea, by mr Kaizu.
3° Travels in Siam.
4° Notes on Thibet.
5° Correspondence from abroad.
6° List of books received.

그림 5-4 카이즈의 여행기를 게재한 도쿄지학협회보고

군함을 타고 함경도에 갈 것이니 측량에 협조함과 동시에 편의를 제공하라는 훈령을 조정에서 함경도에 발송하였다.

측량사 후루타[古田和三郎]는 1906년 3~5월에 걸쳐 북부지방에서 삼각측량을 하던 중 요청도 하지 않았는데 군수가 향응을 제공하고 각종 편의를 제공했다는 보고를 한 바 있다(이진호, 1989). 또한 동년 2월 이노우[伊能良道]의 보고에는 측량작업에 협조적인 군수가 의병에 의해 살해되는 사건이 발생하기도 하였다. 어떤 군수는 참모본부 소속 측량사에 협조한 사실이 두려워 피신하는 사람도 있었다.

3. 한국민의 저항

상술한 바와 같이 일제의 측량침략에 대하여 한국민은 방관하지 않고 저항하였다. 관리들 중에는 자의반 타의반으로 측량사업에 협조하거나 측량사실을 모르는 경우도 있었다. 일본에서 간행된 외방측량연혁사(外邦測量沿革史, 1895)에는 조선인이 일본측량대에 맹렬하게 저항한 보고서가 실려 있다. 이것에 의하면 군용비도의 측량이 시작된 1894년부터 제3차 지형도의 측량이 완료된 1933년까지 측량희생자는 전사 28명, 참사 16명, 상해사 1명, 즉사 14명, 익사 6명, 병사 57명, 기타 5명으로 총 127명에 달하며, 그 중 56명은 조선인의 저항으로 피살되었다. 전술한 것처럼 특히 군용비도의 측량이 본격화된 1895년의 저항이 격심하였다. 비록 배우지 못한 백성들일지라도 측량 자체를 침략으로 인식한 사람들이 많았던 것이다.

이와는 달리 일제의 측량을 무지의 소치로 오해한 경우도 있었던 모양이다. 일제강점기에 측량보조원으로 일본의 측량기사를 따라다녔다는 당시 78세의 이봉득의 증언에 의하면 주민들이 일본인 측량대원이 박아 놓은 측량용 대삼각점을 일제가 혈을 지르기 위해 박은 쇠말뚝으로 오해한 경우도 있었다(조선일보, 1995). 우리 민족은 부지불식간에 터를 잡을 때에 풍수를 맹신하는 경향이 있기 때문에 이런 오해가 생긴 것 같다.

그리하여 일본 측량대원들은 측량사업의 수행과 자신들의 신변보호를 위하여 조선인으로 변장을 해야 할 정도에 이르렀다. 그들은 우선 김정호의 대동여지도를 보고 한반도 각 지역의 지세를 개략적으로 파악한 후에 약장수로 위장하여 북이나 손풍금을 들고 번호를 불러가며 목측과 보측으로 은밀하게 측량하였다하니(이지호 · 홍시환, 1956) 실소를 금치 못할 광경이었다. 지도를 제작함에 있어서 측량은 일본인 측량사를 동원하면 되지만, 지명을 파악하기 위해서는 반드시 조선인이 필요하였다. 측량은 몰래 할 수 있더라도 지명은 현지주민에게 물어보아야 하기 때문이다. 그와 같은 이유로 1880년 무렵에는 어학연수생을 조선에 파견하여 한국어를 습득시켰으나 단기간에 완성할 수 없었다. 더욱이 발음이 서투른 일본인으로서는 한국어 회화가 대단히 어려웠을 것이다.

일제의 측량침략에 대한 우리 민족의 저항을 기록한 자료는 일본측 기록만 보일 뿐이다. 본서에서는 외방측량연혁사에 실린 보고서 가운데 중요한 사건만 발췌하여 소개하기로 하겠다(이진호, 1989).

(1) 함흥사건

군용비도의 제작을 위한 일본의 측량사업이 본격화 되던 1895년에 측량대는 4개 반으로 나뉘어 각지로 흩어져 조사에 착수하였다. 그 중 제1반은 10월 15일 함경도 원산에 상륙하여 수비대장과 원산 영사에게 측량할 곳의 사정을 탐문하고 원산 북쪽의 흥원까지 대원들을 배치하여 측량에 돌입하였다. 그들은 군용비도에 대체할 상세한 약도를 측량하는 것이 임무였을 것이다. 그러나 측량은 그들 뜻대로 순조롭게 진행되지 못하였다. 이 지방의 지역주민들은 일본인은 물러가라는 대자보를 관아에 붙이거나 곡식과 연료 등의 가격을 폭등시켜 측량대를 괴롭혔다. 나아가 군수로부터 백성에 이르기까지 일본인에게 쌀을 파는 것조차도 거부하기에 이르렀다.

1895년 11월 5일 육군참모본부 핫토리[服部直彦] 소좌가 육지측량부장 후지이[藤井包聰]에게 보고한 내용에 따르면, 조선인 가운데 측량대 숙소에 불지를 계획을 꾸미는 자가 있어 위급하니 일시 철수할 것을 간청하기에 이르렀다. 측량대는 부득이 함흥 남쪽 함주의 학선정이란 곳으로 측량장소를 옮겨 다른 지역을 측량할 수밖에 없었다. 측량대가 내륙으로 진입하면서 선비와 백성들의 방해는 더욱 빈번해졌다. 어느 지방에서는 측량대가 주민들에게 지명을 묻자 "지명을 알아 무엇에 쓰냐?"라고 반문하며 알려주지 않았다. 때로는 고의적으로 엉터리로 알려주거나 조선어 발음을 잘못 알아듣고 기록한 사실이 조선말 지도와 구한말 군용비도에 그대로 반영되어 있다. 예를 들면 군용비도의 서해안 도서 중 몰

란도(モルラン島)와 빨칼섬(パルカルショム) 등은 존재하지 않는 지명이었다. 비록 무지한 백성들이었지만 은밀한 측량행위를 간파하였던 모양이었다.

1895년 11월 29일의 보고서에 의하면, 측량대가 역참(驛站)이나 역점(驛店)에서 숙박을 하려고 해도 숙소가 너무 작고 협소하여 부득이 일반 민가에서 숙식을 해결할 수밖에 없었다. 그러나 주민들이 거절하기 때문에 지방 관리의 도움을 받아 겨우 승낙을 얻을 수 있었다. 측량대가 지방 관리에게 협조를 구할 경우에 측량사실을 숨겼음은 물론이다. 그들은 조선 관리가 간첩행위를 눈치 채지 못하도록 각별히 신경을 썼을 것이다.

(2) 대구사건

전국 각지로 흩어진 4개 반의 측량대 가운데 제4반은 대구와 그 주변을 측량하고 있었다. 1895년 12월 16일 기구치[菊池] 대위가 육지측량부장에게 보고한 내용에 따르면, 11월 27일 저녁 무렵에 측량기사 가쓰하다케[勝畑孝次郎]는 하양으로부터 다부로 가기 위하여 대구에서 머무르기로 하였다. 그는 저녁식사를 하면서 동료 측량기사와 함께 막걸리 5~6홉을 마신 모양이다. 밤 10시경 마부였던 우미카와[海川音松]가 측량반장이 머물고 있는 침실로 급히 뛰어 들어와 보고하였다. 대구시내 서문안에서 2명의 측량기사와 통역 등의 측량대원 여러 명이 조선인에게 구타당하여 생명이 위태롭다는 내용이었다. 측량반장은 즉시 수송부 1명을 불러 병참부와 수비대장에게 급히 보고케 하고 우미카와를 대동하여 사건현장에 도착하였다.

군대조직의 병참부는 군수품을 관할하는 병과이지만 당시에는 각종 군사적 정보도 취급하였던 것이다. 그림 5-5는 1 : 1만 축척의 「곽산군근방(郭山郡近傍)」 지도와 함께 정주 병참부가 남부병참감부 앞으로 보낸 보고서한이다. 이 서한에는 1895년 9월 17일 측량과 더불어 정주부로부터 곽산군을 경유하는 13km 도로상황과 호구조사를 겸하면서 상부에 보고한 내용이 담겨져 있다. 이것에 따르면 곽산을 지나는 도로의 폭이 대략 1.5~2m 정도이

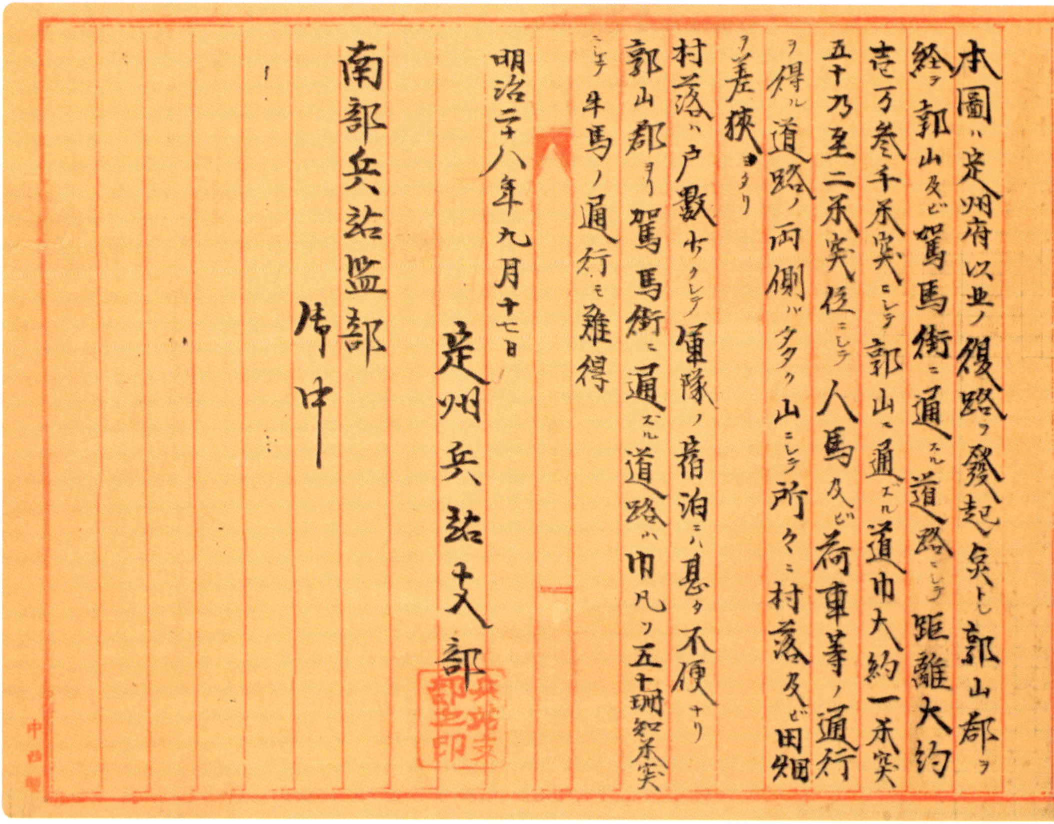

本圖ハ定州府以北ノ復路ヲ發起点トシ郭山郡ヲ
経テ郭山及ビ駕馬街ニ通スル道路ニシテ距離大約
壱万参千米突ニシテ郭山ヘ通ズル道巾大約一米突
五十乃至二米突位ニシテ人馬及ビ荷車等ノ通行
ヲ得ル道路ノ両側ハ多ク山ニシテ所々ニ村落及ビ田畑
ヲ差挟ミタリ
村落ハ戸數少クシテ軍隊ノ宿泊ニハ甚タ不便ナリ
郭山郡ヨリ駕馬街ニ通ズル道路ハ巾凡ソ五十珊知米突
ニシテ牛馬ノ通行モ難得
明治二十八年九月十七日
定州兵站支部
南部兵站監部
御中

그림 5-5 정부병참지부가 남부병참감부에 보낸 보고서한
출처: 미국의회도서관 지리 · 지도과.

므로 사람은 물론 보급품을 운반하기 위한 말이나 수레가 통행할 수 있다는 내용이다. 그 당시에는 청일전쟁 중이었으므로 일본군의 부대이동을 위해 서둘러 지도를 제작한 것으로 짐작된다.

그곳에서 흰옷과 검은 옷을 입은 주민 약 70~80명이 측량기사를 위시한 대원들을 에워싸고 한창 싸움을 벌이고 있었다. 측량반장은 무리 속으로 뛰어들어 목청을 높여 손사래를

치며 싸움을 뜯어말렸다. 그러나 성난 주민들이 격한 소리를 지르며 그를 에워싸고 주먹을 날리거나 밀쳐 넘어뜨렸다. 그 와중에 한 사람이 예리한 철봉을 휘두르며 덤벼들어 측량반장의 목숨이 위태로운 지경에 이르렀다. 위기에 처한 그는 최후의 수단으로 숨겼던 칼을 빼어 휘둘렀다. 칼에 찔린 조선인은 피를 흘리며 물러섰다. 또 다른 곳에서 싸우는 소리가 들려 측량반장은 그곳으로 뛰어가다가 총소리를 들었다. 현장에 당도해 보니 조선인은 이미 사라져 버렸고, 가쓰하다케는 자신의 생명을 지키기 위하여 위협사격을 한 것이라고 해명하였다. 측량반장은 함부로 무기를 노출시킨 그에 대하여 심하게 책망하였다. 그의 질책은 경솔하게 일을 그르치면 측량대의 간첩행위가 탄로날 위험성이 있기 때문이었다.

측량반장이 일행을 인솔하여 돌아가려 하는데 조선인들이 다시 모여들어 덤벼들 기세가 보였다. 마침 싸움이 벌어진 장소가 관찰사부와 가까워 측량반장은 일행과 함께 치안요청을 하러 부문(府門)으로 들어갔다. 그러자 조선인들도 따라 들어와 측량대의 앞길을 가로막았다. 간신히 관찰사 이중하를 면담한 측량반장은 폭행사건의 재발방지를 요구하는 동시에 자신을 철봉으로 때린 순찰병의 훈계를 요청하였다. 관찰사는 측량반장에게 유감의 뜻을 표명하고 사건의 자초지종을 들었다. 이중하(1846~1917)는 1885년 토문감계사(土們勘界使)로 임명되어 종사관 조창식과 함께 정계비 부근의 수원(水源)을 조사하는 등 청나라와 간도를 둘러싼 영토협상을 벌인 인물이며, 1895년 지방제도 개편 때 대구관찰사로 부임하였다. 그는 당시 백성들로부터 신임을 받았던 것으로 기록되어 있다(허경진, 2006, p.243).

사건 내용은 두 명의 측량기사가 밤 8시경 대구 시내를 산책하던 중 서문안에 이르러 불켜진 집에 아무 생각 없이 들어가 누워 있다가 집주인이 돌아와 마주치면서 충돌하여 발생한 것이다. 남의 집에 주인의 허락도 없이 들어가 노닥거린 일본인의 무례함에 대구의 시민들이 분노한 사건이었다. 이는 비록 측량과 상관없는 사건이었으나, 측량대와 백성이 충돌한 경우였다.

(3) 제천사건

1896년 2월 15일 2개조의 측량대는 단양 일대를 측량하기 위하여 문경을 출발하여 단양에서 합류하기로 하였다. 1조는 3명, 2조는 2명으로 구성되어 있었다. 그날 오후 가흥지역 수비대장 미야케[三宅] 대위로부터 문경지역 수비대장 나가오카[長岡] 하사관에게 단양으로 가는 것은 매우 위험하니 중지하라는 전보가 날라들었다. 그리하여 측량기사 이케다[池田]는 서둘러 연락원을 보내 2개조의 단양행을 중지시켰으나 2조에게는 그 연락이 닿지 않았다. 1조에 속한 3명은 연락원을 만나 무사히 되돌아 왔지만, 2조의 우에다[植田]와 오가와[小川]는 연락을 받지 못하여 돌아오지 못하였다. 그러나 2조의 수행원으로 고용된 조선인은 2월 17일 오후 2시경에 되돌아 왔다.

그의 보고에 의하면, 2월 16일 오후 2시경 문경에서 80리 떨어진 수산이라는 산속에서 측량작업을 하던 중에 이 사실을 알고 달려온 현지 주민 10여명이 측량대를 에워쌌다는 것이다. 일본인과 조선인으로 구성된 3명의 측량대는 거칠게 항의하면서 돌을 던지는 주민들에게 숨겨두었던 권총을 꺼내 실탄을 발사하였다. 2명의 측량기사가 도주로를 뚫기 위해 발사한 것이었다. 그러나 측량대는 실탄이 떨어지고 중과부족으로 생포되어 수산촌이란 마을로 끌려갔다.

우에다 측량기사는 조선인 인부에게 "오가와 측량기사와 나는 일본인이어서 꼼짝없이 죽게 생겼으니 당신만이라도 이곳을 탈출하여 문경으로 도망치라"고 소리쳤다. 사실 그 당시의 일본인은 한국어를 제대로 구사하지 못할 뿐더러 복장이 달라 금방 눈에 띠었다. 결국 측량기사는 도주를 포기하고 조선인 인부만이 겨우 탈출에 성공하였다. 그 조선인은 대구출신의 장도령이라 부르던 사람으로 돈 몇 푼에 매수되어 고용된 자였다.

2월 18일 오전 9시, 문경수비대는 약간의 부상을 입고 탈출한 장도령의 보고를 받고 5명의 병사와 7명의 조선인 고용원을 수산에 급파하였다. 그곳은 오늘날 행정구역상 제천시 수산면 수산리로 되어 있다. 정찰에서 돌아온 병사들은 2월 29일 오전 9시 두 명의 측량기사가 제천으로 연행되어 갔음을 수비대장에게 보고하였다. 수산 마을 일대는 일본의 측량 행위에 분노한 주민들이 많았던 관계로 더 이상의 정찰은 불가능하였다. 정찰병은 귀대하는 길에 결국 주민들에게 발각되고 말았다. 그들은 교전 끝에 30여명의 조선인을 죽이고 간신히 문경수비대로 돌아왔다. 성난 주민들은 무장한 일본병사들에게 맨손과 돌로 맹렬하게 저항하였다. 그날 오후 정찰병은 함께 동원되었던 조선인 고용원과 함께 돌아와 수산 마을에서 입수한 정보를 수비대장에게 보고하였다. 우에다와 오가와는 결국 청풍령으로 끌려가 주민들에게 피살되었다.

이상의 사실은 1896년 3월 3일 기구치 대위가 육지측량부장 후지이[藤井] 대좌에게 보고한 내용 중에 기록되어 있는 사건전말이다.

(4) 여주 · 이천사건

1896년 2월 측량보조원이었던 고메타니[米穀豊吉]와 곤도[近藤卓雨]가 측량작업 중에 조선인에게 살해된 사건이 여주 부근에서 발생하였다. 이 사건은 토리코시[鳥越民吉]가 상부에 보고한 내용이지만, 그들이 무슨 이유로 피살되었는지에 관해서는 언급이 없고 단지 시신을 찾으러 갔다는 보고만 외방측량연혁사에 기록되어 있을 뿐이다. 저자가 추측하건대, 그들은 은밀하게 측량하다 주민들에게 발각되어 맞아죽은 것으로 추정된다.

여주 공략에 나선 일본병사들이 경기도 천녕이란 곳에 머무르고 있던 중 정찰병을 보내 상황을 정탐케 하였다. 정찰병은 현지주민 중에서 포섭한 조선인이었다. 그는 여주에 잠입하려다 마을 사람들에게 일본군의 앞잡이임이 발각되어 체포되었다. 정찰병은 도끼로 위협하는 주민들의 심문에도 실토하지 않았다. 그는 여주 출생으로 이 마을에 친족과 친구들이 많았던 덕분에 그들의 변호에 힘입어 그곳을 빠져 나올 수 있었다. 당시 여주에는 측량을 방해하는 조직적인 저항은 없었지만 주민들 대부분이 일본인과 친위대 병사에 대하여 좋지 않은 감정을 품고 있었다. 주민들은 일본인을 만나면 욕설을 퍼붓거나 폭행을 가하기

그림 5-6 명성황후를 시해한 일본인들
출처: 위키백과.

일쑤였다.

이러한 행동은 1년 전인 1895년에 명성황후의 시해에 대한 조선인들의 일본에 대한 감정에서 비롯된 것이었다. 그것은 1896년 2월 3일 고세[小瀬住太郎]가 이토[伊藤良道] 반장에게 보낸 보고에 의하면 조선인들이 단발령(斷髮令)과 양력(陽曆) 도입은 일본과 직접적 관련이 없으나 명성황후를 살해한 것은 일본인의 소행으로 여겨 반일감정이 고조되었음을 지적하고 있다(이진호, 1989, p.101).

천녕(여주 근방의 옛 지명)에 머물던 친위대가 여주로 주둔지를 옮겼다. 이천수비대장 야쓰오카[安岡] 특무상사는 측량 중에 실종된 2명의 측량보조원에 대한 탐문조사를 벌였다. 주민들의 증언에 의하면, 그들은 조선인들에 의해 살해된 후 한강 얼음 위에 내던져져 방치되어 있다가 봄에 한강 얼음이 해빙되어 강물에 떠내려갔다는 것이다. 당시 수비대는 일본군 주둔지의 수비를 담당한 것이 아니었던 모양이다. 하사관급의 계급이 임명되는 지방의 수비대장들도 측량술을 습득하였던 것으로 추정된다. 미국의회도서관에서 발견된 그림

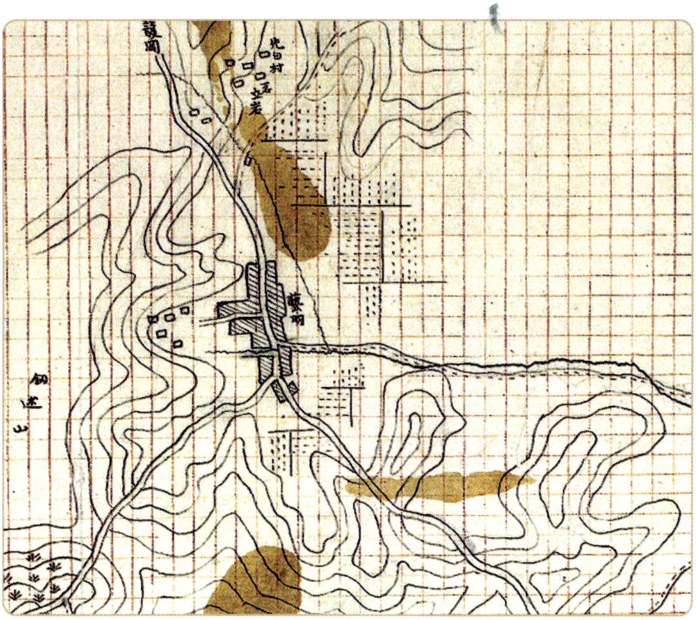

그림 5-7 다나카 수비대장이 측량하여 스케치한 「자선백촌지삼화부노상측도」
출처: 미국의회도서관 지리 · 지도과.

5-7의 지도는 당시 용강 수비대장이었던 육군보병 특무조장 다나카[田中德太郎]가 만든 연대미상의 「자선백촌지삼화부노상측도(自先白村至三和府路上測圖)」이다. 이 지도에는 도로를 중심으로 고도가 표시되지 않은 개략적인 등고선과 경작지가 표시되어 있다. 그는 수비대장인 동시에 측수(測手), 즉 측량사 보조역인 측량수이기도 하였다. 다나카는 눈금종이에 연필로 스케치하면서 목측에 의한 1 : 1만 축척의 노상측도를 제작한 것이다.

다음으로는 친위대가 이천에 체재할 때 발생한 사건이다. 일본군은 인근주민의 속내를 간파해볼 속셈으로 2~3명의 병사에게 마을주민으로 위장하여 잠입하였다. 물론 그들에게 만약의 사태에 대비하여 권총을 휴대케 하였다. 그들은 주민들에게 일본인을 습격하자고 거짓 선동하여 많은 사람들을 손쉽게 동원할 수 있었다. 주민들을 선동할 수 있었던 것은 첩자 중에 한명의 조선인 고용인이 끼어 있었기 때문이었다.

1896년 2월 5일 아침, 여주에 파견한 전신감시병(電信監視兵) 4명이 마을에 도착하자 곧 현지주민들의 습격을 받는 사건이 발생하였다. 그들은 주민들을 향하여 즉시 응전하였으나 사태가 불리하게 돌아가자 지니고 있던 소지품을 버리고 도주하였다. 그들은 그날 오후 7시경이 되어서야 이천으로 돌아와 사건내용을 상부에 보고하였다.

그 나음날 통역관으로 고용되었던 조선인 한명이 간신히 탈출하여 성난 주민 수백 명이 일본인 숙소를 포위하였다고 보고하였다. 그 숙소 안에는 측량기사 2명, 진신기술자 4명, 일본인 상인 1명이 머무르고 있었다. 통역관은 조선인이었던 덕분에 민가에 숨어 있다가 집주인의 도움으로 간신히 탈출할 수 있었던 것이다.

(5) 영광 사건

1899년 3월 16일 오후 4시 조금 지난 시각에 영광군 남쪽 약 20리 떨어진 군남면 도장리 장고마을 일대 야산에서 육지측량부 보조원 나카오[中尾芳太郎]가 측량업무에 임하고 있던 중 마을주민 여러 명이 각자 곤봉을 가지고 산으로 올라와 그를 에워쌌다. 주민들은 나카오가 측량 중임을 모른 채 "명태를 어디에 묻었느냐? 자백하라! 왜 명태를 땅에 묻어 마을 사람들을 죽이려 하느냐?"고 그를 몰아세웠다. 이에 대하여 나카오는 결코 명태를 땅에 묻은 사실이 없으며, 자신은 단지 산위에 올라 풍경을 촬영한 것에 지나지 않는다고 극구 변명하였다. 그래도 성난 주민들이 나카오를 다그치며 측량판 · 가방 · 권총 등을 빼앗았다. 그는 하는 수 없이 여권을 제시하며 일본인임을 밝혔다.

주민들은 그를 마을로 끌고 가 힐문하고 포박하여 구타를 하였지만, 그는 전혀 반항하지 않고 주민들이 하자는 대로 참고 있었다. 주민들은 죽이자는 의견과 용서하자는 의견으로 나뉘었다. 나카오는 밤이 되어 포박당한 채 어느 민가로 끌고 가 계속 다그쳤으나 백방으로 변명하여 간신히 방면되었다. 그는 서둘러 주둔지 영광군에 도착하여 밤 12시가 지나서야 측량대원들을 만날 수 있었다. 비록 나카오는 측량 사실을 숨기는 데는 성공했으나 목숨을 잃을 만한 사건이었다.

이상에서 소개한 사건 이외에도 일제의 측량침략에 대한 우리 민족의 저항기록은 동래 · 창원 · 영광 등에서 발생한 사건이 있으며, 더욱 잘 알려진 사건은 백범 김구가 1896년 2월 황해도 안악의 치하포에서 조선인으로 위장하고 다니던 일본군 쓰치다[土田壤亮] 중위를 살해한 사건이 그것이다(윤병석, 1995). 또한 강원도 원산 남쪽에서 의병이 육군측량대 8명을 살해하고 전신기술자 1명이 부상당하는 사건이 발생하였다. 이 시기는 원산수비대가 횡사자의 유골을 수습한 것이 1896년 2월이었으므로 사건발생시기 역시 그 무렵이었을 것이다.

4. 비밀측량대원 무라카미[村上千代吉]의 일기

(1) 무라카미 수첩의 개요

여기서는 제3장에서 언급한 바 있는 무라카미(1879~1938)에 대하여 상세하게 고찰해 보겠다. 그는 1905년부터 한반도와 중국의 지도를 만들기 위하여 약장수 등으로 변장하여 신분을 감추고 간첩활동을 행한 인물이다. 그의 측량기록이 입수된 경위를 우시코시[牛越國昭, 2005]는 다음과 같이 회고하였다.

1995년 가을 무렵, 어느 지인으로부터 오래된 수첩의 존재를 알려주면서 그 내용을 해석해 보라고 권유를 받았다. 그 수첩은 모두 32권으로 구성되어 있는데, 그 중 가장 오래 된 것이 1905년의 기록물이었다. 수첩의 필자는 은밀하게 한국과 중국을 넘나들며 지도를 제작한 무라카미였다. 그의 수첩은 전쟁 중이었음에도 훼손됨이 없이 기적적으로 자손들에게 전달되었다. 무라카미의 이름은 『외방측량연혁사; 초고 초편』에 수차례에 걸쳐 등장한다.

무라카미는 1879년 12월 12일 일본 미야기현[宮城縣]에서 태어나 중학교를 졸업하고 몸이 허약하여 부친의 바구니 만드는 일을 도왔다. 어느 때인지 알 수 없으나 육군 관계자와 가까워져 타이완으로 건너가 1900년 임시타이완토지조사국 고용원으로 종사하게 되었다. 1902년 9월에는 기수(技手)로 승진하였고 1904년 11월 문관분한령(文官分限令)에 따라 면직되었다.

그는 1905년 5월 21세의 나이로 육지측량부에 채용되어 1907년 3월 육지측량수가 되었고, 1929년 3월에 측량관의 최고지위인 측량사가 되었다. 그는 퇴직 후에도 1938년 11월에 사망할 때까지 촉탁 자격으로 군용지도, 즉 외방도의 측량과 제작업무에 종사하였다.

무라카미 수첩(村上手帳)의 제1권은 1905년 5월부터의 행적이 기록되어 있는데, 육지측량부에 채용되어 노일전쟁 중에 한반도로 잠입한 일과 만주와 한반도 북부와의 국경 부근에서 측량활동을 행한 내용이 기록되어 있다. 이들 활동은 노일전쟁 중의 임시측도부가 한반도와 만주에서 행한 외방측량의 일환이었다. 임시측도부가 1913년 3월 해산됨에 따라 무라카미는 중국(支那)주둔군 사령부의 특별측량반원이 되어 비밀측량에 돌입하였다. 이런 행위를 우시코시(2005)는 '잠입비밀측량' 또는 '도측(盜測)'이라 불렀다. 그 후, 무라카미는 1919년 시베리아 출병 시에 제2차 임시측도부의 일원으로 동부 시베리아와 바이칼 호 부근의 측량에 가담하였다.

무라카미 수첩은 1905년에 시작하여 1938년에 기록이 종료된다. 그의 일기는 무려 34년간에 걸친 방대한 것이었다. 다만 1908~1909년을 위시한 1916년과 1935년의 내용이 누락되어 있을 뿐이다. 그가 기록한 일기 32권 중 24권이 외방측량활동에 임하면서 기록한 것들이었다. 무라카미의 일기 중 외방측량기에 해당하는 1905~1932년간의 기록을 요약하면 다음과 같다.

제1권(1905~1906년): 한반도 북부, 랴오닝성[遼寧省] 랴오양[遼陽] 서부.

제2권(1906년): 몽골 동부.

제3권(1910년): 광둥성[廣東省]과 푸젠성[福建省]의 경계 부근.

제4, 5권(1911년): 허베이성[河北省]의 베이징[北京] 이북.

제6권(1912년): 예금증서 등의 비망록.

제7권(1912년): 동몽골.

제8권(1912~1913년): 푸젠성 내륙부.

제9, 10권(1914년): 푸젠성.

제11권(1914~1915년): 허베이성과 산둥성[山東省] 경계지역 일대.

제12권(1918~1919년): 바이칼 호 부근(당초 계획은 만주였으나, 제2차 임시측도부로 배속).

제13권(1918~1919년): 시베리아 취락들의 자료수집.

제14권(1920~1922년): 산둥성 주난[濟南] 부근.

제15권(1923년): 안후이성[安徽省].

제16권(1924~1925년): 1927년의 메모가 있음.

제17권(1925~1926년): 안후이성.

제18권(1926~1927년): 안후이성.

제19권(1926년): 만주.

제20권(1927년): 만주.

제21권(1928~1929년): 만주.

제22권(1929~1930년): 만주.

제23권(1930~1931년): 만주.

제24권(1931년): 만주.

이 밖에도 의약품과 질병치료법을 비롯하여 중국어 발음 등을 기록한 메모, 중국 만주 및 러시아 국경지역의 약도가 기재된 3권의 수첩이 있다. 상기한 일정 이후의 일기는 1932~1938년간에 도쿄에서 기록한 내용들로 구성되어 있다. 무라카미는 한반도와 중국을 오가면서 목숨을 건 매우 위험한 비밀측량으로 파란만장한 세월을 보냈지만 귀국해서는 평온한 나날을 보냈다.

(2) 무라카미의 활약과 일기의 의의

무라카미는 1905년 5월 이후부터 1938년 죽을 때까지 34년간 일관되게 육지측량부에 근무한 자이다. 『외방측량연혁사; 초고 초편』에서는 비밀측량을 위해 선발된 16명은 모두 육지측량부 직을 사표내고 신분을 촉탁으로 바꾸었다. 이는 비밀측량, 즉 잠입도측이 발각될 경우를 대비한 조치였다. 만약 해당국에 측량행위가 발각되면 중대한 외교문제가 발생하여 국제문제로 비화될 가능성이 항시 있었기 때문이었다. 이러한 조치는 사건이 발생할 경우에 그들의 활동이 민간인의 행위이며 일본정부와는 아무런 상관이 없다고 주장하기 위한 미봉책이었다. 그럼에도 불구하고 무라카미의 자필이력서와 사령장 등에는 분명 육지측량부 임시측도부 소속으로 명시되어 있었다. 그의 활동 패턴을 살펴보면 반년(1개월 혹은 3년의 경우도 있으나) 외방측량을 행하고 귀국하여 육지측량부에서 지도제작에 종사하는 생활을 지속하였음을 알 수 있다.

우시코시의 연구(牛越, 2005)에 의하면, 무라카미의 이름은 『외방측량연혁사』를 비롯하여 외방측량과 관련된 육군참모본부를 위시한 공문서에 빈번하게 등장한다. 이것들에서 나타난 무라카미의 활동에는 외방측량의 실상이 응집되어 있다. 그는 노일전쟁부터 만주사변 발생 시까지 임시측도부 특별측량반, 즉 비밀측량이 시작되어 종료될 때까지 중심적으로 활동한 인물이었다. 무라카미의 처가 기록한 수기 중 1923년의 에피소드에 의하면, 간토 대지진으로 겨우 붕괴를 면한 주택을 개축해야 됨에도 그의 남편은 외방측량을 위한 해외파견을 3일 앞두고 있었는데, 나라를 위하여 만난을 무릅쓰고라도 실행에 옮겨야 한다며 떠났다는 것이다.

무라카미의 일기에서는 여행 중에 일어난 일을 비망록 형식으로 기록되어 있으며 측량내용에 관해서는 상세한 언급이 없다. 이는 비밀측량의 속성상 첩보내용을 남기지 말아야 한다는 육지측량부의 수칙을 지키기 위함이었을 것이다. 오히려 그의 활동내용이 비밀측량이었음은 『외방측량연혁사』를 비롯한 『육지측량부연혁지』와 육군문서 및 외무성 문서에서 엿볼 수 있다.

5. 일제 측량침략과 한국인들의 처신 사례

(1) 김인승

1876년 2월 4일 강화도 초지진(草芝鎭) 앞바다에 일본 군함 한 척이 출현했다. 1월 6일 일본 시나가와만[品川灣]을 출발하여 부산을 거쳐 이 날 이곳에 도착한 군함에는 일본정부의 특명전권변리공사(特命全權辨理公使) 구로다[黑田淸隆] 일행이 타고 있었다. 구로다 일행은 6개월 전에 발생한 운요호사건을 빌미로 조선과 강제로 수교조약을 맺으러 오는 길이었다. 구로다를 포함해 무려 8백여 명에 달하는 일행 가운데는 일본인 복장을 한 조선인 한 명이 끼여 있었다. 그의 이름은 김인승(金麟昇)이었다. 그는 본서의 제2장과 제4장에서 「조선전도」와 관련하여 잠깐 언급한 바 있는 인물이다.

그는 운요호사건 이전부터 일본측과 내통하면서 일본을 도와오다가 이제 그 마무리 작업인 강화도조약의 체결을 돕기 위해 동행한 통역원이었다. 임진왜란 때도 일본을 도운 친일파는 있었지만 근대적 의미에서 김인승보다 앞서는 친일파는 없었을 것이다. 김인승의 친일행적이 구체적으로 드러난 것은 그리 오래지 않다. 종래에는 그가 해외에서 일제의 외국인 고문으로 고용되어 비밀리에 활동한 까닭에 국내에는 그의 흔적이 전혀 남아 있지 않

그림 5-8 구로다 특명전권변리대신 일행이 타고 온 함대(1876년)
출처: 日韓政策係 編(1876), 田弁理大臣使鮮日記, 使鮮日記.

았었다. 친일파 제1호라 할 수 있는 그는 함경도 출신이란 것 이외에는 생몰연대와 이력을 정확히 알 수 없었다.

김인승의 친일행적은 지난 1996년 당시 도쿄대 외국인 연구원으로 일본에 체류하던 구양근(1996)의 연구에서 그 전모가 드러난 바 있다. 이 연구에서는 일본 외무성 사료관에서 입수한 3건의 자료를 토대로 당시 일본외무성 소속의 외국인 고문이었던 김인승의 행적에 대하여 규명하였다. 친일파의 선구자격인 김인승은 함경북도 경흥 태생으로 본관은 김해(혹은 월성)로 7대조 때 경흥으로 이사한 뒤로 그의 집안은 지방의 양반인 토반(土班)으로 전락하였다. 그는 16세 때부터 경흥부에 근무하면서 상당한 직책을 맡기도 하였다. 그러나 이 지역에 대홍수와 기근이 몰아치던 1869년 그는 모종의 일로 이 지역 수령과 의견충돌 끝에 관직을 그만두고 두만강을 건너 러시아 블라디보스토크 북방 50리 지점에 위치한 니코리스크로 탈주하였다.

그 뒤 이곳 니코리스크에는 식량을 찾아 월경(越境)한 조선인 유랑민이 대거 운집해 살고 있었던 관계로 항일운동의 근거지이기도 하였는데, 한학 실력이 출중했던 그는 여기서 학교를 열고 학생들을 가르쳤다. 그러던 중 김인승은 여기서 다케후지[武藤平學]라는 한 일본인과 사귀게 된다. 그는 원래 양학(洋學)을 공부하려고 집을 나왔다가 블라디보스토크까지 흘러오게 된 자였다. 바로 이 다케후지가 나중에 그를 친일의 길로 이끈 첫 안내자가 되었다.

한편 이 무렵 러시아가 부동항(不凍港)을 찾아 남진정책을 강행하자 1875년 4월 일본정부는 외무성 7등 출사(出仕, 일본의 구식 관직명) 세와키[瀨脇壽人. 1822~1878]를 블라디보스토크와 포셋 지방에 파견, 러시아와 교섭을 갖게 하였다. 세와키는 공식적으로는 일본 외무성이 블라디보스토크에 무역사무소를 개설키 위해 파견한 외교관이었지만 사실상 정탐꾼이었다. 일본 외무성이 그에게 준 1875년 4월 4일자의 「출장명령서」에는 임무의 대다수가 탐색과 정탐인데, 이 중 절반은 의외로 조선에 대한 것이었다. 명령서에는 구체적으로 "조선인을 고용하여 조선 땅으로 들어가서 토지 · 풍속 등을 탐색하고 올 것" 등이 명기되어 있었다. 그러나 어떤 연유에서인지 세와키는 조선에 들어가지 못하고 대안을 모색하고 있던 중 전술한 다케후지를 만나 문제의 김인승을 소개받았다. 김인승의 학식과 경험을 높이 산 세와키는 귀국길에 그를 일본으로 데리고 갔다.

1875년 7월 세와키를 따라 일본으로 건너온 김인승은 운양호사건 발생 직전 1차로 8월 1일~10월 30일에 걸쳐 3개월간 일본정부와 일급(日給) 1원으로 외국인 고문 고용계약을 맺었다. 당시 일본 외무성이 그를 고용한 목적은 만주지방 지도작성을 위시하여 북방사정 탐색, 조선 침략용 지도작성, 기타 필요한 사항에 대한 자문 등이었다. 이 중에서 김인승이 담당할 수 있는 책무는 조선에 관한 사항이었다.

본서의 제2장에서 처음 언급된 것처럼 1875년 일본 육군참모국이 한반도 침략용으로 작성한 「조선전도」는 김인승의 자문을 받아 작성된 것이다. 지도 하단부에 적힌 "조선 함경

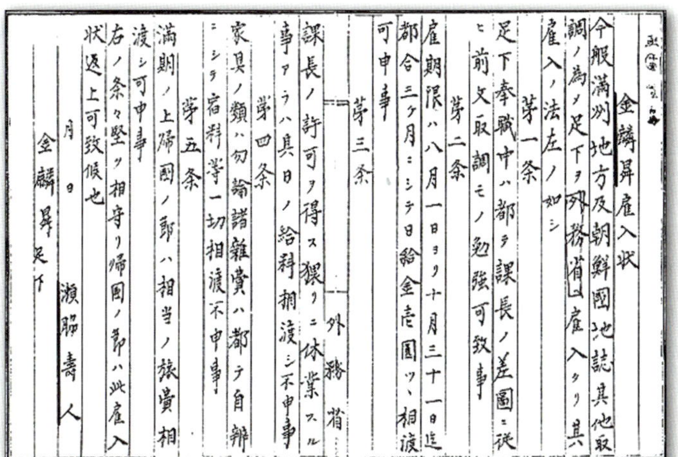
金麟昇雇入状
今般満州地方及朝鮮国地誌其他取
調ノ為メ足下ヲ外務省ニ雇入タリ其
雇入ノ法左ノ如シ
第一条
足下奉職中ハ都テ課長ノ差図ニ従
ヒ前文取調モノ勉強可致事
第二条
雇期限ハ八月一日ヨリ十月三十一日迄
都合三ケ月ニシテ日給金壱圓ツヽ相渡
可申事
第三条
課長ノ許可ヲ得ス猥リニ休業スル
事アラハ其日ノ給料相渡シ不申事
第四条
家具ノ類ハ勿論諸雑費ハ都テ自辨
ニシテ宿料等一切相渡不申事
第五条
満期ノ上帰国ノ節ハ相当ノ旅費相
渡シ可申事
右ノ条々堅ク相守リ帰国ノ節ハ此雇入
状返上可致候也
月 日 外務省 瀬脇壽人
金麟昇足下

그림 5-9 김인승의 일본 외무성 외국인 고용계약서

이 계약서에는 고용목적, 급료 등이 명시돼 있다. 또 그를 고용한 주체가 일본 외무성이며, 소개자인 세와키 히사토와 김인승의 이름도 문건 말미에 분명히 나와 있다.

출처: 구양근(1996).

도 주민 모(某)씨에게 친히 그 지리를 자문 받고 … "의 모씨는 바로 김인승을 지칭한 것이다. 지도 외에도 당시 조선사정을 일목요연하게 정리한 『계림사략(鷄林事略)』 역시 그의 자문을 받아 출간되었다(瀨脇 · 林 編, 1876).

한편 1차 계약기간 중인 같은 해 10월부터 김인승의 급료가 월급제로 바뀌면서 액수도 두 배로 늘어났다. 당시 일본 외무경 테라시마[寺島宗則]는 태정대신(太政大臣, 국무총리에 해당)에게 보낸 편지에서 "…조선어는 물론 한학, 시문(詩文)이 능통하여 아주 유용한 인물로 … 한지(韓地, 즉 조선)에서도 쉽게 구할 수 없는 인물입니다 … "라고 그를 높이 평가하였다. 일제는 강화도조약 체결을 앞두고 그를 적절히 활용할 계획을 세웠던 것으로 보인다. 실제로 그는 강화도조약 체결 이후까지 1년 가까이 도쿄에 머물면서 조선침략을 위한 갖가지 정보와 조언을 일본측에 제공했는데, 결정적인 공헌은 무엇보다 역시 강화도조약 체결 과정에서였다.

1876년 초 강화도조약 체결을 앞두고 일본정부의 대표 구로다 특명전권공사가 그에게 동행을 요구하자 그는 "이번 수행에서도 만약 머리를 깎지 않고 의복을 바꾸지 않으면 이는 제가 조선인을 자처하는 일이며 일본인의 입장에 처하는 것이 아니니 어찌 황국(皇國)의 신임을 받을 수 있겠습니까?"라며 황송해 하였다. 심지어 "끓는 물, 타는 불 속이라도 어찌 고사하겠는가?"라며 일제에 충성을 맹세하였다고 한다.

1876년 2월 4일 강화도에 도착한 구로다 일행은 1주일 만인 2월 10일 강화부에 상륙하여 다음날 11일부터 담판에 들어갔다. 조약이 체결되기까지는 보름 이상이 걸렸다. 이 기간 동안 그는 강화도 앞바다에 정박한 일본 군함에 머무르면서 공문의 한문 번역과 수정책임을 맡았던 것으로 보인다. 그는 조약체결 과정에서 수시로 일본측에 조언을 해주었는데, 구로다에게는 조선관리 설득방책 18개항을 서면으로 제출하기도 하였다. 여기에는 전신기(電信機) 사용을 권장하는 내용에서부터 "여러 말 할 필요 없다. 청나라는 그처럼 인구가 많고 땅이 넓은데도 먼저 일본에 강화조약을 청하여 맺었다. 두루 살펴 깊이 생각하라"는 등 공갈 · 협박성 문구도 들어 있다.

그림 5-10 1876년 구로다 일행이 상륙한 강화도
출처: ウィキペディア.

구양근(1996)은 김인승을 '직량(直亮)한 성격에 동포애도 강한, 조선의 전통적 선비정신의 소유자였던 인물'로 묘사하면서 일본의 속셈을 헤아리지 못한 채 '일본과 조선은 상맹상통(相盟相通)의 나라'로 보고 일본의 강화도조약 체결 추진에 협조를 아끼지 않은 것으로 해석하였다. 조약 체결 후 일본으로 돌아온 그는 얼마 후 러시아로 되돌아갔는데, 도쿄에서 남긴 한 편지에서 "거리에서 듣기 불편한 말들이 들리고 길을 걸으면 조심스럽고 두려운 마음이 든다."고 적었다. 그는 대개의 친일파들이 그러했듯이 민족을 배신한 대가로 일본인들로부터 받은 보상은 멸시와 증오였음을 뒤늦게 깨달았다.

(2) 박차정

앞서 소개한 김인승의 친일행각과 달리 일제 측량침략의 최전선의 위치에 있었으나 자녀들에게 투철한 민족의식의 고취와 항일정신을 심어준 사례도 있다. 다음에 소개할 박차정이란 인물이다.

그림 5-11 박차정
출처: 국가보훈처 공훈심사과.

박차정(1910~1944)은 1910년 5월 7일 경남 동래 복천동에서 아버지 박용한과 어머니 김맹련의 3남 2녀 중 넷째로 출생하였다. 그의 부친은 일찍부터 신문물에 눈을 떠 구한말 동래 지방의 신식학교인 개양학교와 보성전문학교를 졸업한 후 탁지부 주사를 역임한 측량기사였다. 그러던 중 경술국치 이후 일제의 무단정치에 비분강개하여 1918년 1월 유서 한 통을 남기고 자결하기에 이르렀다. 이후 박차정의 어머니는 5남매를 키우고 가르치기 위해 삯바느질을 하는 등 어려움을 감수해야만 하였다.

어머니는 동래군 기장면 출신으로 일찍이 김원봉과 의형제를 맺었던 김두전과는 6촌간이었고 김두봉과는 사촌의 사이였다. 이 같은 집안의 가계로 보더라도 어머니 역시 강한 사상적인 배경을 갖고 있었음을 알 수 있다. 박차정 역시 이러한 주변 환경으로 인하여 자연스럽게 어려서부터 식민지 현실을 올바로 볼 수 있는 안목을 갖게 되었다.

1924년부터 조선소년동맹 동래지부에서 활동하기 시작하였던 박차정의 항일의식은 1925년 동래일신여학교 고등과에 입학하면서 더욱 강해졌다. 일신여학교는 선교계 학교이면서도 민족정신의 함양을 중요시하여 애국심을 고취시키는 조선어, 역사, 지리 등의 교과에 중점을 두고 있었다. 많은 민족운동가를 배출해냈고 1919년 3.1운동 시에는 부산의 만세운동 전개에 큰 공헌을 하였다. 이러한 민족적 전통을 갖고 있었던 학교에 입학하게 되니 가정에서 키워온 박차정의 항일의식이 더욱 강해질 수밖에 없었다.

박차정은 이때부터 우리 민족의 비극을 말하면서, 이 비극을 극복하는 길은 독립이고 애국지사들이 벌이고 있는 독립운동에 모두 동참해야 한다고 역설하고 다녔다. 일신여학교의 동맹휴학에는 항상 그녀가 주모자가 되어 중심에 서있었다. 그녀는 1938년 의열단 기관지에 글을 투고해 무장궐기를 촉구하고, 그해 10월부터 항일투쟁에 주력하였다. 이듬해 2월 장쑤성[江蘇省] 쿤룬산[崑崙山]에서 일본군과 교전하다 부상을 입고, 그 후유증으로 고생 끝에 1944년 5월 사망하였다. 1995년 정부로부터 건국훈장 독립장이 그녀에게 추서되었다.

이상에서 소개한 측량기사의 딸 박차정의 일화는 전술한 바 있는 김인승의 가문과 대비되는 실화라 할 수 있다.

(3) 김은호와 이준식

김은호(1892~1979)는 인천의 부농 집안 출신으로 일찍이 쓰루야마[鶴山殷鎬]로 창씨개명을 하고 구한말 인천관립일어학교(1906~1907)를 다녔다. 일본 물결이 유입되는 세상의 변화를 그 누구보다 빨리 읽은 것이다. 집안이 몰락하자 인천관립일어학교를 중단하고 인흥학교 측량과에 들어가 과학적인 측량법과 제도법, 수학을 처음으로 배운 후 1908년 졸업하였고, 아버지가 옥고로 세상을 떠나자 1909년 서울 남대문 근처로 거주지를 옮겼다. 그는 측량기사의 조수로 혹은 도장포와 인쇄소 등을 전전하다가 영풍서관에서 고서를 베끼는 일을 맡게 되었다.

어느 날 김은호는 측량조수로서 측량기사를 따라 종로 연지동에 있는 부잣집 땅을 측량하러 갔다. 그 집에서 며칠간 측량을 하던 중 사랑채에 놓여 있는 병풍 그림에 감명을 받아 측량 중에도 틈틈이 병풍의 백작도(百鵲圖)를 모사하였다(인천직할시, 1985, p.1574). 이 내용은 그의 저서『서화백년』에 기록된 내용인데, 시기로 보아 김은호가 측량조수로 종사한 측량업무는 한일병합 후 시작된 세부측량 초기였던 것으로 추정된다. 그가 모셨던 측량기사의 인적사항은 밝혀진 바 없으나, 후일 그의 친일행적을 볼 때 측량분야를 떠난 것이 오히려 국가를 위해서는 잘 된 일이었다.

김은호는 측량을 그만두고 그림실력을 인정받아 한반도가 일제식민지로 전락한 직후 순종의 초상화를 두 차례 그린 어용화가이다. 또한 조선왕조의 마지막 어용화사(御用畵師)로 출발하여 가장 앞장 서 먼저 일제 군국주의에 동조하는 내용의 금차봉납도(金釵奉納圖)를 그려 조선총독에게 헌납한 친일파 화가이기도 하다. 그는 순종의 어진(御眞) 제작 경력과 빼어난 인물묘사 솜씨로 윤택영, 윤덕영, 민병석 등의 친일 귀족이나 일본인 고관들의 초상화 주문에 응하면서 화단의 총아로 부상하였다. 그리고 그들의 후원에 힘입어 조선인 화가로서는 1937년 처음으로 조선미술전람회에 16회 때부터 심사위원격인 참여 작가로 발탁되었다. 김은호는 전시에 후방에서 화가로서 일본 천황을 위하여 이른바 화필보국(畵筆報國) 및 회화봉공(繪畵奉公)하고자 1941년에 결성된 조선미술가협회에 이상범, 이영일, 이한복과 함께 일본화부 평의원으로 참여하였다. 일본화부는 내선일체(內鮮一體)에 동조하여 동양화부의 이름을 바꾼 것이었다.

김은호는 일제에 부역한 탓에 결국 해방 직후 결성된 '조선미술건설본부'에서 이상범 · 김기창 · 김인승 · 심형구 · 김경승 · 윤효중 등과 함께 제외당하는 수모를 겪기도 하였다. 김경승 · 김인승 형제는 대표적인 친일미술단체인 조선미술가협회에서 간부를 맡았다. 해방 이후 김인승은 1947년 서울의 사립대 미술과 교수로 부임하여 국내 서양화 구상계열을 주도했으며, 김경승도 광화문 충무공 이순신 장군을 비롯해 백범 김구, 도산 안창호, 안중근 의사 등 순국애국열사의 동상을 제작하고 구상 조각계의 거목이 되었다.

지난 2009년 10월 29일 발표된 친일인명사전 수록예정자 명단을 둘러싸고 논란이 계속되는 가운데, 어느 현직 교사가 조부의 친일행위를 고백하는 편지를 써 화제가 되고 있다. 민족연구소에 보낸 이메일에서 자신의 조부 이준식은 1894년 충북 옥천 출생으로 일제하에서 토지측량기사로 일제하에서 관료생활을 시작하여 1930년대 말 음성군수를 지낸 것으로 알려졌다. 이 내용으로 추정하면, 이준식이 측량기사가 된 것은 한일병합 이후의 일이므로 비밀측량을 하거나 토지수탈을 위한 측량을 하던 시기는 아닐 것으로 여겨진다. 다만 일제치하에서 군수직에 오를 수 있었던 것은 일본에 그의 기여도를 인정받았기 때문일 것이므로 그것이 문제가 될 뿐이지, 측량기사의 경력 자체가 친일은 아닐 것이다(http://blog.naver.com/WIKIMEDIA). 그는 1935년 총독부 시정 25주년 기념일에 표창자 명단에 포함되었고, 1940년 음성군수 자격으로 정7위 훈6등에 서위된 바 있다(국사편찬위원회, 2010).

일제강점기에 측량기사는 "군수는 말이 한 필이고, 측량기사는 두 필이었다."라는 말이 회자될 정도로 대우를 받는 경우가 많았다. 하나의 말은 자신이 타고 다니고, 다른 한 필은 측량 기자재를 싣고 다니라고 주었지만 당시 인건비가 워낙 저렴하여 사람을 시켜서 들고 다니게 하고 그 말에는 첩을 태우고 다녔다는 말이 전해 내려올 정도였다.

6. 와타나베[渡辺正] 참모와 측량지도의 행방

(1) 와타나베 참모의 지도 은폐작전

태평양전쟁 말기에 일본 본토방어에 만전을 기하기 위하여 육군참모본부 대본영(大本營)의 와타나베[渡辺正] 소좌는 당시 저명한 지리학자들을 규합하여 명제별로 병요지리조사연구를 시도하였다(金窪, 2004). 1944년 12월 15일 도쿄 도심에 있는 마루노우치 호텔에서 개최된 제2차 위원회에서 그 준비작업에 관한 사항을 논의하였다. 이 위원회는 지리를 중심으로 역사 · 사회 · 정치 · 경제 · 법제 · 문화 · 외교 · 군사 등의 학자와 전문가들로 구성되어 있었다. 18명의 위원들 중 타다[多田文男]와 와타나베[渡辺光] 두 명이 포함되어 있었다. 당시의 전황은 이오우지마[硫黃島]가 미군에 함락되고 미군 폭격기의 일본본토공습이 개시된 상태였다.

와타나베는 1916년 도쿄 출신으로 1937년 육군사관학교를 졸업하고 당시 엘리트 코스라 불리던 보병 제1연대에 배속된 인물이다. 그는 1943년 200 대 1의 경쟁률의 육군대학교를 거쳐 1944년 28세의 나이에 대본영 육군참모본부 소속의 육지측량담당부 소좌로 배속되었다. 패전과 더불어 참모본부가 연합군으로부터 각종 지도를 은닉하기 위하여 전개된 과정은 대동아전쟁이 종결되기 전후의 측량과 지도에 얽힌 비화가 담긴 『지도가 말하는 일본의 역사』에 상세하게 기록되어 있다(菊地, 2007). 이 책의 저자는 "일본의 지도를 만든 백만보(百萬步)의 사나이가 이노우라면, 일본의 측량과 지도제작기술을 구한 사나이는 와타나베 참모이다."라고 높이 평가하였다.

GHQ의 맥아더 사령관은 1945년 8월 30일 요코하마에 도착하는 즉시 "지도는 모든 것의 기본이니 그것을 확보하라!"고 지시하면서 마쓰모토[松本]에 참모본부의 자산이라 평가되는 지도가 많이 있을 것이니 그것을 확보하라는 지령을 내렸다. 그 가운데에서도 육지측량부를 점검하고 압수하라는 지시를 내린 것이다. 이때에 전술한 와타나베 소좌가 시찰단의 수행장교로 선발되어 지형도의 원판(동판)을 은닉하는 작전을 주도하였다. 그는 일본의 전후 복구를 위하여 육지측량부의 조직이 존속해야 하며 메이지시대 이래 꾸준히 쌓아올린 측량 · 지도기술을 남겨놓아야 한다는 생각을 가지고 있었다. 와타나베는 만약의 사태에 대비하여 자결할 칼을 소지하고 있었다. 그는 이처럼 운명을 건 활약이 없었더라면 일본의 측량 · 지도기술은 20년 정도 늦어졌을 것이라고 술회하였다.

1945년 9월 23일 미군 시찰단은 와타나베를 앞세우고 나가노현 마쓰모토에 위치한 육지측량부로 향하였다. 일행은 나미다[波田] 국민학교에 도착하여 '내무성 지리조사소'로 간판이 바뀐 육지측량부 본부에 도착하였다. 미군 시찰단 장교는 와타나베에게 간판의 이름을 묻고는 그냥 지나쳤다. 와다나베는 이런 상황을 예견하고 간판을 바꿔 달았던 것이다. 그는 십년감수하는 순간이었다고 회고한 바 있다. 마지막 시찰장소는 아즈미[安曇] 국민학교였다. 이곳에는 1 : 5만 지형도 원판이 은폐되어 있었지만 발각되지 않고 지나쳤다. 1차 시찰단에 이어 10월 12일부터 2차 시찰단의 조사가 시작되어 항공사진지도화용 정밀지도화기 등의 기계류가 몰수되었다. 미군 시찰단은 일본의 지형도가 매우 정교하게 제작되어 세계최고의 지도라고 높게 평가하였다(菊地, 2007).

대본영은 1945년 1월 20일에 본토결전에 관한 작전요강을 하달하였다. 이런 급박한 상황에서 병요지리조사가 불가능하다는 목소리가 불거져 나왔다. 그럼에도 불구하고 제1회 병요지리조사연구회가 4월 30일 참모본부에서 개최되었다. 이 연구회에는 군부에서 아리스에[有末精三] 중장과 각부 과장 및 반장들이 참석하였고, 지리학자는 표 5-3에서 밝힌 15명이 참석하였다. 그들은 도쿄제국대학 타다 조교수와 고토[小藤文次郎]의 제자이며 당시 지리학계의 제1인자였던 쓰지무라[辻村太郎, 1890~1983] 교수를 비롯하여 도쿄문리과대학 다나카[田中啓爾, 1885~1975] 교수를 중심으로 육군예과사관학교, 육군기상부, 도쿄제국대학, 도쿄문리과대학, 도쿄고등사범학교, 가쿠슈인[學習院], 교토제국대학 등의 각 대학과 조직에 속한 지리학자들이었다. 이와 같이 국가가 전시체제에 돌입하거나 군국주의에 빠지면 학자들 중에는 체제에 협조하거나 어용화되는 경우가 많이 있다. 침략국가

표 5-3. 병요지리조사연구회의 지리학자 명단

No.	성 명	소속 및 직위	학 위
1	아라이[新井浩]	육군예과사관학교 교수	
2	이토[伊藤隆吉]	동아연구소 연구원	
3	키우치[木内信藏]	도쿄제국대학 이학부 조수	
4	사토[佐藤久]	도쿄제국대학 이학부 대학원 특별연구실	
5	토리미즈[酉水牧郎]	내무성 국토국 계획과	
6	타다[多田文男]	도쿄제국대학 이학부 조교수	이학박사
7	쓰지무라[辻村太郎]	도쿄제국대학 이학부 교수	이학박사
8	하나이[花井重次]	도쿄고등사범학교 교수	
9	미즈노[三野與吉]	도쿄문리과대학 조교수	
10	야자와[矢澤大二]	육군기상부 육군소좌	
11	와다[和田清]	도쿄제국대학 문학부 교수	문학박사
12	요시카와[吉川虎雄]	도쿄대 조수	
13	무라마쓰[村松繁樹]	가쿠슈인 교수	
14	와타나베[渡辺光]	문부성 국민교육국	
15	다나카[田中啓爾]	도쿄문리과대학 교수	

출처: 菊地(2007), p.74.

였던 일제 역시 학자들이 자의반 타의반으로 전쟁에 동원되었다. 저자가 만났던 쓰지무라 교수는 일제가 일으킨 전쟁에 자신이 이용되었음을 크게 후회하고 있었다. 그러나 그와는 달리 교토제국대학 고마키[小牧實繁] 교수처럼 곡학아세하는 황국지정학자(皇國地政學者)도 있었다. 고마키 교수는 오히려 미국 지형학자의 이론을 도입했다며 쓰지무라 교수를 비난한 바 있다(佐藤, 2006).

병요지리연구회에서 도출된 결론 중 하나는 미군이 일본본토에 상륙할 경우 어느 곳으로 정할 것인가에 대한 예측이었다. 연구회는 쿠쥬쿠리하마[九十九里浜]와 사가미만[相模灣]의 두 지점을 예상하였다. 전시에는 흔히 지리학자의 도움을 필요로 한다. 일본뿐만 아니라 미국도 마찬가지였다. 전쟁 중 미국은 우수한 지리학자 약 백여 명을 워싱턴 D.C.에

집결시켜 작전지역 연구와 지도제작을 맡긴 일은 잘 알려진 사실이다.

참모본부에 소속되어 있던 육지측량부는 청사가 도쿄 중심부의 미야케자카[三宅坂]에 위치해 있었다. 일본의 패전이 임박해 오자 육지측량부는 본토결전에 대비하여 대축척의 측도와 수정작업을 하거나 지도상에 거리방안과 수심을 보완하는 등 작전에 필요한 사항을 첨가하는 응급수정 작업을 행하였다(金窪, 2004). 일본은 1944년 전황이 일본에 불리하게 돌아가고 주요도시에 대한 미국공군의 공습이 시작되자 도쿄소개(東京疏開)에 돌입하였고, 미야케자카의 육지측량부도 4월에 스기나미의 메이지대학 캠퍼스에 있는 예과(豫科) 건물로 옮겼다. 공습이 더욱 치열해지자 5월에는 육지측량부가 본부를 비롯한 각 조직을 모두 분산시켰다.

1945년 5월 나가노현 마츠모토시 근교로 제2차 소개가 결정되었으나, 5월 24일 밤 미군 폭격기 B29의 공습으로 신주쿠역[新宿驛]에 있던 소개화물이 화염에 휩싸여 육지측량부가 보관하고 있던 많은 지도들이 소실되었다. 미야케자카의 육지측량부 청사도 화염에 휩싸였다. 이로 인한 막대한 분량의 지도가 소실되었다.

1945년 8월 6일 히로시마에, 3일 후인 8월 9일 나가사키에 원자폭탄이 투하됨에 따라 일본은 전의를 완전히 상실하였다. 옥쇄를 다짐하던 일본은 무조건 항복을 할 수밖에 없었다. 일본이 포츠담선언을 수락하고 전쟁이 종료되자 참모총장 명령에 따라 육군기밀서류와 중요하다고 인정되는 서류들을 소각하였다. 여기서 언급된 중요 서류는 지도와 병요지지를 포함하고 있다. 그리하여 8월 19일부로 「작전용지도처리요령(作戰用地圖處理要領)」이 예하부대로 하달되었다. 그러나 지도의 원도와 초쇄본 그리고 삼각점 성과표는 가능한 보존하기로 하였다. 육지측량부의 「원도원판처리구분표(原圖原版處理區分表)」에 의하면, 조선 · 타이완 · 만주 · 시베리아 등에 관한 원판과 원도는 소각하고, 초판 인쇄본은 은닉하도록 결정하였다.

그림 5-12 원자폭탄이 투하된 히로시마
출처: 위키백과.

일본이 연합군에 대하여 무조건 항복을 결정할 때 대본영은 엄청난 혼란에 빠져 있었다. 즉 무조건항복 용인파와 본토 결전파 간의 첨예한 갈등으로 말미암아 쿠데타 계획을 음모할 정도였다. 미일 간의 전쟁으로 일본은 적국의 언어인 영어교육을 중단하며 미국에 대한 적개심을 고취시켰다. 일본정부와 군부는 포츠담선언의 수락결정 직후 즉각 모든 기관에 대하여 중요기밀서류의 소각을 명령하였다. 8월 15일부로 참모총장 이름으로 「육군비밀서류 소각에 관한 건」이 하달되었다. 명령을 하달받은 부서에서는 일본천황의 항복방송 직후부터 소각을 실시하였다. 마쓰모토의 나미다 국민학교에 소개되었던 육지측량부 본부에서도 명령에 따라 학교 교정에서 소각이 시작되었다. 참모본부에서는 하루 전부터 기밀서류와 지도의 소각을 이미 개시한 바 있다. 특히 본토결전용 지도를 우선적으로 소각하였다. 소각은 3일간 철야작업으로 이루어졌다.

그림 5-13 항복문서에 조인하는 우메즈 참모총장(1945년 9월 2일)
출처: 위키백과.

(2) 지리조사소의 발족과 지도의 행방

와타나베 소좌는 육지측량부의 장래를 우려하여 8월 17일 심야에 은밀하게 「육지측량부처리요강안(陸地測量部處理要綱案)」이란 의견서를 아리스에 중장에 품신하였다. 그 의견서는 "일본육군은 해체되지만, 육지측량부는 국토부흥을 위한 필수기관으로서 내무성으로 이관한다."라는 내용이었다. 더 중요한 이유는 그 동안 활약했던 육지측량부 기사들의 신변을 보호하고 조직을 내무성으로 바꿔 조직의 명칭을 달리하면 미군들이 이전부터 존재해왔던 행정조직으로 인식하게 만들기 위함이었다. 결과적으로 미군은 와타나베의 전략에 말려들었던 것이다.

군사기밀(제11호 제3)로 하달된 「육지측량부처리요강안」은 제1총군 · 제2총군 · 북부군 · 참모장 · 육지측량부장 · 기상부장 · 육군성 부관 · 대본영 통신대장 등으로 하달되었다. 이 요강안의 처리요령은 다음과 같다.

一. 参謀本部

イ. 内邦地形図中軍事極秘タル二万、一万、五千分ノ一図及満州、「ソ」領、関東州ノ十万、五万、

二万五千、五千分ノ一、軍事極秘以上ノ地図並ニ各地域の兵要地誌図ハ焼却ス。

ロ. 内邦地形図中、軍事極秘(戦地ニ在リテハ極秘)及軍事極秘密(戦地ニ在リテハ極秘)タル

五万、二万五千分ノ一図ハ一部残置シ焼却ス

ハ. 極秘以下ノ地形図、編纂図(地勢図、奥地図、航空図)等ハ其ノ儘残置ス

二. 部隊、官衙、学校

イ. 参謀本部ニ準ズ(大部分残置)

ロ. 三角点成果表及二万分ノ一以上ノ実測図(築城・射撃ノタメノ測図ヲ含む)ハ焼却ス

三. 陸地測量部

イ. 原図、初刷、三角点成果表ハ成ルベク保管ス

ロ. 原版ハ其ノ儘残置ス 但軍事極秘タル二万、一万、五千分ノ一ノモノハ焼却又ハ破壊ス

ハ. 印刷機、資材等ハ残置ス 但シ一部ノ「レンズ」ハ保管ス

ニ. 資材ノ内所用ノモノハ職員ニ貸輿支給ス

四. 民間印刷会社

民間印刷会社ニ於テ印刷セル五万分ノ一地形図及二十万分ノ一帝国図ハ印刷会社ニ貸輿ス

用紙、薬品、亜鉛板等ハ陸測主任者ト経理上ノ協議(例ヘバ印刷費ヲ該当資材ニテ現品払　スルガ如キ)ノ上印刷会社ニ交付ス

이상은 8월 15일부로 하달된 지도 소각명령을 변경하는 내용이다. 발신자는 참모본부 총무과장이며, 참모총장 의명통첩(依命通牒)으로 군사기밀이었다. 이 명령은 참모본부를 위시하여 부대 · 관아 · 학교 및 육지측량부는 물론이고 민간인쇄소까지 하달되었다. 대상 기관에 따라 처리물건과 방법이 기록되어 있다. 삼각점 성과표 및 1 : 2만 축척 이상의 실측도는 소각하고, 와타나베 소좌의 생각대로 원판으로부터 처음 인쇄된 초판 지도만은 은닉하도록 지시하였다.

와타나베는 지리조사소를 내무성에 두기 위한 작업으로 먼저 우메즈[梅津] 참모총장과 와카마쓰[若松] 육군차관의 허가를 받고 내무성 이와자와[岩澤忠恭] 국토국장과 관련부서의 책임자들을 만나 협력을 받아냈다. 그리하여 1945년 8월 30일부로 내무성 관제를 개정하여 지리조사소가 설치되기에 이르렀다. 따라서 육지측량부 조례가 폐지되어 육지측량부는 56년의 역사를 마감하고, 9월 1일 내무성 지리조사소가 발족하게 되었다. 이와자와 국토국장은 지리조사소 초대소장을 맡게 되었다. 이것이 일본 국토지리원의 전신이 되었다. 이 명칭은 병요지리조사연구회에서 비롯된 것이었다(久武, 2009; 小林, 2009). 와타나베는 '지리'라는 명칭에 대하여 각별한 애정을 지니고 있었다. 그는 본래 지리학을 공부한 적은 없지만 병요지리 · 자연지리 · 인문지리와 같이 국가를 생각할 때 가장 중요한 요소로 떠올리게 되는 사항이라고 증언한 바 있다(菊地, 2007). 그는 군인의 신분으로 '병요지리조사연구회'를 조직한 바 있으나, 평화시에는 '지리'와 '조사'가 중요하다고 생각하여 '지리조사소'라 명명한 것이다.

1945년 10월 12일 GHQ가 전쟁기록조사를 지시함에 따라 육군과 해군에 사실조사부(史實調査部)에 해당하는 「작전관헌자료수집위원회」가 설치되었다. 11월 30일에는 참모본부가, 12월 1일에는 육군성과 해군성이 폐지되었다. 이에 따라 청산업무를 위한 제1 · 제2 복원성(復員省)이 설치되었다. 제1 복원성에 소속된 와타나베는 외지로부터 속속 복귀해 들어오는 육지측량부 대원들을 지원하거나 취직을 알선하는 일에 몰두하는 한편, 스스로 와타나베 측량주식회사를 설립하여 지도기술자들을 고용하였다.

전쟁기록과 역사적 사실조사를 위해 미육군 직할기관인 WDC가 일본에 도착하여 철저한 접수작전을 전개하였다. 5개월간 벌인 작전에서 70만점, 7천 톤에 달하는 문서와 자료

그림 5-14 제1복원성(육군성)과 제2복원성(해군성)의 현판식
출처: ウィキペディア.

를 몰수하였다. 이 작업은 샌프란시스코 조약이 체결된 1951년 9월까지 지속되었다. 이들 중 지도류는 많지 않았던 것으로 알려졌다.

육지측량부가 제작한 지도 중 일본에서 '외방도'라 불리는 외국지도는 자원과학연구소 · 도쿄제국대 · 도호쿠제국대 · 교토제국대 등으로 반출되었다. 1945년 9월에 지도정리를 담당한 인물은 와타나베 소좌를 비롯하여 도쿄제국대의 타다 교수와 기우치 조교 등의 지리학자였다. 또한 미군에게 발각되지 않는 편이 좋다고 판단되는 지도들은 쓰레기장에 방치되거나 소각되었다(岡本, 2008). 특히 도호쿠대학의 일화는 유명하다. 참모본부가 소장중인 외방도를 반출하기 위해 도호쿠대학 지리학교실의 다나카[田中館秀三] 교수의 지휘 하에 손수레로 운반하였다. 이것이 도호쿠대학에 외방도와 지형도가 유난히 많이 보관되어 있는 까닭이다(菊地, 2007). 참모본부로부터 지도반출이 순조롭게 이루어진 것은 이상에서 언급한 것과 같은 참모본부와 지리학자와의 인적 교류, 특히 병요지리조사연구회의 존재가 있었기 때문이었다(金窪, 2004).

참모본부 육지측량부에서 제작되었거나 간행된 지도들은 일본의회도서관을 비롯하여 주요 대학으로 분산되었고(鈴木, 2009), 일부는 미군에 의해 압수되어 미국으로 반출된 것으로 추정된다. 그 가운데 한반도 지도들은 주로 교토대학과 오차노미즈[お茶の水]대학에 소장되어 있다(京都大學博物館 · 京都大學地理學教室, 2005; お茶の水大學地理學教室, 2007). 해도(海圖)를 포함한 대부분의 한반도 지도들은 '육군성기증(陸軍省寄贈)' 혹은 '해군성기증(海軍省寄贈)'이란 도장이 날인되어 있는 것으로 보아 전쟁이 종료되기 전에 군부로부터 교토제국대학 지리학교실에 직접 기증된 것이 다수 포함되어 있음을 알 수 있다(山

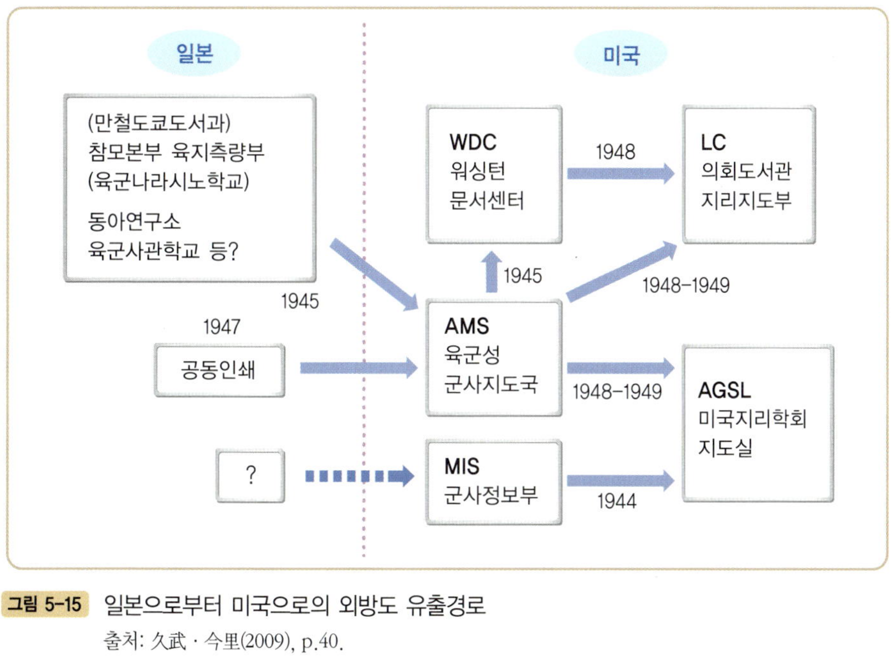

그림 5-15 일본으로부터 미국으로의 외방도 유출경로
출처: 久武 · 今里(2009), p.40.

村, 2004). 그리고 조선총독부와 일본군은 패전하자 본국으로 철수하면서 한국에 방치한 것들도 다량 존재하지만, 을사늑약 이전에 제작한 것은 일본의회도서관에 소장되어 있거나 모두 폐기 또는 반출한 것으로 추정된다.

총 2만 장을 훨씬 상회할 것으로 추정되는 일본의 외방도를 체계적으로 소장하고 있는 국가는 많지 않은 것으로 보고된 바 있다(久武 · 今里, 2009, pp.32-46). 그 대표적인 기관이 미국 워싱턴 D.C.에 있는 의회도서관과 위스콘신대학 밀워키 캠퍼스 도서관에 있는 AGSL(미국지리학회 지리지도실)이다. 이곳에 소장되어 있는 지도들은 1945년 연합군총사령부에 의해 만철(滿鐵)도쿄도서관 · 참모본부 육지측량부 · 육군 나라시노 학교 등의 기관들로부터 접수되었다. 모아진 외방도는 먼저 미국 육군성 군사지도국(AMS)으로 보내져 다시 해당 기관으로 1948~1950년에 이관된 경우와 AMS로부터 워싱턴 문서센터를 경유하여 1948년에 이관된 경우도 있다.

이들 두 유출경로 중 하나인 워싱턴 문서센터(WDC)는 육군성 군무국에 속한 기관의 하나로 독일군에 대한 정보수집을 위해 설치된 기관을 전신으로 1944년 후반부터는 일본군에 관한 문서를 다루었으며 나중에는 미국중앙정보국(CIA)에 흡수되었다. 일본으로부터 접수된 자료는 통상 연합군총사령부의 지령에 따라 연합국 군번역통역부(ATIS)에 소속된 일본인 2세 군인에 의해 영역되어 WDC로 보내졌다(井村, 1980, p.376). 일본의 무조건 항복에 따라 압수된 자료는 WDC가 419,064점, 그 뒤를 이어 접수업무를 계승한 ATIS가 58,830점에 달하였다(井村, 1981, p.466). 접수대상기관은 중앙부처를 포함한 군부와 대사관, 군수기업 등 광범위하였다. 이들 중 한반도에 관한 지도와 병요지지는 육해군으로부터 압수된 것으로 짐작된다.

그 후, 원칙적으로 문서류는 국립공문서관으로, 도서류는 의회도서관으로 이관되었다(住谷, 1989, p.435). 즉 일본군이 제작한 외방도는 도서에 준하는 것으로 간주되었으며, 연합군총사령부의 정책의 일환으로 미국으로 옮겨졌다. 그것들은 WDC로 보내지기 전에 일단 AMS를 경유하고, 지형도를 포함한 대부분의 지도류는 AMS에서만 처리되었다는 점과 의회도서관 지리지도부(LC)뿐만 아니라 미국지리학회(AGS)와 같은 학회조직에도 이관되었다는 점이 다른 압수자료와 다른 점이다. 한반도 지형도를 포함한 지도류는 한국전쟁 전인 1948년 10월에 LC와 AGS로 이관되어 복제가 완료되었다(久武 · 今里, 2009). 특히 한반도 1 : 5만 축척의 지형도는 한국전쟁에 참전한 미군의 작전용 지도로 사용되기도 하였다. AGSL의 소장 지도는 AMS를 통하여 입수한 것이 대부분이지만, 만주 지형도는 MIS(군사정보부)의 첩보활동을 통하여 입수된 것도 있다(久武 · 今里, 2009).

그러나 본서의 분석대상인 1883~1887년 제작된 지도들은 일본학자가 지적한 것처럼 유출경로를 파악할 수 없으나(今里 · 久武, 2009) 미군정 하에서 주둔군에 압수되어 미국으로 옮겨져 WDC를 거쳐 LC로 이관된 것들로 사료된다. 이들 지도는 한국과 일본에는 전무한 것으로 추정되며, 1952년 4월 샌프란시스코 평화조약이 발효되자 미국 의회도서관 지도과(map of division)에서 보관하다가 1961년 11월과 1962년 1월 및 12월에 세 차례에 걸쳐 기초적인 분류작업을 마친 것으로 생각된다. 미국의 경우 육지측량부 지도는 현재 의회도서관 이외에도 클라크대학과 위스콘신대학을 비롯하여 미국지리학회(AGS) 등지에 분산되어 있다(남영우 · 이호상, 2010).

그림 5-16 미국의회도서관 지도과 스탬프
출처: 미국의회도서관 지리 · 지도과.

(3) 지리학 및 지도교육의 중요성

연합국최고사령부 GHQ는 도쿄 히비야 사거리에 본부를 설치하였다. 이곳은 전시 중에는 일본 동부사령부로 사용하던 건물이었다. 맥아더 사령관은 1945년 8월 29일 필리핀 마닐라를 출발하여 오키나와 비행장에서 1박하고 다음 날 아쓰기[厚木] 비행장에 도착하였다. 그는 다시 승용차에 옮겨 타 요코하마에 도착하였다. 호텔에 여장을 푼 맥아더는 CIS(민간첩보국) 부장을 불러 A급 전범으로 지목되던 육군대신 겸 참모총장 도조[東條英機] 육군대장을 체포할 것과 전범용의자 리스트를 작성하라는 명령을 내렸다.

9월 27일 GHQ가 내린 명령 및 지령은 군수품에 대한 '최고사령관 처분명령'이었다. 이것은 작전용 또는 기념품을 제외한 물자의 처분에 관한 명령이었다. 그 가운데 주목되는 내용은 지도를 소각하지 말라는 명령이었다. 더 나아가 일본군이 작전행동과 관련하여 현재 사용하고 있거나 사용하려고 하는 일체의 자료를 요구할 경우, 하시라도 각 점령군사령관에 알려 즉시 조치를 취하라는 지시가 하달되었다. 지도를 중시하는 맥아더 사령관의 의중을 엿볼 수 있는 대목이다.

12월 31일에는 문제의 지령이 내려졌다. 그것은 도덕 및 지력교육(地歷教育)을 폐지하라는 내용이었다(당시에는 역사를 이해하기 위해서는 지리적 지식이 필수적이라고 생각하여 지리역사를 '지력'이라 불렀다). 이는 연합국최고사령부가 민주화교육의 일환으로 발령한 것으로 일본의 학교교육에서 도덕을 위시하여 지리 및 지도 과목과 역사 과목을 폐지하라는 것을 의미한다. 당시 일본의 학교교육에서 도덕과 역사 과목은 수신(修身)이란 이름으로 일본제국과 천황에 충성케 하고 왜곡된 역사인식을 심어주는 내용이었으므로 이해할 수 있으나, 지리 및 지도과목에 대한 폐지명령은 의외였다.

왜 맥아더는 일본의 학교교육에서 지리와 지도교육을 금지시켰을까? 그것은 맥아더가 지리학 및 지도교육의 중요성을 누구보다 잘 알고 있었기 때문이었을 것이다. 지리교육의 효과는 학생들에게 애국심을 고취시키고 국가관을 갖게 만드는 데에 있어서 필수적이다.

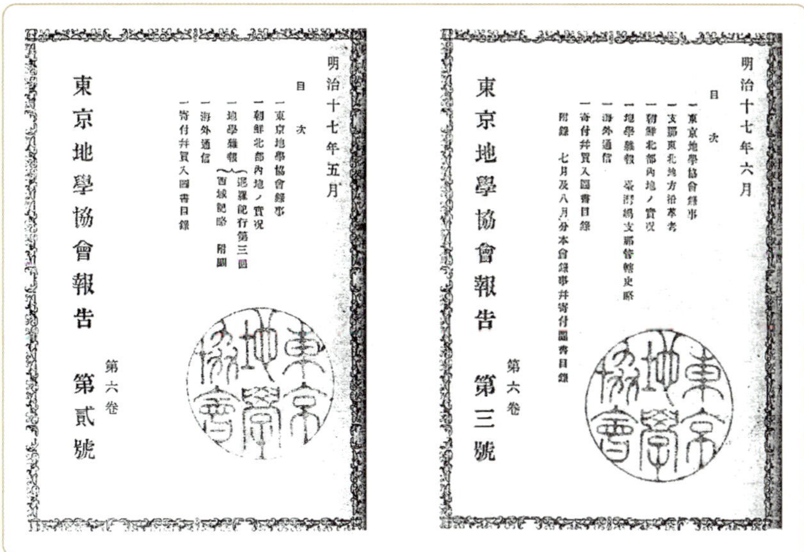

그림 5-17 도쿄지학협회보고(1884년 제6권)

이러한 맥아더의 명령을 보고 일본의 지식인들은 놀라움을 금치 못하였다. 일본인들이 지리학을 배우지 못하면 '나무를 보고 숲을 보지 못하는' 대국관(大局觀)의 결여를 우려한 것이다. 지리적 사고와 활용은 지구가 직면하고 있는 환경문제와 세계관의 형성에 지대한 영향을 미친다. 일본의 지성들은 지리 · 역사적 지식은 과거의 상황은 물론 생각과 행동의 경위를 올바르게 인식하고 추론하여 이해할 수 있게 만들어준다고 생각하였다. 따라서 일본의 지성들은 연합국사령부가 왜 지리와 역사교육을 제한하지 않으면 안 되었는지 곱씹어 보면서 반성해야 할 것이다.

키타다[北田宏藏, 1899~1958]는 일본이 제국주의적 행위에 반성하고 지리 · 지도를 평화적으로 이용하고 발전시켜 나아가야 한다고 제언한 바 있다. 그는 도쿄제국대학을 졸업한 후 고마자와[駒澤]대학과 호세이[法政]대학 교수를 역임하고 일본 지도연구소 평의원으로 지리학 및 지도의 보급에 힘을 쏟은 인물이다. 그는 「사회지리」라는 기관지에서 지도를 문화유산으로, 지도교육을 문화교육의 차원에서 접근해야 한다면서 지리교육의 소중함을 호소하였다. 그의 주장에 따르면 지리학 및 지도학은 단순한 사회과목이 아니라 문화교육으로 자리매김해야 한다는 것이다.

일본 지리학계의 유수한 논문집 중 하나인 「지학잡지」의 전신 「도쿄지학협회보고」는 1879년 4월에 창간된 지리학 논문집이다. 이 논문집은 현재 일본의 대표적 지리학 논문집인 「지리학평론」보다 훨씬 빠른 시기에 창간되었다. 이 학회가 창간된 배경에는 국가발전을 위하여 지리학 전문기관의 필요성을 감지한 와타나베[渡辺洪基]라는 인물이 있었다. 제2장에서 이미 언급한 바 있는 그는 39세의 나이에 도쿄제국대학 초대 총장을 역임한 태정관 대서기관급의 외교관으로 1878년 오스트리아 주재 서기관으로 재직 중 지리학의 중요성을 깨닫게 되었다. 그는 빈 지리학협회에 정식회원으로 가입하여 처음 지리학을 접하게 되었다. 지리학을 공부할수록 국가발전에 지리학이 많은 가능성을 가진 것을 알게 되어 일본에도 지리학회가 필요함을 통감하게 되었다. 학회의 창립을 위하여 조선을 비롯하여 러시아 · 이탈리아 · 네덜란드 공사를 역임한 외교관들이 중심이 되어 협회창립을 준비하였다. 그들은 서구 선진국들이 지리학을 중시하는 관행을 터득하였던 것이다.

지학협회가 영국의 지리학회(geographical society)를 모방하였음에도 불구하고 와타나베 등은 일본어로 지리학이 아닌 지학으로 표현하였다. 그들은 지리학으로 번역하면 오해의 소지가 있다고 판단하여 지학협회라 불렀다. 당시 지리는 에도시대 이래 토지에 관한 모든 내용을 백과사전식으로 기술하는 지지(地誌)를 의미하는 것이었다. 즉 현대지리학의 계통지리학이 아니었던 것이다. 그런 이유로 토지를 이론적 학문으로 연구하는 분야는 지질학으로 오해하여 지학(地學)이라 불렀다. 1870년대의 일본은 근대지리학을 완전히 흡수하지 못한 상태였다. 도쿄제국대학 교수였던 고토는 지구학(地球學)과 구별하기 위하여 지학이라 불렀으나, 도쿄지학협회 회원들은 지학잡지의 영어명칭을 'Journal of Geography'라 정하였다(石田, 1984).

지리학은 인류의 역사와 함께 시작된 학문이며, 지도는 문자의 발명에 앞서 존재해 온 문화유산이다. 나폴레옹 역시 지리학을 좋아하였고, 그 속에서 세계관을 키웠던 것으로 전해지고 있다. 뉴턴은 대학에서 물리학뿐만 아니라 지리학을 가르쳤다. 일본의 선구적인 철학자이며 무교회주의자인 우치무라[内村鑑三, 1861~1930]는 지리학을 배우지 않고 정치를 말하지 말 것이며, 세계지리를 모른 채 국제화를 논하지 말라고 단언하였다. 그는 4년간에 걸친 미국유학에서 신학뿐만 아니라 견문을 넓히는 노력을 하였다(鈴木, 1984). 오늘날의 정치가들 가운데 우치무라가 말한 것처럼 지리학적 사고를 지니고 있는 사람은 얼마나 될까.

그림 5-18 우치무라[内村鑑三]
출처: ウィキペディア.

우리의 지리학과 지도교육은 나날이 발전하고 있다. 그러나 현실적으로 학교교육에서는 그렇지 못한 것 같아 유감이다. 세계화시대에 세계지리를 배우지 않게 되고, 국가간 영토분쟁이 증대하면서 대두될 영토와 영역을 다루고 한국인의 정체성을 가르치는 한국지리를 학생들이 배우지 않는다면, 자라나는 우리의 미래 세대가 한국을 위한 인재로 자라날 것으로 어떻게 기대할 수 있겠는가. 세계화의 진전에 따른 대응교육은 물론 영토교육과 한국인으로서의 정체성 교육을 목표로 하는 지리교육 전체의 절박한 위기 상황이라 아니할 수 없다(남영우, 2010). 한국사와 세계사 교육의 중요성을 절감하였다면, 한국지리와 세계지리의 중요성도 깨달아야 마땅하지 않은가. 교육 당국의 이러한 어리석은 조치가 다행스럽게도 불발에 그치고 말았지만, 정책입안자의 판단이 불안하다.

이 나라에 과연 미래가 있는지 묻지 않을 수 없다.

참고문헌

구양근, 1996, "일본외무성 七等出仕 瀨脇壽人과 외국인 고문 김인승," www://cafe.daum.net/happypluss

구양근, 1996, "中日에 대한 한국인의 전통적 관념 연구: 奉直戰爭과 일본외무성 고문 김인승을 중심으로," 東洋史硏究, 59, 131-175.

舊韓國外交文書, 1884, 第1卷 日案 10面(文書番號 412 高宗 21年 12月 13日.

舊韓國外交文書, 1884, 第1卷 日案 211面 文書番號 422 高宗 21年 12月 13日.

국사편찬위원회, 1970, 고종시대사 1~14, 국사편찬위원회.

국사편찬위원회, 2010, 한국사 데이터 베이스.

김기혁, 2006, "우리나라 도서관 · 박물관 소장 고지도의 유형 및 관리 실태 연구," 대한지리학회지, 41(6), 714-739.

김의원, 1987, 韓國國土開發史硏究, 大學圖書, 서울.

김원모, 2002, "한국의 영국 축하사절단 파견과 한 · 영 외교관계," 동양학, 32, 87-126.

김정명 편, 1963, 日韓外交資料集成 7, 巖南堂書店.

김주환 · 강영복, 1990, 지도학, 신라출판사.

김탁환, 2002, 독도평전, 휴머니스트.

김호동, 2010, "日露淸韓明細新圖에 표기된 日本海 명칭의 역사적 의미," 한국지도학회지, 10(1), 27-37.

남영우, 1992, "일제 참모본부 간첩대에 의한 병요조선지지 및 한국근대지도의 작성과정," 한국문화역사지리, 4, 77-96.

남영우, 1995, 林子平의 朝鮮八道之圖 硏究, 民族文化硏究, 28, 333-344.

남영우 편, 1997, 舊韓末韓半島地形圖(1권-4권), 성지문화사.

남영우, 2009, "광복 이전의 지도제작 및 이용," 한국지도학발달사, 국토해양부 · 국토지리정보원, 311-349.

남영우, 2007, "舊韓末과 日帝强占期의 韓半島 地圖製作," 한국지도학회지, 7(1), 19-29.

남영우, 2009, "광복 이전의 지도제작 및 이용," 한국지도학사, 국토해양부 · 국토지리정보원, 311-349.

남영우, 2010, “지금 지리학과 지리교육은 위기인가, 기회인가?” 대한지리학회지, 45(6), 691-697.

남영우 · 최재헌, 2004, 세계화시대의 도시와 국토, 법문사.

남영우 · 渡辺理繪 · 山近久美子 · 이호상 · 小林茂, 2009, “朝鮮末 日帝 參謀本部 장교의 한반도 정찰과 지도제작”, 대한지리학회지, 44(6), 761-778.

남영우 · 김부성, 2009, “독일 지도학자 Siebold의 생애와 업적,” 한국지도학회지, 9(1), 1-12.

박영준, 1997, 明治時代 日本軍隊의 形成과 膨脹, 國防軍史研究所.

배우성, 1996, 18世紀 官撰地圖 製作과 地理認識, 서울대학교 대학원 박사학위논문.

北田慌司 · 남영우 · 이호상, 2009, “일본의 지도학자 伊能忠敬의 생애와 업적,” 한국지도학회지, 9(2), 19-32.

備邊司謄錄 高宗 21年 12月 12日 · 13日.

손일 역, 2010, 朝鮮기행록, 푸른길.

承政院日記, 高宗 21年 12月 12日.

신석호 외, 1974, 한국현대사, 신구문화사.

심정보, 2009, “일본에 영향을 미친 우리나라의 지도,” 한국지도학발달사, 국토해양부 · 국토지리정보원, 302-307.

양윤정, 2010, 미국 의회도서관 소장 19세기 후반 한반도 비밀군사지도, 성신여자대학교 박사학위논문.

양윤정 · 양보경, 2009, “19세기 후반 일본 참모본부 장교들이 제작한 비밀지도: 미국 국회도서관 소장 한국 Vault본 지도를 중심으로,” 문화역사지리, 21(3), 32-46.

오일환, 2004, “서양 고지도의 동해(Sea of Korea) 표기와 유형의 변화,” 국제지역연구, 8(2), 167-186.

윤병석, 1995, 백범일지, 집문당.

이기석, 1998, “동해 지리명칭의 역사와 국제적 평준화를 위한 방안,” 대한지리학회지, 33(4), 541-556.

이기석, 2009, “우리나라 지도역사의 개관,” 한국지도학발달사, 국토해양부 · 국토지리정보원, 3-9.

이만열, 1985, “청일전쟁과 한일관계,” 일본의 대한정책형성에 관한 연구, 일조각, 79-133.

이상태, 2007, “한국고지도 발달사,” 한국지도학회지, 7(1), 31-43.

이선근, 1961, 韓國史: 最近世編, 을유문화사.

이용석, 2002, "일제강점기에 제작된 근대 지형도의 성격과 활용," 생활문물연구, 7, 2-20.

이인화 역, 1994, 한국과 이웃사람들, 살림출판사.

이진호, 1989, 大韓帝國地籍 및 測量史, 토지.

이태영, 1984, 한독수교 100년사, 한국사연구협의회, 서울.

인천직할시, 1985, 인천개항 100년사, 인천직할시.

「日省錄」(고종 12, 15년)

「朝鮮王朝實錄」 고종 16, 21, 42년.

조선일보, 1995, 월간조선, 10월호.

統理交涉通商事務衙門, 1884, 「統理交涉通商事務衙門日記四」.

統理交涉通商事務衙門, 1886, 「平安道關草」, 金川 및 義州.

최영준, 1997, "개항기 인천의 도시화와 경관의 변화," 국토와 민족생활사, 한길사, 377-419.

한국근대사학회 편, 2008, 한국근대사 강의, 한울아카데미.

한영우, 2001, 명성황후와 대한제국, 효형출판.

허경진 역, 2006, 매천야록, 서해문집.

허동현, 2000, 近代韓日關係史研究: 朝士視察團의 日本觀과 國家構想, 國學資料院.

黃海道關草, 1886년.

岡本次郎, 2008, "外邦図の東北大學への搬入經緯をめぐって," 外邦図研究ニューズレター, 5, 39-48.

岡田郷子・小林茂, 2007, "植民地期以前の朝鮮半島における日本の軍用地図作製," 2006年人文地理學會大會研究發表要旨, 30-31.

京都大學博物館・京都大學地理學教室, 2005, 外邦図目錄, 京都大學, 京都.

京釜鐵道株式會社, 1903, 韓國京城全図, 贊贊舍, 東京.

京城居留民團役所, 1912, 京城發達史, 日韓印刷株式會社, 京城.

高木菊三郎, 1931, 日本地図測量小史, 古今書院, 東京.

高木菊三郎, 1966, 日本における地圖測量の發達に關する研究, 風間書房, 東京.

高松宮, 1929, 熾仁親王行實, 1929年 8月.

谷屋郷子, 2004, 朝鮮半島の外邦圖の作製過程, 大阪大學文學部卒論.

光岡雅彦, 1982, 韓國古地圖の迷, 學生社, 東京.

廣瀬順晧 監修・編集, 2001, 參謀本フ部歴史草案, ゆまに書房, 東京.

橋本周延, 1884, 朝鮮變報, アジ歷複寫史料.

橋本素助・川合鱗三 編, 1978, 芸藩志(第16卷), 文獻出版, 東京.

久武哲也, 2003, "旧資源科學研究所所藏の外邦図と日本の大學・研究施設等所藏の外邦図との系譜關係," 外邦図研究ニューズレター, 1, 15-23.

久武哲也, 2009, "『兵要地理調査研究會』について," 小林茂 編, 近代日本の地圖作製とアジア太平洋地域: 「外邦図」へのアプローチ, 大阪大學出版會, 大阪, 388-402.

久武哲也・長谷川孝治, 1989, 地圖文化, 地人書房, 東京.

菊地正浩, 2007, 「地圖」が語る日本の歷史: 大東亞戰爭終結前後の測量・地圖史秘話, 曉印書館, 東京.

國土地理院測地部, 1979, 測地資料 第5卷, 國土地理院.

堀淳一, 1990, 地圖: 遊びからの發想, 講談社, 東京.

今里悟之・久武哲也, 2003, "在アメリカ外邦図所藏狀況: 議會圖書館・AGS Golda Meir 圖書館・ハワイ大學ハミルトン圖書館の調査から," 外邦図研究ニューズレター, 1, 33-36.

今里悟之・久武哲也, 2009, "日本および海外における外邦図の所在狀況と系譜關係," 小林茂 編, 近代日本の地圖作製とアジア太平洋地域: 「外邦図」へのアプローチ, 大阪大學出版會, 大阪, 32-46.

宮內省, 1898, 熾仁親王行實, 1898年 7月.

宮本小一, 1876, 宮本大丞朝鮮理事始末 四 / 3, 朝鮮都府略図.

金達壽, 1989, 日本古代史と朝鮮, 講談社, 東京.

金正明 編, 1963, 日韓外交資料集成, 巖南堂書店, 東京.

金窪敏知, 2004, "終戰前後における參謀本部と地理學者との交流および陸地測量部から地理調査所への改組について: 渡辺正氏資料をもとに," 外邦図研究ニューズレター, 2, 39-45.

南榮佑, 2006, "韓國における外邦圖(軍用秘圖)の意義と學術的價値," 外邦圖研究 ニュースレター, 4, 27-31.

南榮佑, 2009, "植民地以前の韓半島における日本の軍用秘圖作製," 近代日本の地圖作製とアジア太平洋地域: 外邦図へのアプローチ, 大阪大學出版會, 大阪, 210-227.

南禜佑・李虎相, 2008, "白頭山一帶の近世韓國地圖假製版本の地形圖に關して," 外邦圖ニュスレター, 5, 29-31.

大森八四郎, 1963, "地形圖圖式變遷(2)," 地圖, 1(2), 26-28.

渡辺一郎 編, 2003, 伊能忠敬測量隊, (株)小學館, 東京.

渡辺理繪・山近久美子・小林茂, 2009, "1880年代に展開した日本軍將校による朝鮮半島の地圖作製: アメリカ議會圖書館所藏図の檢討," 地図, 47(4, 5), 10-20.

稻葉正夫, 1974, 現代史資料37大本營, みすず書房, 東京.

東亞同文會 編, 1871~1878, 對支那回顧錄, 下卷, 列傳編, 東京.

藤原彰, 1961, 軍事史, 東洋經濟新報社, 東京.

藤井陽一郎, 1979, "陸地測量部測地事業の「實用成果」と「學術成果」," 測地資料第5卷, 國土地理院測地部, 12~49.

鈴木範久, 1984, 內村鑑三, 岩波新書, 東京.

鈴木純子, 2009, "國立國會圖書館所藏の外邦図," 小林茂 編,近代日本の地圖作製とアジア太平洋地域:「外邦図」へのアプローチ, 大阪大學出版會, 大阪, 47-54.

白川行晴, 1933, 京城精密地圖, 三重出版社, 京城.

山近久美子・渡辺理繪, 2009, アメリカ議會圖書館所藏の日本軍將校による1880年代の外邦測量原圖, 外邦図研究ニューズレター, 6, 84-87.

山近久美子・渡辺理繪・小林茂, 2010, "廣開土王碑への酒勾景信ルートの考察: 明治期陸軍將校による手書き外邦圖をてがかりに," 外邦図研究ニューズレター, 7, 71-77.

山折哲雄, 2005, 環境と文明: 新しい世紀のための知的創造, NTT出版, 東京.

山村亞希, 2004, "京都大學總合博物館收藏外邦図の目錄作成作業について," 外邦図研究ニューズレター, 2, 74-77.

箱岩英一, 2008, "日本の参謀本部とその役割," *THE JOURNAL OF SURVEY* 測量, 7, 54-56.

石田龍次郎, 1984, 日本における近代地理學の成立, 大明堂, 東京.

瀨脇壽人, 林深造 編, 1876, 鷄林事略. 初篇, 吉田淸兵衛, 東京.

小林茂, 2009, 近代日本の地圖作製とアジア太平洋地域: 外邦図へのアプローチ, 大阪大學出版會, 大阪.

小林茂・岡田鄕子, 2008, "19世紀後半における朝鮮半島の地理情報と海津三雄," 待

兼山論叢　日本學編, 大阪大學文學研究科, 42, 1－26.
小林茂・山近久美子・渡辺理繪, 2009, "初期外邦図の作製過程と特色," 外邦図研究ニューズレター, 6, 101－105.
松本重威 編, 1938, 男爵目賀田種太郎, 故男爵目賀田種太郎男爵傳記編纂會, 東京.
アジア歷史資料センター, 2009,「陸軍省稟告故磯林步兵大尉外五名靖國神社へ合祀ノ件」, (國立公文書館 > 內閣 > 公文別錄 > 公文別錄 > 公文別錄　朝鮮事変始末 明治十七年　第二巻　明治十七年) アジア歷史資料センターレファレンスコード A03023658800.
アジア歷史資料センター, 2010, 宮本大丞朝鮮理事始末 四 / 1 朝鮮理事日記 2.
櫻井義之, 1979, 朝鮮研究文獻誌: 明治・大正編, 龍溪書店, 東京.
やまと新聞, 1886, 近世人物誌, 日清戰爭前夜の日本と朝鮮, 12月 11日字 附錄(野馬臺生).
お茶の水大學地理學教室, 2007, 外邦図目錄, お茶の水大學, 東京.
歷史學研究會 編, 1991, 新版日本史年表, 岩波書店. 東京.
陸軍參謀本部 編, 1888, 朝鮮地誌略1, 復刻板, 村上勝彥 解題, 1981, 龍溪書舍, 東京.
陸地測量部 編, 1921, 陸地測量部沿革誌, 陸軍參謀本部, 東京.
牛越國昭, 2005, 潛入盜測: 村上手帖と村上千代吉の活動, 三光作戰調查會 9月例會.
李鎭旲・全炳德, 2007, "日本陸地測量部による朝鮮半島測量の步みと朝鮮地方民の抵抗," 土木學會論文集, 63(3), 435－444.
李進熙, 1990, 好太王碑と任那日本府, 學生社, 東京.
日本海軍水路局, 1875a, 東海岸朝鮮圖(1:12,150 縮尺).
日本陸軍參謀局, 1875b, 朝鮮全圖(1:100万 縮尺).
日本海軍水路局, 1876a, 月尾島海峽略測圖(1:7,627 縮尺).
日本海軍水路局, 1876b, 全羅道順天浦略測圖(1:7,627 縮尺).
日本海軍水路局, 1876c, 巨濟島及閑山島(1:7,627 縮尺).
日本海軍水路局, 1877, 朝鮮國釜山港(1:18,226 縮尺).
日韓政策係 編(1876), 田弁理大臣使鮮日記, 使鮮日記.
一又正雄, 1975, 杉山茂丸－明治大陸政策の源流, 原書房, 東京.
長岡正利, 2004, "關東平野迅速測度陸軍圖畵教育," *The Journal of Survey* 測量, 6, 1－2.

長久保光明, 1937, “明治初期の地圖事件のいきさつ,” 測度教程, 前田千成堂, 東京.
財藤勝藏, 1914, 京城府市街疆界圖, 大阪.
朝鮮總督府鐵道局 編, 1920, 朝鮮鐵道史, 第1卷, 京城.
朝鮮總督府 編, 1990, 近世韓國五萬分之一地形圖, 景仁出版社.
佐藤侊, 1988, “創世記の陸軍省参謀局: 『陸地測量部沿革誌』を検證する,” 日本地圖資料協會編, 古地圖研究, 日本地圖資料協會, 東京, 355-370.
佐藤久, 2006, “地圖と空中寫眞, 見聞談: 敗戰時とその後(續),” 外邦図研究ニューズレター, 4, 45-68.
中野尊正 編, 1978, 地圖學, 朝倉書店, 東京.
中田敬義, 1883, “朝鮮風土概略,” 東京地學協會報告, 5(2), 3-20.
田谷廣吉 · 山野邊義智 編, 1938, 室田義文翁譚, 常陽明治紀念會, 東京.
井村哲郎, 1980, “GHQによる日本の接收資料とその後,” 圖書館雜誌, 74, 375-379.
井村哲郎, 1981, “GHQによる日本の接收資料とその後-2,” 圖書館雜誌, 75, 466-469.
住谷雄幸, 1989, “占領軍押收公文書 · 接收資料,” 圖書館雜誌, 83, 435-437.
参謀本部, 1875, 朝鮮全圖(1:100万)
参謀本部 編, 1882, 参謀沿革誌[第一号], 歷史草案.
村上勝彦, 1981, 隣邦軍事密偵兵要地誌(解說), 龍溪書舍, 東京.
測量 · 地圖百年誌編集委員會, 1970, 測量 · 地圖百年史, 日本測量協會, 東京.
清水靖夫, 1988, “正式測図以前の諸測度概觀: 西日本編,” 日本地圖資料協會 編, 「古地圖研究」, 日本地圖資料協會, 東京, 395-425.
村上勝彦, 1981, 隣邦軍事密偵兵要地誌(解說), 陸軍参謀本部 編「朝鮮地誌略 1」龍溪書店, 東京, 3-48.
太政官正院, 1875, 日本地誌提要.
統監府, 1907, 第1次統監府統計年表.
海上保安廳 水路部, 1971, 日本水路史 1871-1971, 日本海上保安廳.
海津三雄, 1879, “朝鮮國漢城地形概略,” 東京地學協會報告, 1(7), 6-10.
海津三雄, 1880, “元山之記,” 東京地學協會報告, 1(9), 1-8.
海津三雄, 1884a, “朝鮮北部內地實況: 義州紀行,” 東京地學協會報告, 6(2), 3-41.
海津三雄, 1884b, “朝鮮北部內地實況: 慶興紀行,” 東京地學協會報告, 6(3), 11-29.

Clark, D., 1996, *Urban World / Global City*, Routledge. London.

Gould, P. and White, R., 1974, *Mental Maps*, Penguin Books, Harmondsworth, England.

Kobayashi, S., 2006, The map making of modern Japan in relation to East Asian countries: A perspective on the study of Japanese military and colonial maps, *E-journal GEO*, 1(1), 52-66.

Nam, Y. W., 1994, Japanese Military Surveys of the Korean Peninsular: 1870-1899, *Journal of Education*, 19, 145-154.

Nam, Y. W., 1997, Japanese Military Surveys of the Korean Peninsula in the Meiji Era, *New Direction in the Study of Meiji Japan*, Brill, Leiden, 335-342.

Vance, J. E., 1970, *The Merchant's World: The Geography of Wholesailing*, Prentice Hall, Englewood Cliffs, NJ.

http://blog.naver.com/WIKIMEDIA

sites.google.com/site/japanseamerdujapon/Home/

http://db.history.go.kr

uenishi01.at.infoseek.co.jp/j664sanbou.html

사항색인

ㄱ

ㄴ

ㄷ

인명색인

ㄹ

ㅁ

ㅂ

ㅅ

ㅇ

지명색인

ㅎ

저자 약력

서울대학교 사범대학 지리과 졸업
서울대학교 대학원(M.A.)
일본 쓰쿠바대학 대학원(M.S. 및 Ph.D.)
고려대학교 조교수 · 부교수
일본 쓰쿠바대학 외국인 교수
미국 미네소타대학 방문교수
대한지리학회 편집위원장
한국도시지리학회 회장 역임
한국지도학회 이사
현, 고려대학교 사범대학 지리교육과 교수

〉〉〉 주요 논저

日帝 參謀本部 間諜隊에 의한 兵要朝鮮地誌 및 韓國近代地圖의 作成過程
林子平의 朝鮮八道之圖 研究
舊韓末韓半島地形圖(1권-4권)
80년전 지형도로 보는 향토생김새(공저)
한국지도학발달사(공저)
舊韓末과 日帝强占期의 韓半島 地圖製作
세계화시대의 도시와 국토(공저)
朝鮮末 日帝 參謀本部 장교의 한반도 정찰과 지도제작(공저)
독일 지도학자 Siebold의 생애와 업적(공저)
일본의 지도학자 伊能忠敬의 생애와 업적(공저)
韓國における外邦圖(軍用秘圖)の意義と學術的價値
白頭山一帶の近世韓國地圖假製版本の地形圖に關して(공저)
近代日本の地圖作製とアジア太平洋地域: 外邦図へのアプローチ(공저)
Japanese Military Surveys of the Korean Peninsular: 1870-1899
New Direction in the Study of Meiji Japan 외 다수

일제의 한반도 측량침략사

2011년 7월 10일 초판 1쇄 인쇄
2011년 7월 15일 초판 1쇄 발행

저 자 남영우
발행인 배효선
발행처 法 文 社

413-756 경기도 파주시 교하읍 문발리 526-3
등록 1957. 12. 12 / 제2-76호(윤)
TEL 031) 955-6500~6 FAX 031) 955-6525
e-mail (영업): bms@bobmunsa.co.kr (편집): edit66@bobmunsa.co.kr
홈페이지 http://www.bobmunsa.co.kr

정가 22,000원 ISBN 978-89-18-25075-2